浙江省哲学社会科学重点研究基地绍兴文理学院浙江省越文化传承与创新研究中心课题成果（编号2022JDKTYB34）
绍兴文理学院元培学院出版基金资助

梁柏台法律思想研究

田　野／著

吉林大学出版社
·长　春·

图书在版编目（CIP）数据

梁柏台法律思想研究 / 田野著. -- 长春：吉林大学出版社，2024. 11. -- ISBN 978-7-5768-4546-4

Ⅰ. D909.252

中国国家版本馆CIP数据核字第2024JY4404号

书　　　名：	梁柏台法律思想研究
	LIANG BAITAI FALÜ SIXIANG YANJIU
作　　　者：	田　野
策划编辑：	李承章
责任编辑：	白　羽
责任校对：	陶　冉
装帧设计：	刘　丹
出版发行：	吉林大学出版社
社　　　址：	长春市人民大街4059号
邮政编码：	130021
发行电话：	0431-89580036/58
网　　　址：	http://press.jlu.edu.cn
电子邮箱：	jldxcbs@sina.com
印　　　刷：	北京北印印务有限公司
开　　　本：	787mm×1092mm　　1/16
印　　　张：	15.5
字　　　数：	270千字
版　　　次：	2024年11月　第1版
印　　　次：	2025年2月　第1次
书　　　号：	ISBN 978-7-5768-4546-4
定　　　价：	89.00元

版权所有　翻印必究

目　录

第一章　引　言 ······ 001
 第一节　研究现状 ······ 002
 第二节　选题的意义 ······ 005
 第三节　研究方法 ······ 007
 第四节　研究价值 ······ 009

第二章　梁柏台法律思想形成的社会背景和理论来源 ······ 011
 第一节　社会历史背景 ······ 011
 第二节　教育背景 ······ 014
 第三节　梁柏台法律思想的理论来源 ······ 018

第三章　梁柏台与中央苏区立法工作 ······ 028
 第一节　梁柏台与《中华苏维埃共和国宪法大纲》 ······ 032
 第二节　《中华苏维埃共和国宪法大纲》的主要内容 ······ 034
 第三节　《中华苏维埃共和国宪法大纲》的主要特点 ······ 040
 第四节　梁柏台的宪法思想 ······ 042
 第五节　梁柏台与中央苏区其他立法工作 ······ 047
 第六节　梁柏台立法工作特点分析 ······ 084

第七节　梁柏台与苏区立法工作的历史价值 ·············· 085
　　第八节　梁柏台与苏区立法工作的现实镜鉴 ·············· 087

第四章　梁柏台与中央苏区审判工作 ·············· 090
　　第一节　梁柏台创立司法机关工作 ·············· 090
　　第二节　苏区审判机关 ·············· 094
　　第三节　苏区审判原则 ·············· 103
　　第四节　苏区审判制度 ·············· 107
　　第五节　苏区审判程序 ·············· 120
　　第六节　苏区审判工作的重要意义 ·············· 125
　　第七节　梁柏台的审判思想 ·············· 128

第五章　梁柏台与中央苏区检察工作 ·············· 134
　　第一节　检察机构、群众职能组织的设置及职能 ·············· 135
　　第二节　苏区检察机关的职权梳理 ·············· 147
　　第三节　苏区检察工作的领导体制 ·············· 149
　　第四节　苏区检察工作的历史意义 ·············· 153
　　第五节　梁柏台的检察思想 ·············· 161

第六章　梁柏台与中央苏区劳动感化工作 ·············· 173
　　第一节　劳动感化院的创立 ·············· 174
　　第二节　劳动感化院的职能 ·············· 177
　　第三节　梁柏台劳动感化思想的内涵及实践 ·············· 180
　　第四节　梁柏台劳动感化思想的积极意义 ·············· 189

第七章　梁柏台与中央苏区廉政工作 ·············· 191
　　第一节　梁柏台廉政思想的理论来源 ·············· 192

第二节　梁柏台廉政思想的内涵及实践 ·················· 194
　　第三节　梁柏台参与中央苏区廉政建设的成效 ··············· 204

第八章　梁柏台与中央苏区法制教育工作 ················· 207
　　第一节　梁柏台法制教育思想形成的客观条件 ··············· 207
　　第二节　梁柏台法制教育思想的主要内容 ·················· 209
　　第三节　法制宣传教育的成效 ························ 215
　　第四节　梁柏台法制教育思想的独特之处及当代启示 ············ 219

结语 ··································· 224

参考文献 ································· 229

第一章 引 言

在法律的长河之中，杰出的法学家们如同熠熠生辉的明星，照亮人类文明的进步。梁柏台作为中国近现代法律思想领域的杰出代表，其深邃的法律思想及其实践不仅在当时引领了法律建设的潮流，而且对后世法律理论的发展和实践的推进产生了深远的影响。

梁柏台的法律思想，根植于对当时社会现实的深刻洞察和对法律精神的独到理解。他深知法律作为社会调控的重要工具，对于维护社会秩序、保障人民权益具有至关重要的作用。因此，他致力于将法律理念与具体实践相结合，通过精心制定和实施一系列符合时代需求的法律法规，为中国的法律建设奠定了坚实的基础。

梁柏台的法律思想与实践，不仅在当时的法律建设中发挥了重要作用，而且对后世法律理论的发展产生了深远的影响。他的思想和实践成果为后世法学研究提供了丰富的素材和宝贵的启示，推动了法律理论的不断创新和发展。在法律实践方面，梁柏台展现出了卓越的法律素养和坚定的法治信仰。他始终坚持法律面前人人平等的原则，不畏强权，不惧挑战，坚决捍卫法律的权威性和公正性。他的公正无私和坚定执着，不仅赢得了人民的广泛赞誉和深深敬仰，更为后世的法律从业者树立了楷模。

因此，深入研究和学习梁柏台的法律思想与实践，对于推动法治建设、维护社会公平正义、保障人民权益具有重要意义。我们应该以更加专业的态度和方法，深入挖掘梁柏台先生的法律思想与实践的精髓，从中汲取智慧和力量，为构建更加公正、和谐、稳定的法治社会贡献我们的力量。同时，我们也应该积极传承和发扬梁柏台的法治精神，坚持法律信仰，坚守法治原则，为推进全面依法治国、实现中华民族伟大复兴的中国梦而不懈努力。

第一节 研究现状

在梁柏台与苏区法律制度建设研究方面,近年来众多学者积极从史学与法学两大领域深入探索研究,他们不仅致力于挖掘梁柏台作为近现代中国法律思想先驱的深远影响,还细致剖析了他在苏区法律制度建设中的卓越贡献,从而催生了一系列丰富而深刻的学术成果。

一、关于梁柏台与苏区的根本法层面的研究

鉴于中央苏区处于革命与战争的特殊时期,政治与社会环境变化频仍,各类立法采取实用主义的思路。中华苏维埃全国代表大会制定了宪法大纲,保障人身自由权,并通过司法等多种方式予以保障。[①]根本法意义上的司法思想及诉讼制度也是既有研究的热点。李宜霞等研究了梁柏台的法律思想,发现其中有不少有益的内容,如重视证据、反对肉刑,量刑应该将犯罪者的主观意识与阶级成分结合考察。[②]党的政策构成法律的重要原则。作为苏维埃政权和党的政策的重要"工具""武器"的苏区司法机关和司法制度是在党领导下制定的、创建的。[③]

二、关于梁柏台与苏区的实体法层面的研究

在中央苏区时期,中华苏维埃共和国先后颁布的法律、法令和条例总计有40多件,构成了相对统一的比较系统的苏区法律。[④]苏维埃共和国成立后,1934年颁布了《中华苏维埃共和国惩治反革命条例》,实际成为"中央苏区时期的刑事实体法"。[⑤]陈少锋等较全面地介绍了中央苏区的惩治反革命立法、

---

① 谢一彪:《中国苏维埃宪政研究》,中央文献出版社2002年版。
② 李宜霞、杨昂:《梁柏台与中华苏维埃共和国司法制度之建设》,《中共中央党校学报》2004年第3期。
③ 杨木生:《论苏区的司法制度》,《求实》2001年第1期。
④ 马于强:《中央苏区司法机关及其法规综述》,《井冈山师范学院学报》1999年第4期。
⑤ 彭光华、杨木生、宁群:《中央苏区法律建设》,中央文献出版社2009年版。

反贪腐立法，并对刑事立法作出评价。①巴特勒（William E.Butler）研究了包括刑法在内的苏区法律体系，认为它不仅受到苏俄法律的影响，还有其他的来源，包括清代法律、民国立法、日本及欧洲法律，以及中国革命自己的创造。②梁柏台对刑罚执行制度进行改革，将惩罚与改造相结合，以人道主义对罪犯进行劳动教育感化。③

三、关于梁柏台与苏区程序法层面的研究

苏区的程序法的实施，体现在个案审判中，这也引起了研究者的注意。反革命罪是苏区审判的重点，对《红色中华》相关案件的研究发现，司法审判中反革命罪构成从"政治判断"演变为"法律规定"，量刑中重刑主义与特定情形减轻处罚相结合，审判中依法裁判与重视群众意见相结合，并保障嫌疑人一定限度的辩护权和上诉权。④对中华苏维埃共和国成立后审判的考察表明，围绕民意与司法，使得司法为民转化为人民司法。⑤对谢步升等贪污案的审理，反映出苏维埃政府对"贪污腐败行为采取了极其严厉的态度"。⑥苏区时期，对与事实不符、量刑不准的案件坚决予以纠正。⑦

四、关于梁柏台个人贡献的研究

最高人民检察院原检察长张军指出，梁柏台同志是人民法律和人民司法的开拓者和奠基人、红色政权的第一位检察长，为红色政权建设作出了重要贡

---

① 陈少锋、朱文龙、谢志民：《中央苏区法制建设研究》，江西高校出版社2017年版。

② William Elliott Butler, *The Legal System of the Chinese Soviet Republic, 1931—1934*, New York: Transnational Publishers, 1983.

③ 洪平：《梁柏台红色法治精神的探析与传承》《中国司法》2021年第10期。

④ 路子靖：《1930年代中央苏区反革命罪的审判——以〈红色中华〉的案件为中心》，《史学月刊》2014年第8期。

⑤ 姜翰：《民意与司法：苏维埃时期的刑事审判（1931—1934）》，《苏区研究》2019年第4期。

⑥ 周道鸾：《中央苏区谢步升案、熊仙壁案——中央苏区时期重大案例》，《中国审判新闻月刊》2008年第11期。

⑦ 林海主编：《中央苏区检察史》，中国检察出版社2001年版。

献。①梁柏台在苏维埃共和国法律建设中,既是领导者之一,也是法律的制定者。②苏区的司法机关从无到有,从小到大,从首创到规范,从无序到有序,其中浸透了梁柏台无数的精力和汗水。③

综上所述,学术界对梁柏台与苏区法律制度建设的研究已构建起一个深邃且多维度的分析架构,其不仅深刻剖析了梁柏台作为法律思想先驱者的独特贡献,亦全面展现了其在革命法制史中的核心地位。这些研究成果不仅丰富了法学领域的知识体系,亦在历史学、政治学等跨学科领域内产生了深远的影响。

在根本法层面,梁柏台的法律思想彰显了对自由与人权理念的深刻洞察,以及法律实用主义原则与革命理想主义的精妙融合。他参与制定的宪法大纲,不仅体现了对个体权利的保障,更预示了现代法治理念的萌芽,为后世宪法与法治建设提供了宝贵的历史参照。

在实体法与程序法层面,梁柏台的贡献尤为显著。在他的主导下,一系列法律制度得以构建与实施,搭建了苏区法律体系的基本框架,促进了法律制度的系统化与规范化发展。其对于刑罚执行制度的改革,特别是将惩罚与改造相结合的理念,体现了深刻的人道主义精神,对后世刑事司法制度的演进产生了深远的影响。

此外,梁柏台的个人贡献在学术界获得了广泛的认可与赞誉。作为人民法律和人民司法的开拓者,他不仅为红色政权的法制建设奠定了坚实的基础,更以其卓越的领导才能、深厚的法律素养以及对革命事业的坚定信念,成为后世法律人学习的楷模。

学者们整理、辑录了数量可观的法律文献,形成了梁柏台烈士生平、苏区法律建设等诸多研究热点,为后续研究奠定了基础。随着研究方法的日益精进与史料的持续挖掘,梁柏台与苏区法律制度建设的研究必将迎来更加深入与全面的发展。当前,仍然有部分问题需要进一步研究,主要体现在以下几个

---

① 张军:《传承发扬革命先驱梁柏台的崇高精神 扎实走好新时代人民检察事业新的长征路》,《法治日报》2021年7月29日。

② 陈刚:《人民司法开拓者 梁柏台传》,中共党史出版社2012年版。

③ 彭光华、杨木生、宁群:《中央苏区法律建设》,中央文献出版社2009年版。

方面。第一，针对梁柏台法律思想这一课题缺少系统性的研究。现有研究基本还停留在初步介绍的阶段，缺少体系化的视角作整体性考察。第二，现有研究缺少对梁柏台制定法律制度背后的深层次因素的挖掘，对梁柏台法律思想产生的历史背景、实践运行状况、对苏维埃政权建设的影响以及对当今的启示等，缺少深入的研究。第三，缺少个案研究。要全面深入地研究梁柏台对中央苏区法律制度的贡献，必须理论联系实际，除研究相关的中央苏维埃法律规定外，还应广泛搜集司法实践中的相关案例，以研究其具体运行状况，多角度地进行研究。

第二节　选题的意义

一、理论意义

中央苏区法律建设是苏区政权建设与治理的重要一环，全面地研究梁柏台法律思想，有利于更好地探究法律的内在机理或一般规律，发现历史经验的重要价值，更好地解析中国共产党局部执政及治理的成功密钥，辅助良善的社会治理。梁柏台法律思想研究有助于更全面地认识中国革命史、法律史，对当代中国的法治建设乃至国家治理现代化，具有理论意义和借鉴价值。在新时代的背景下，结合中央关于全面依法治国、推进国家治理体系和治理能力现代化的最新论述，梁柏台法律思想的研究不仅承载着历史回顾的重任，更具备了面向未来、指导实践的深远理论价值。

第一，梁柏台法律思想作为中国共产党早期法制建设的重要组成部分，其研究对于深入理解中国共产党在局部执政时期如何通过法律手段巩固政权、保障民生、促进社会进步具有不可替代的作用。这一研究不仅揭示了法律的内在机理和一般规律，更通过历史的透镜，挖掘出法律在特定历史时期所承载的社会功能与价值追求，为我们理解法律与政治、经济、社会之间的复杂关系提供了丰富的历史素材和理论资源。

第二，梁柏台法律思想的研究对于丰富和完善中国特色社会主义法治理论具有重要意义。通过深入剖析梁柏台在立法、司法、执法等方面的实践探索和理论创新，我们可以更加清晰地看到中国共产党在法治建设上的历史脉络和逻辑演进，进而为构建符合中国国情、体现时代特征的法治理论体系提供有力支撑。同时，梁柏台法律思想中蕴含的以人为本、公平正义等价值理念，对于指导当代中国的法治实践，推动法治建设向更高水平发展，具有重要的启示作用。

第三，梁柏台法律思想的研究对于国家治理现代化的进程具有直接的借鉴价值。国家治理现代化要求我们在法治的轨道上推进各项改革，实现政府治理、社会治理和市场治理的有机统一。梁柏台在法律实践中的成功经验，如强调法律的权威性、公正性、人民性，注重法律的实践性、创新性等，对于我们在新时代推进国家治理体系和治理能力现代化具有重要的参考意义。通过学习和借鉴梁柏台法律思想中的精髓，我们可以更好地把握法治建设的方向和重点，推动国家治理体系和治理能力不断迈上新台阶。

综上所述，梁柏台法律思想研究不仅具有深厚的历史底蕴和理论价值，更在新时代的背景下展现出强大的生命力和实践指导意义。我们应当以更加开放的心态和严谨的治学态度，深入挖掘梁柏台法律思想的丰富内涵和时代价值，为推进全面依法治国、实现国家治理现代化贡献智慧和力量。

二、实际意义

在法治建设日新月异的当代社会，深入研究、积极传承并创新发展梁柏台的红色法治精神，深入探寻其法律思想的精髓，不仅是对历史智慧的深刻汲取，更是对现实法治实践的有力推动。这一过程对于我们今天形成科学严谨的法治思维，深刻理解和全面贯彻落实习近平法治思想，具有不可估量的积极意义。同时，这也是我们在新时代背景下，守好法律"红色根脉"，确保法治事业沿着正确方向前进的时代要求，其实践价值尤为显著且深远。

第一，研究梁柏台法律思想有助于我们形成符合时代要求的法治思维。梁柏台在革命时期所展现出的法治理念和实践经验，为我们提供了宝贵的思想资源。通过对其法律思想的深入剖析，我们可以更加清晰地认识到法治在国家治理中的重要作用，进而在实践中自觉运用法治思维和法治方式解决问题，推动各项工作在法治轨道上稳步前行。

第二,传承发展梁柏台红色法治精神是贯彻落实习近平法治思想的具体行动。习近平法治思想是新时代中国特色社会主义法治建设的根本遵循和行动指南。梁柏台的法律思想与习近平法治思想在许多方面具有相通之处,都强调了法律的权威性、公正性和人民性。因此,传承发展梁柏台红色法治精神,就是要在实践中不断践行习近平法治思想,推动法治建设不断取得新的成效。

第三,探寻梁柏台法律思想对于守好法律"红色根脉"具有重要意义。法律"红色根脉"是中国共产党领导人民进行革命、建设、改革过程中形成的宝贵精神财富。梁柏台作为中国共产党早期法制建设的杰出代表,其法律思想正是这一"红色根脉"的重要组成部分。通过探寻梁柏台法律思想,我们可以更加深刻地理解中国共产党在法治建设上的历史传承和逻辑演进,从而更加自觉地守护好这份宝贵的法律遗产。

第四,研究梁柏台法律思想具有显著的现实意义和时代价值。当前,我国正处于全面依法治国的新征程上,面临着许多新的机遇和挑战。通过深入研究梁柏台法律思想,我们可以从中汲取智慧和力量,为当前和今后的法治建设提供有益的借鉴和启示。同时,梁柏台法律思想所蕴含的以人为本、公平正义等价值理念,也为我们推动社会公平正义、增进人民福祉提供了重要的思想武器。

综上所述,研究、传承发展梁柏台红色法治精神并探寻其法律思想,不仅具有深远的历史意义,更具有重要的实践价值和现实意义。我们应当以更加饱满的热情和更加扎实的作风,投入到这一伟大的事业中去,为推进全面依法治国、建设社会主义法治国家贡献自己的力量。

第三节 研究方法

一、文献分析法

文献分析法是研究梁柏台法律思想的基础方法。通过广泛搜集和阅读相关著作、论文、法律文件、裁判案例等原始资料,以及后世学者对其思想的研究著作和论文，可以深入了解梁柏台法律思想的形成背景、主要内容、特点及其影响。文献分析法有助于还原梁柏台法律思想的历史面貌，准确把握其思想精髓。

二、历史研究法

历史研究法是通过研究历史资料和背景，探究历史事件的因果关系和发展规律的方法。在研究梁柏台法律思想时，历史研究法可以帮助我们深入了解梁柏台所处的时代背景、社会环境以及个人经历，从而更好地理解其法律思想的形成和发展。通过对历史资料的挖掘和分析，我们可以揭示梁柏台法律思想的时代价值和对后世的影响。

三、比较研究法

比较研究法是通过对比不同时间、不同地点、不同人物的思想和实践，揭示其异同点和相互关系的方法。在研究梁柏台法律思想时，我们可以将其与其他法学家的思想进行对比，分析其独特之处和贡献。同时，也可以将梁柏台的法律思想和实践与不同国家、不同时期的法治建设进行比较，揭示其普遍性和特殊性。比较研究法有助于我们全面、深入地理解梁柏台法律思想的特点和价值。

四、跨学科研究法

跨学科研究法是运用多学科的理论和方法，对某一问题进行综合研究的方法。在研究梁柏台法律思想时，我们可以借鉴政治学、社会学、历史学、哲学等多学科的理论和方法，从多个角度对梁柏台的法律思想进行剖析和解读。跨学科研究法有助于我们拓宽研究视野，深入挖掘梁柏台法律思想的内涵和外延。

五、案例分析法

案例分析法是通过具体案例来研究和解释某一理论或思想的方法。在研究梁柏台法律思想时，案例分析法可以帮助我们更具体地理解其法律思想在实践中的应用。通过收集和分析梁柏台亲自参与或指导的具体法律案例，我们可以深入了解他是如何将法律理念转化为实际操作的，以及他的法律思想是如何在实践中得到体现和验证的。这种方法使我们能够更直观地感受到梁柏台法律思想的实践价值和影响力。

六、定性分析法

定性分析法是通过分析事物的本质属性和特征，揭示其内在规律和本质的方法。在研究梁柏台法律思想时，定性分析法可以帮助我们深入剖析其法律思想的本质和特征。通过对梁柏台的文章、实践等进行分析和归纳，我们可以提取出其法律思想的核心观点、基本原则和价值取向。这种方法有助于我们更准确地把握梁柏台法律思想的核心内容和精神实质。

第四节 研究价值

一、理论创新

（一）拓展习近平法治思想的研究

梁柏台法律思想，作为中国共产党在局部执政时期形成的重要法治理论成果，为我们今天深化对习近平法治思想的理解提供了宝贵的历史资源。通过对梁柏台法律思想的研究，我们可以更好地理解习近平法治思想的历史渊源、理论逻辑和实践要求。同时，梁柏台法律思想中的一些重要观点和实践经验，也可以为习近平法治思想的创新发展提供有益的参考和借鉴。因此，深入挖掘和整理梁柏台法律思想这一重要历史资源，有助于拓展习近平法治思想的研究，以更好地推动中国特色社会主义法治建设的理论与实践。

（二）深化对马克思主义哲学世界观和方法论的认识

在研究梁柏台法律思想的过程中，我们必须深刻把握辩证唯物主义和历史唯物主义的世界观和方法论。辩证唯物主义和历史唯物主义是我们认识世界、改造世界的强大思想武器，为我们提供了科学的思维方式和研究方法。

在研究梁柏台法律思想时，我们要善于运用辩证思维、历史思维等哲学思维方法，深入分析梁柏台法律思想的形成背景、理论内涵和实践价值。同时，我们还要将这些哲学思维方法创造性地运用于法治实践中，不断提高我们的理论水平和实践能力。只有这样，我们才能更好地深化对马克思主义哲学世界观和方法论的认识，推动梁柏台法律思想研究的不断深入和发展。

二、实际价值

（一）推进国家治理体系和治理能力现代化的参考依据

梁柏台法律思想，作为中国共产党早期法治建设的宝贵财富，其精神内核与当代国家治理体系和治理能力现代化的要求具有高度的契合性。通过深入探析和研究梁柏台的法律精神，我们能够汲取到其在法治建设中的智慧与经验，为当前推广创新"枫桥经验"提供重要的参考思路。同时，运用法治思维和法治方式推进国家治理体系和治理能力现代化，是梁柏台法律思想在现代社会的实践与发展。这要求我们不仅要深入研究梁柏台法律思想的理论内涵，更要将其与当代中国的法治实践相结合，探索出符合中国国情的法治发展道路。因此，梁柏台法律思想的研究对于推进国家治理体系和治理能力现代化具有重要的参考价值和指导意义。

（二）实现中华民族伟大复兴中国梦的动力源泉

实现中华民族伟大复兴的中国梦，需要强大的文化自信和精神力量作为支撑。梁柏台法律思想作为中国共产党早期法治建设的代表性成果之一，蕴含着深厚的民族精神和时代价值。通过深入研究梁柏台法律思想，探索其时代价值，我们可以更好地传承和弘扬中华优秀传统文化，提升文化的影响力。同时，梁柏台法律思想中的公平正义、人民至上等价值理念，也与实现中华民族伟大复兴中国梦的要求高度契合。这些价值理念能够激发人们的奋斗精神和创造力，为实现伟大梦想提供源源不断的动力。因此，深入研究梁柏台法律思想，不仅有助于增强文化自信和增加精神力量，而且是实现中华民族伟大复兴中国梦的重要动力源泉。

第二章　梁柏台法律思想形成的社会背景和理论来源

第一节　社会历史背景

1899年9月14日，梁柏台出生于我国浙江省新昌县新林乡查林村的一个普通的农民家庭。适逢革命浪潮汹涌之际，国家深陷积贫积弱的泥沼，人民在饥寒交迫中挣扎。动荡不安的社会形势下，却也涌现出了一批以身许国、立志救国救民的仁人志士，梁柏台便是个中翘楚。

1899年的中国，国家内忧外患，民生凋敝，社会形势的发展令人忧虑，亟须寻求解决之道。前一年，康有为、梁启超等维新派人士为推动国家的变法图强。试图依托光绪帝，锐意推动改革，然而，由于触及了以慈禧太后为代表的保守势力的核心利益，戊戌变法终究未能实现改革目标，以失败告终。康有为和梁启超被迫流亡海外，谭嗣同等人则被处决。这场仅仅持续了103天的变法，却也彰显了国家衰败、民族弱势以及人民生活困苦的严峻现实。而帝国主义的不断入侵更是使得中华民族进一步陷入危机边缘。1901年9月7日，清政府与西方列强签订《辛丑条约》，这是中国近代史上赔款数目最庞大、主权丧失最严重的条约，此条约标志着清政府完全成为帝国主义统治中国的工具，中国彻底沦为半殖民地半封建社会。[①]尽管1911年的辛亥革命标志着清王朝的终

---

① 《9月7日：〈辛丑条约〉签订中国沦为半殖民地半封建社会》，新华网2012年9月7日，http://www.xinhuanet.com/world/2012-09/07/c_123683774.htm。

结，结束了其陈旧衰败的统治，然而，这一历史性事件并未能彻底扭转中国作为半殖民地半封建社会的根本属性。社会的深层次结构与性质，在革命后依旧保持着原有的部分特征，未能实现根本性的变革。

在那个动荡的时代背景下，少年时代的梁柏台与无数中国人一同经历了历史的巨变。这一大历史的转折点深刻地影响了每一个人的命运，梁柏台矢志不渝地将个人命运与国家命运紧密相连，许下"以身付诸国"的大志愿，并在未来的人生中将其付诸实践。

"一切革命的根本问题是国家政权问题。"[①]无产阶级要实现自己的历史使命，就必须摧毁旧的国家，建立起自己的政权。任何阶级，只有掌握了国家政权，才有可能把本阶级的意志上升为国家意志、制定成法律，因此列宁指出："如果没有政权，无论什么法律，无论什么选出的代表都等于零。"[②]

1928年，中共第六次全国代表大会政治决议案中提出"十大政纲"，就要求"力争建立工农兵代表会议（苏维埃）政府"。在苏维埃政权的组织问题决议案中，提出"苏维埃须不断地扩大自己的领土……这是他们存在的根本保障"。[③]毛泽东极其重视"小块红色区域的存在和发展"，批评了那种单纯的流动游击而不建立巩固的红色区域的观念，坚信"星星之火，可以燎原"[④]。中共六届三中全会《关于政治状况和党的总任务决议案》（1930年9月）中也指出："当前第一等重要的任务是——建立巩固的阵地，就是建立集中统一的真正和工农群众密切联系的苏维埃临时中央政府，在最有保障的地域——苏维埃根据地……"[⑤]

土地革命战争时期，中国共产党在江西瑞金领导建立了中国历史上第一

---

① 中共中央马恩列斯著作编译局编译：《列宁选集》（第三卷），人民出版社2012年版，第19页。

② 中共中央马恩列斯著作编译局编译：《杜马的解散和无产阶级的任务》，载《列宁全集》（第十三卷）人民出版社1987年版，第309页。

③ 中央档案馆编：《中共中央文件选集》（第四册）（一九二八年），中共中央党校出版社1989年版，第300、412页。

④ 毛泽东：《毛泽东选集》（第一卷），人民出版社1991年版，第97—108页。

⑤ 中央档案馆编：《中共三中全会关于政治状况和党的总任务决议案》（1930年9月），载《中共中央文件选集》（第六册）（一九三〇），中共中央党校出版社1980年版，第293页。

个全国性的工农民主政权——中华苏维埃共和国临时中央政府,中央苏区是土地革命战争时期苏维埃运动的中心区域,是中共中央、苏区中央局、苏维埃中央政府、中央革命军事委员会等党、政、军首脑机关所在地。[①]中华苏维埃共和国临时中央政府的诞生,标志着革命政权的新篇章。苏维埃政府不仅主导了革命战争的进程,还深入实施了土地革命,极大地推动了社会经济的变革。在多个社会领域,如经济、文化、教育等,苏维埃政府均取得了显著进展,为民众带来了实质性的福祉。

特别在法制构建层面,苏维埃政府展现出了非凡的创新能力与实践成果。通过制定一系列具有针对性的法律法规,苏维埃政府不仅强化了社会秩序的维护,还确保了民众权益的有效保障。这一系列的努力,不仅为苏区的稳定与发展提供了坚实的法律支撑,也为后续的革命进程乃至国家建设积累了宝贵的经验。

中华苏维埃政权框架与法制蓝图的构建,深刻烙印着"以俄为师"的印记,广泛吸纳了苏联的宝贵经验与实践智慧。在权力架构层面,中华苏维埃共和国的权力体系与早期苏俄的架构展现出高度的同源性,这种相似性不仅体现在中央层面,也延伸至地方各级政权组织,显示出对苏联模式的深入学习与灵活应用。"如果没有对苏俄(联)政权建设经验的学习与模仿,在中国历史上就不会有1931年的中华苏维埃共和国临时中央政府的成立;如果没有对苏俄(联)政权建设经验的学习与模仿,中国的红色政权就不可能在当时如此艰难困苦的条件下,得以迅速地建立起一套比较完整的政权体系。"[②]这一学习过程,对于中华苏维埃共和国在特定历史条件下迅速构建起相对完善的政权体系,具有不可估量的价值。

在法律制度建设上,中华苏维埃共和国的宪法、选举法、土地法等核心法律文件,与苏俄的相应法律条文呈现出显著的相似性,这并非偶然现象,而是特定历史背景下,中国共产党基于自身阶级属性、革命性质及政权性质所作出的必然选择。这种选择,既是对欧美资产阶级法制模式的摒弃,也是对苏联

---

① 谭琪红:《中央苏区红色文化传播载体研究》,博士学位论文,南昌大学,2015年。
② 耿显家:《共产国际与中国苏维埃政权建设》,博士学位论文,中共中央党校,2008年。

法制经验的积极借鉴与吸收。共产国际对中国革命的影响巨大，中国苏维埃运动在很大程度上受联共（布）、共产国际的指导与影响。[①]"早在一年前，设在上海的'苏准会'就开始为一苏大会起草有关文件……后来，共产国际远东局又为大会起草了《土地法》《劳动法》《经济政策》和苏维埃组织法、军事训令等5个文件，并通过各种途径，秘密送来苏区。"[②]共产国际对中国革命法制建设的影响同样深远。通过其远东局等机构，共产国际不仅为中华苏维埃共和国提供了法律文件的起草支持，还通过秘密渠道将相关文件输送至苏区，为苏区的法制建设注入了新的活力与动力。这种跨国界的支持与帮助，对于中华苏维埃共和国法制体系的完善与发展，具有不可忽视的推动作用。

苏联与共产国际对中华苏维埃共和国政权结构与法制建设的影响是深远而广泛的。这种影响不仅体现在具体的制度设计与法律条文上，更深刻地塑造了中华苏维埃共和国的法制精神与法治理念。值得一提的是，中华苏维埃共和国法制建设的中坚力量中，不乏曾在苏联深造并积累丰富司法实践经验的人才。他们回国后，将所学所得积极应用于苏区的法制建设之中，为苏维埃法制体系的完善与发展贡献了自己的力量，梁柏台就是其中的一位。

第二节 教育背景

梁柏台的祖辈世代耕耘于田野之间，以农为生，以地为命，直至梁柏台的祖父母一代，得益于勤俭节约的优良家风，梁家的家庭经济状况逐步改善。在满足家庭成员基本生活需求的基础上，他们已能够负担起子女的教育费用。是以梁柏台的父亲梁开钱得以矢志于学问之道，多年寒窗苦读，虽未能跻身显赫之列，但学识修养亦有所提升，在文化落后的乡镇中算得上是一个文化人。也正因如此，梁开钱深知读书对孩子未来的深远影响，不顾当时家庭的拮据窘迫，仍然勉力筹资送梁柏台至村中裴荣兴私塾开蒙。辛亥革命后，又敦促梁柏

[①] 《联共（布）、共产国际与中国苏维埃运动（1927—1931）》（第二卷），中央文献出版社2002年版。

[②] 陈刚：《人民司法开拓者 梁柏台传》，中共党史出版社2012年版，第162页。

台先后入双溪学堂、龙山初等小学堂就读①，在求学的过程中，梁柏台的学习热情被极大程度地激发，学业大进，在这个阶段中，梁柏台初步形成了以中华传统的四书五经为基础的三纲五常封建理念。

  1915年，梁开钱筹措学资，令成绩优异的梁柏台进入新昌知新高等小学校继续学业。三载知新高小的求学历程，无疑是梁柏台人生中一个至关重要的转折点，在这里，梁柏台接受了新式的资产阶级政治思想的教育，思想逐步趋于成熟，从私塾双溪学堂到知新高小的这个过程中，梁柏台的思想价值观念迎来了发展过程中的第一个转变，即由原先的封建传统思想转变为资产阶级政治思想，其法律思想也随之由原先强调礼法合一的封建法律思想转变为主张民主共和的资产阶级法律思想，并进一步深化。②在这里，梁柏台接受了孙中山的民主革命思想，并萌发了朴素的爱国情感。在当时写下的日记中，梁柏台就曾发问："愤俄人之欲并吞北满，野心勃勃，大有相机而动之势。……膳后小憩，阅报纸，至日人欲侵吾国，不觉悲吾国民，何以不坚固团体，而甘为三岛所欺耶？"③

  知新高小的教师普遍秉持三民主义信仰，怀有浓厚的爱国情操。他们常常在课堂中引用历史名言和民族英雄的事迹来启发学生，在课后言传身教，宣扬爱国主义精神。在这样的环境中，梁柏台年轻的胸怀中逐渐萌生了质朴的爱国主义情怀，并在心里埋下了反对帝国主义和反封建主义的种子。

  面对当时帝国主义"欲寝中国之皮，而食中国之肉"的丑恶嘴脸，以及袁世凯政府全然不顾全国人民强烈的反对声浪，仍然决定接受"二十一条"苛刻条款的严酷事实，年仅16岁的梁柏台，心怀愤慨，以笔墨为剑，写下了《睡

---

① 于志文：《梁柏台早期爱国主义思想研究——基于梁柏台日记、作文和书信的分析》，《绍兴文理学院学报》2023年第10期。

② 李凤凤、刘魁：《从中央苏区的立法及司法实践看梁柏台的法制思想》，《赣南师范学院学报》2015年第2期。

③ 《梁柏台四月初四日记（1915年5月17日）》，载中共新昌县委党史研究室、新昌县档案局（馆）合编：《梁柏台遗墨》2007年，第3页。

狮论》，大声呼唤中国睡狮"吾甚愿其一吼而即起也"[1]，激励沉睡中的中国雄狮觉醒，奋起抵抗外敌。同时，他又在《丈夫誓许国说》中立下誓言，"国虽为天下人之国，而吾亦在其中也。吾在其中，吾亦有保国之任也。……吾誓为丈夫，学丈夫之为，行丈夫之行，积之久，即为丈夫矣。既愿为丈夫，则当以身付诸国，竭力以担国事，以保国家，不以私而忘公"[2]的"许国大丈夫"的宏愿。在这里，梁柏台第一次萌发了"当以身付诸国"的救国之志，并在此后的人生中奉为人生信条，始终坚持贯彻执行，并以此作为自己终身的奋斗目标。

在以卓越成绩自知新高小毕业后，1918年，梁柏台顺利考入浙江省立第一师范学校预科，踌躇满志地迈入了浙江一师的校园。浙江一师秉持"勤、慎、诚、恕"之校训，在浙江一师这个浙江新文化运动的前沿阵地，梁柏台经历了五四大潮及新文化运动的洗礼，其思想境界得以进一步提升，逐步确立了马克思主义信仰，并通过学生运动的方式开始将救国救民的理想逐步付诸实际行动。[3]

在浙江一师求学期间，梁柏台有感于巴黎和会失败后的耻辱，他振臂呼号"身可死而山东半岛不可失，头可断而青岛不可去"。其随后所组织的，旨在推销新书刊，传播新思想的"全国书报贩卖部"与"书报贩卖团"，展现了梁柏台作为一位未来红色法律专家的务实气质，在这一过程中，梁柏台也树立了"推动新思潮，以改造社会、革新人生观为唯一宗旨"的坚定信念。

在我国面临前所未有的社会变革的这一重要阶段，青年时期的梁柏台，便展现出了崇高的理想抱负和追求真理、一心为民的革命精神。从浙江一师毕业后，梁柏台坚定地投身于寻求适应我国国情的救亡图存之路。在这波澜壮阔的时代背景下，他为实现国家法治的探索与实践作出了不懈的努力。

---

[1] 于志文：《梁柏台早期爱国主义思想研究——基于梁柏台日记、作文和书信的分析》，《绍兴文理学院学报》2023年第10期。

[2] 《梁柏台丈夫誓许国说（1915年底）》，载中共新昌县委党史研究室、新昌县档案局（馆）合编：《梁柏台遗墨》2007年，第83页。

[3] 于志文：《梁柏台早期爱国主义思想研究——基于梁柏台日记、作文和书信的分析》，《绍兴文理学院学报》2023年第10期。

在1921年，梁柏台秉承上海党组织的筹划与安排，踏上了前往苏俄的旅程。这是一个具有重要意义的决定，在苏俄，梁柏台同志开启了共产主义信仰之旅的新篇章。

1922年5月，梁柏台进入莫斯科东方大学，这是一所专门培养共产主义运动和马克思主义基本理论人才的著名学府。在这里，梁柏台深入钻研了红色法律，为日后在我国革命事业中发挥重要作用奠定了坚实基础。

在苏联的学习过程中，梁柏台同志进一步坚定了自己的马克思主义信仰。在这一信仰的指引下，他毅然选择了正式加入中国共产党，将自己的一生献给崇高的中国革命事业。从此以后，梁柏台矢志不渝地将自己的青春和热情投入到了崇高的中国革命事业及马克思列宁主义坚定信仰之中，致力于中华民族伟大复兴的壮丽事业而砥砺前行。在从浙江第一师范学校到莫斯科东方大学的这个过程中，梁柏台的思想价值观经历了第二次重大改变，从资产阶级的民主共和思想转变为坚定的马克思列宁主义信仰者，选择正式成为中国共产党党员。[①]他的法律观念也进一步受到马克思主义的深刻影响，梁柏台得以将中国传统法律思想的精髓与马克思主义法制理念相互提炼融合，为形成梁柏台法律思想奠定了重要的基础。

1923年，鉴于加强远东事务的需要，共产国际及中国共产党组织派遣梁柏台前往海参崴、伯力等地执行工作任务。梁柏台在伯力省法院担任审判员，从事司法实务工作和革命法律研究。与此同时梁柏台还兼任远东教务部编译局编译员一职，翻译了《列宁主义入门》《联共党纲和党章》等书册。这样的安排与伯力省深厚的历史文化背景及其长期以来大量华人居住、工作的现实密不可分。梁柏台的妻子周月林就曾回忆："调他去的原因，是因为当地有许多案子同时牵涉中国人和苏联人。苏联人当审判员，只懂俄文，不懂中文，靠翻译解决不了问题。这样，法院要求把梁柏台调去当审判员，因他俄文、中文都好，审判起来就方便了。"

审判员在苏联审判工作中扮演着很重要的角色。他们与陪审员一起完成

---

① 李凤凤、刘魁：《从中央苏区的立法及司法实践看梁柏台的法制思想》，《赣南师范学院学报》2015年第2期。

苏联各级法院的审判工作。在苏联的审判工作制度中，审判员的权限很大。他们只服从法律，审理案件时任何上级法院、司法部、地方国家权力机关和其他机关都不能直接干预他们的工作，审判员只需要依据苏联法律及法院调查的情况作出判断。同时，苏联还在审判工作中施行社会主义自由心证制度，因此在证据比较有限的情况下，审判员的个人判断能直接影响案件的判决。在这种情况下，为了做好审判工作，梁柏台在短时间内整理和学习了大量苏联及其他社会主义国家的法律文件，并着重对苏联的主要法律文件、立法体制机制、审判制度等进行系统研究。同时，经过审判实践，他还逐渐认识到收集证据、确认证据对于审判工作的重要性。这些理论和实践方面积累的经验很快让梁柏台成为一位红色法律专家，并深深影响了之后他在苏区开展的立法工作。

梁柏台在远东地区的辛勤工作，为党和国家构筑了坚实的"远东工作基础"，并在司法实践中积累了丰富的实务经验，进一步深化了他对法律的理解。这些经历为梁柏台的法制思想提供了丰富的理论资源和实践经验，使得梁柏台的法律思想更具独特性和前瞻性。

在深入学习苏俄的红色法律思想并投身于司法实践的岁月里，梁柏台从未忘记自己最初的誓言，始终坚守着以身许国的初心。1931年5月，我国新兴的苏维埃政权急需法律人才以支撑建设。得知此情的梁柏台，将一双儿女托付给苏联国际儿童院，在党组织的安排下，与妻子周月林秘密归国，火速前往中央苏区，投身革命事业。此后，梁柏台以自身的学识和司法实践经验，为中华苏维埃法制建设留下了不朽的印记。

第三节　梁柏台法律思想的理论来源

一、中华传统文化思想的积淀

在梁柏台的法律思想体系中，诸多方面深受中国历史文化传统之影响，由此塑造了其独特的思想理论体系。梁柏台出生于晚清时期，他的父亲梁开钱本身便是寒窗苦读多年的"国子监太学生"，对孩子的教育理念深深植根于中华的传统思想，在潜移默化的教育过程中，我国传统知识分子所秉持的"积极入世""兼济天下"的社会责任意识和家国情怀，便深刻地烙印在梁柏台的价值观中，并对他之后以身许国的人生追求的形成产生了深远的影响。

同时，梁柏台还接受了中国传统文化的系统教育。他自幼在乡里的私塾中开蒙，之后又赴双溪学堂、龙山初等小学堂等中式传统学堂学习，这些学堂均沿袭了昔日私塾的教学理念，在教育模式及传授内容方面，依然秉持着传统儒家教育理念，注重培育家国情怀。而在此后的知新高小和浙江一师时期，虽然学校采用的是新式教育，但在教育内容方面，仍然重视道德教育和家国责任感。因此，梁柏台的思维与表达，均烙下了传统文化的独特印记，我们可以从梁柏台所写的文章和书信中，直接地体会到他受传统文化影响之深远。

此外，梁柏台自小便勤奋好学，手不释卷，虽然囿于乡村条件的限制，但他仍然尽可能地广泛阅读，进入学堂后更是沉浸在书籍中，也因此，梁柏台对于中国古代的历史文化典籍都有所涉猎，梁柏台以史为鉴，从中华历史文化中总结了许多人生经验和启示，并从中华优秀传统思想中汲取了精华，凝练成为之后中共苏区的立法、司法、法制宣传工作指导原则的重要构成因素。

梁柏台的文学创作鲜明地体现了其受深厚传统文化影响的印记。他借助笔端，不仅启发统治者以尧帝为榜样，实践仁爱亲民之道，还通过项羽的故事强调了"德"相较于"力"的优越性，同时颂扬了齐桓公的明智用人策略。在文学作品中，如《承宫牧豕求学论》所写的那般，他讴歌承宫勤勉向学的精神风貌；在《荀巨伯视友疾遇贼不去论》里，他高度肯定了荀巨伯不顾个人安危、坚守道义的行为；通过《章可继不拾遗金论》，他倡导了章可继不为外物所动、坚守清廉的高尚品质；而在《虞孚丐死于吴论》中，则巧妙地以虞孚为例，从反面强调了诚信对于个人与社会的重要性。

自踏入浙江一师的学府至五四运动前夕，梁柏台在相对平稳的学习环境中，广泛学习，不断拓展知识边界，同时，他始终保持着对中国悠久历史文化的深入探索与独到见解。在《论德育》的论述中，他通过对比德智体三者的关系，进一步强调了"德"在教育体系中的核心位置；在《汉高帝论》的撰写中，他独到地分析了汉高祖刘邦凭借坚韧不拔的意志力成功建立汉朝的历程；而在《秦始皇焚书论》中，他对秦始皇的焚书政策进行了严厉的批评，将其视为对文化的一次重大打击，称之为"历史的遗憾"。这些作品与思考，充分展示了梁柏台在传统文化影响下的思想深度与广度。

儒家文化中"民为重，社稷次之，君为轻"的民本思想，对梁柏台法律思想产生了深远的影响。在中国古代早就产生了"法律面前人人平等"的先进思想，如"王子犯法，与庶民同罪"，又如《商君书·赏刑》中曾讲述过"所谓壹刑者，刑无等级，自卿相将军以至大夫、庶人，有不从王令、犯国禁、乱上制者，罪死不赦。有功于前，有败于后，不为损刑。有善于前，有过于后，不为亏法。忠臣孝子有过，必以其数断。守法守职之吏有不行王法者，罪死不赦，刑及三族。"①不论身份显赫的朝廷重臣，还是卑微平凡的市井百姓，一旦触犯法律红线，均须依据国家法度予以严厉惩处，确保法律之令得以无条件执行，不容任何例外。以民为本、一心为民，是梁柏台法律思想的一个重要特征，也是梁柏台法律思想中的司法为民理念的重要构成要素。在法制建设和实践过程中，梁柏台高度重视工农大众权益的保障。1933年，梁柏台主政的司法部门发布了第9号命令，决定在城市及区一级裁判机构设立劳动法庭，专门审理资本家、工头、雇主违反劳动法、集体合同和劳动合同等相关案件，以确保劳动者能够切实获得劳动法所规定的一切权益。②劳动法庭的设立，使得工人阶级在法律层面得到了有力的保障，为维护社会公平正义发挥了重要作用，彰显了梁柏台法律思想中司法为民的理念和以民为本的精神。

强化法律权威，确保法律得到不折不扣地执行与遵守，以此赢得民众的信任与尊重。梁柏台深刻领悟并实践了自中国古代法律传统中提炼的精髓——严格恪守法律条文，维护其神圣不可侵犯的地位。在中国古代，许多政治家、思想家都把"取信于民"作为治国安邦的大事进行论述，如孔子就曾经说过"自古皆有死，民无信不立"③，王安石也曾说过"自古驱民在信诚，一言为重百金轻"④。韩非子就主张"法虽不善，犹善于无法"⑤，在韩非子看来

---

① 商鞅：《商君书》，中华书局2003年版，第22页。

② 朱顺佐：《简论梁柏台对苏区司法建设的贡献》，《绍兴师专学报（社会科学版）》1985年第4期。

③ 孔子：《论语》，广东旅游出版社2009年版，第102页。

④ 王安石：《商鞅》，中华书局2003年版，第29页。

⑤ 韩非：《韩非子》，中华书局2007年版，第39页。

第二章　梁柏台法律思想形成的社会背景和理论来源

"依法办事"是绝对的公理，他说"法不信，则君行危矣"①。韩非子的教诲深刻映射出法家智者们对于法治与社会治理之间深层关联的独到洞察。他们不仅洞察到"依法办事"作为社会运行基本原则的不可或缺性，更深刻揭示了"取信于民"作为这一原则实现的关键路径，以及这一路径如何通向"安邦治国"的宏伟目标。在这一逻辑链条中，法律的完备性、执行力的强化以及法律尊严的维护，共同构成了"取信于民"的坚实基础。进一步的，法家思想强调，"取信于民"不仅是对法律条文本身的信任，更是对法律背后所代表的公正、公平价值的认同，以及对国家治理者秉持法治精神、践行法治理念的信赖。这种信任关系的建立，是社会秩序得以稳固、国家发展得以持续的内在动力。为了实现这一目标，法家思想家们提出了一系列策略，包括但不限于加强法治宣传教育，提升公众的法律素养；优化司法资源配置，提高司法效率和公正性；建立健全法律监督机制，确保法律得到有效执行等。这些措施旨在通过多维度、多层次的努力，不断加深"取信于民"的程度，进而巩固社会的稳定与国家的安全。梁柏台对于司法审判过程有着深刻的洞察，他主张在裁决案件时必须严格依据法律条文，并同时考量法理与人情的和谐统一，力避同类案件因判决差异过大而引发的不公。这种判决结果的显著不一，不仅会对涉案个体造成无法弥补的创伤，而且会在更广泛的社会层面上削弱公众对司法体系、对法律权威乃至整个国家治理能力的信心。因此，加强司法审判的公正性和一致性，确保判决结果既能体现法律的严肃性，又能兼顾社会的情理需求，是维护社会公正、巩固法治基石的重要任务。

虽然梁柏台的法律思想体系在潜移默化中受到了中华传统历史文化的深刻影响，但与此同时，梁柏台对中国的历史文化也有自己的思考，他秉持继承与摒弃并重的原则，并不墨守成规，而是更进一步地将其与我国实际情况相结合，对符合我国国情、有助于国家和民族发展、改变国家落后挨打局面的新思想和新文化，梁柏台给予高度评价并积极加以推崇；而对于压迫中国人民的帝国主义、封建主义以及不合时宜的陈旧落后的传统思想，梁柏台则进行了强烈的批判和斗争。

---

① 韩非：《韩非子》，中华书局2007年版，第40页。

譬如在司法实践的过程中，梁柏台着重强调司法机关要注重司法程序的简便化以及司法语言的通俗化。早在1919年，梁柏台积极投身于五四运动及随后兴起的新文化运动浪潮中。他特别活跃于浙江一师，这所学府在五四运动的深刻影响下，逐步成为浙江地区新文化运动的重要策源地。梁柏台毫无保留地投身于这一文化革新的洪流，全身心地贡献于推动新思潮的传播与发展。在切身体会比较白话文与文言文孰优孰便后，梁柏台便积极提倡文人尽量使用白话文，他认为白话文更加平易近人，相较于晦涩的文言文，白话文的充分使用更有利于人们思想的解放。对于曲解白话文运动的论调，梁柏台诉诸笔端，既旗帜鲜明又针锋相对地与当时文坛中曲解白话文的声音进行了论战。[1]同时，梁柏台还参与组织了"书报贩卖团"以及"全国书报贩卖部"，其宗旨在于深化《星期评论》《新青年》等宣扬新思潮刊物的市场流通与公众认知，以实际行动热情地向社会各领域人士普及新思想、新文化。

而在司法实践中，他也同样积极提倡在司法语言中更多地使用白话文，希望以通俗易懂的语言，使普通民众都能理解法律。同时，梁柏台还主张简化司法程序，以便让更多的人能够参与到司法实践中来。这些改革举措在相当程度上推动了我国法制建设的发展，使得司法制度更加民主、公正、透明。

二、马克思列宁主义法学理论的影响

在深入解析法的起源与本质层面，马克思与恩格斯的理论洞见表明，法作为历史演进的产物，其出现与消失紧密关联于私有制、阶级分化及国家形成的宏观历史脉络。[2]法的本质，作为统治阶级意志的集中法律表达，不仅映射出阶级统治的工具性[3]，还深刻反映了该阶级所依赖的物质生活条件，并广泛受到政治、文化、道德、思想、民族、宗教、习惯及历史传统等多元社会因素的交织影响。[4]

---

[1] 于志文：《梁柏台早期爱国主义思想研究——基于梁柏台日记、作文和书信的分析》，《绍兴文理学院学报》2023年第10期。

[2] 《马克思恩格斯文集》（第1卷），人民出版社2009年版，第584页。

[3] 《马克思恩格斯全集》（第3卷），人民出版社1960年版，第378页。

[4] 《马克思恩格斯选集》（第4卷），人民出版社2012年版，第289页。

进一步探讨法的职能，马克思与恩格斯创造性地提出法的双重角色：一方面，作为社会公共事务的管理者，法展现出其维护社会秩序、增进公共福祉的社会性；另一方面，作为统治阶级意志的强制执行者，法又凸显了其维护阶级利益、巩固政治权力的政治性。①这一双重职能的划分，不仅深化了对法在社会结构与政治生态中作用的理解，也为法制建设如何更好地服务于社会整体进步与公平正义提供了理论支撑，从而在根本上指导了苏维埃国家法制体系的构建与发展。

在深入剖析社会主义法制建设的理论脉络时，巴黎公社的法制实践被马克思与恩格斯视为该领域思想形成的直接理论源泉。两位思想家通过对这一实践经验的深刻提炼，精确界定了社会主义法制建设不可或缺的先决要素与核心构成，从而为其后续的理论构建奠定了坚实的基础。②

首先，社会主义新法制的构筑，根植于旧有国家机器与法律框架的全面崩溃与重构之上。马克思深刻指出，唯有彻底瓦解旧有的国家机器，方能奠定新型无产阶级专政国家的基石。进而，通过立法程序的严谨运作，将无产阶级的集体意志上升为国家法律之意志，以此作为巩固革命胜利果实、确保社会变革成果的法律保障，最终实现社会主义新法制体系的真正确立。

其次，社会主义新法制的形成还要求无产阶级的意志必须通过法律形式获得至高无上的地位。恩格斯指出，只有当无产阶级的意愿和主张被法律"得到绝对承认，并被奉为神圣的东西"③时，无产阶级方能牢固掌握新生政权的领导权，进而确立起社会主义的新法制体系。

再者，无产阶级夺取政权并确立其统治地位，是社会主义新法制得以建立的先决条件。④马克思与恩格斯共同认为，"工人革命的第一步就是使无产阶级上升为统治阶级"⑤，随后，通过普选机制"由各公社选举它们的行政的

---

① 《马克思恩格斯选集》（第2卷），人民出版社2012年版，第510页。
② 李江涛：《中央苏区苏维埃法律体系构建研究》，硕士学位论文，东北电力大学，2023年。
③ 《马克思恩格斯文集》（第10卷），人民出版社2009年版，第528页。
④ 李江涛：《中央苏区苏维埃法律体系构建研究》，硕士学位论文，东北电力大学，2023年。
⑤ 《马克思恩格斯选集》（第1卷），人民出版社2012年版，第293页。

和创制法律的公务员"①，以此确保人民主权的实现，促使国家各项事务均置于法律的严格约束之下，并向全体人民负责。这一系列措施共同构成了社会主义法制建设的坚实基础。

联共（布）党在深刻理解和继承马克思、恩格斯法律思想精髓的基础上，不仅忠实于这些经典理论，而且勇于创新，根据苏俄（联）独特的革命与建设实践，发展出了一系列具有时代特色的法律见解。这些见解不仅是对马克思主义法律思想的丰富和拓展，更为中央苏区时期苏维埃法律体系的构建提供了宝贵而深刻的思想资源。

在探讨党与法的关系时，列宁的论述尤为精辟。他坚决主张党的领导是立法工作的核心原则，这一原则"坚定不移，不容动摇"。同时，他强调"党应当通过苏维埃机关在苏维埃宪法的范围内来贯彻自己的决定，党努力领导苏维埃的工作，但不是代替苏维埃"②。这既体现了党对立法工作的全面领导，又确保了党的决策能够在法制的轨道上得到有效执行，避免了党直接干预或替代苏维埃机关职能的风险。因此，列宁的论述为正确处理党与法的关系提供了科学指南。

在社会主义法制建设的道路上，联共（布）党同样展现出了远见卓识。他们深知，一个完备而统一的社会主义法制体系是保障国家长治久安、人民安居乐业的基石。因此，他们不仅致力于制定和完善各项法律法规，还强调法制必须适应社会发展的需要，不断进行自我调整和优化。此外，他们还高度重视法制的有效实施问题，特别是司法机关的独立性和公正性。列宁指出，只有在司法独立得到充分保障的情况下，才能确保法律面前人人平等，维护社会的公平正义。同时，他还提出了对各类权力机构实施严格监督的举措，以防止权力滥用和腐败现象的发生。③

在建设社会主义的条件方面，列宁逝世后，斯大林对托洛茨基重提一国内不可能建成社会主义社会的理论进行了驳斥，他认为在其他国家还保存着资

---

① 《马克思恩格斯选集》（第3卷），人民出版社2012年版，第96页。
② 《苏联共产党代表大会、代表会议和中央全会决议会汇编》（第1册），人民出版社1964年版，第571页。
③ 《列宁全集》（第34卷），人民出版社1985年版，第246页。

本主义的情况下，无产阶级夺得政权并依靠其在一国建成社会主义社会是完全可能的。①斯大林在论证这一问题时强调，要将各国过去经济上的不均衡同帝国主义时期经济政治的不平衡发展区分开来，还要将不同国家当下发展水平的均衡趋势与发展速度的跃进区分开来，科学技术的发展使得国家间经济水平日趋均衡，也给一些国家以跃进的方式首先建成社会主义创造了条件。②斯大林在论证这一问题时还强调一国能建成社会主义的内部条件是以工农联盟为基础的无产阶级专政③，外部条件是世界无产阶级的共同努力和相互支持。④斯大林指出，苏维埃国家组织由无产阶级所掌握，"政府则是这个国家组织的上层机构，是它的上层领导机构"⑤。这一理论直接推动了苏联行政权的扩张。斯大林十分重视对于国家机构的改革问题，其认为"国家机关问题是我国整个建设中最重要的问题之一"，苏维埃的各类国家机构是否廉洁奉公、全心全意为国家服务对于党和社会主义有决定意义，因此必须改善国家机关对官僚主义分子开展斗争，特别要将共产党员官僚主义分子作为重点斗争对象。⑥斯大林提出，要明确对官僚主义分子开展斗争的目的并不是削弱或者搞垮国家机构，而是对其进行修正和改善，因此在制定政策和方法时必须注意界限和分寸。⑦具体来说，其改善方法包括四个方面，即培养忠于工人阶级事业的人才对国家机构的人员进行革新；⑧在以维护党的利益为最高原则的基础上发扬党内民主，经常吸收党员群众参加党的各项工作的决策和重大问题的讨论；⑨接受群众监督，"改善群众和领袖"使领袖不会骄傲自大，而群众也不会离开领袖"⑩；在加强社会主义各之间的关系"方面法制建设的同时，成立一支高效、优质的

---

① 《斯大林全集》（第8卷），人民出版社1954年版，第64页。
② 《斯大林全集》（第8卷），人民出版社1954年版，第280页。
③ 《斯大林选集》（上卷），人民出版社1979年版，第336页。
④ 《斯大林全集》（第6卷），人民出版社1956年版，第324页。
⑤ 《斯大林全集》（第9卷），人民出版社1953版，第164—165页。
⑥ 《斯大林全集》（第10卷），人民出版社1954年版，第273页。
⑦ 《斯大林全集》（第10卷），人民出版社1954年版，第273页。
⑧ 《斯大林全集》（第10卷），人民出版社1954年版，第274页。
⑨ 《斯大林全集》（第11卷），人民出版社1955版，第30页。
⑩ 《斯大林全集》（第11卷），人民出版社1955版，第29页。

司法队伍，对不适合的司法工作人员进行整顿清洗。①

在苏联留学及工作期间，梁柏台深入接触并深刻学习实践了马克思列宁主义的法治理论，将马克思主义法学以人为本的核心理念与我国苏区法制建设实际相结合，在这个基础上，使得梁柏台的法律思想具有鲜明的时代特征和理论创新性。他坚持以人民为中心，强调法律服务于人民，始终紧扣人民的解放与人民的幸福这一核心主题，尤其凸显了对基层民众，即"平民"的关怀。

苏俄时期的司法实践和法制理论研究对梁柏台产生了深刻影响。在梁柏台在苏区法制领域开展的一系列实践活动中，我们可以洞察到梁柏台对苏联的法学理论、立法与司法实践有着系统而独到的认知和见解，这是构成梁柏台法律思想的一大重要来源，为其参与中华苏维埃共和国时期的法制建设打下了坚实基础。

以中央苏区的狱政制度建设为例，马克思列宁主义强调，无产阶级肩负着解放全人类的光荣使命。在绝大多数情况下，囚犯们，除极个别被依法判处死刑并予以执行者，均属于无产阶级改造社会和改造人类的范畴。与之相对应的，梁柏台所创立的中央苏区狱政制度中，强调要通过教育的手段，对罪犯进行深度的思想改造，促使其内在思想发生根本变化。这是梁柏台制定苏区狱政制度时所秉持的重要原则之一，亦是苏区狱政制度对马克思主义在中国本土化创新的独特体现，是梁柏台在对马克思主义充分理解基础上的一种创新实践。

此外，梁柏台将马克思主义法学理论与我国革命具体实际相结合的实践同样体现在中央苏区法制建设展现出的阶级性上。马克思列宁主义的阶级斗争理论贯穿于我国革命法制建设的实践过程中，在梁柏台起草的《中华苏维埃共和国宪法大纲》中明确指出："中华苏维埃政权所建设的是工人和农民的民主专政的国家。苏维埃的政权是属于工人、农民、红军战士及一切劳苦民众的"②，"苏维埃政权专政的对象是军阀、官僚、地主、豪绅、反革命分子及一切剥削人的人"③。由此可见，在苏维埃政权的法律体系中，不同阶级的人

---

① 《斯大林全集》（第11卷），人民出版社1955年版，第5—6页。
② 范佑先：《中华苏维埃共和国司法行政史料选集》，江西省司法厅1993年。
③ 范佑先：《中华苏维埃共和国司法行政史料选集》，江西省司法厅1993年。

受到了不同程度的区别待遇,展现出了鲜明的阶级特性。这是梁柏台将我国革命实践和具体实际与马克思主义法制理论相结合的产物,也标志着马克思主义法学理论在我国的初步本土化。

总而言之,梁柏台的法律思想,来源于中华传统思想的积淀及马克思主义法学思想的影响,又将马克思主义法学思想与中华优秀传统文化精髓相融合,为我国苏区法制建设提供了坚实的理论支撑。梁柏台法律思想在我国法制史上具有重要地位,并为后续的法制改革与发展提供了宝贵的借鉴与启示。梁柏台深邃的思想和卓越的贡献,足以为后世所铭记。

第三章 梁柏台与中央苏区立法工作

中华苏维埃,从1927年至1937年的十年间,以中国共产党的方针政策为依据,在建立各个革命根据地的地方政权时,即已制定了许多地区性的法律;在建立了统一的中央政权后,颁布了中华苏维埃共和国的宪法、政权机关组织法、选举法、土地法、经济法、行政法、劳动法、婚姻法、刑法、司法机关组织法、诉讼法等一系列法律和法令,统一苏区法律制度,建立起初具规模的新民主主义法律体系,这些法律和法令,为我国新民主主义和社会主义法制建设奠定了基础。①在中央苏区时期,中华苏维埃共和国先后颁布了数以百计的代表人民意志和符合革命利益的法律、法令、条例、训令,从而构成了相对统一的比较系统的苏区法制。②在残酷的战争年代中,苏维埃立法内容之丰富、涵盖面之广泛、规定之严格、条例之细致、执法之严格、法律水准之高,在中外历史上也是罕见的。③

在第一次全国苏维埃代表大会闭幕后,中央执行委员会任命梁柏台为中央司法委员会委员。鉴于工作的重要性和紧迫性,梁柏台不仅承担了司法委员会的职责,还积极投身于苏区的审判和内务等工作之中。在履职过程中,他展现出了卓越的专业素养和无私的奉献精神。据周月林回忆:"房间都很小,既是办公室,又是卧室。梁柏台就住在司法部里面,办公室里放一张床,来的人就坐在床上。他自己办公有一条凳子,另外还有一张桌子,别的啥也没有。我们刚到的时候,连毛主席也没有床睡,睡在地上。我们不图什么,只要有一

---

① 卓帆:《中华苏维埃法制史》,江西高校出版社1992年版,第1—2页。
② 杨木生:《中央苏区法制建设》,中共党史出版社2000年版,第36页。
③ 罗惠兰、郑炎明:《中华苏维埃共和国历史地位评析》,《求实》2004年第7期。

张床铺，一张桌子，一条凳子就满意了。那时我们的生活很艰苦，一天吃两顿饭，战士吃什么，我们也吃什么，穿的是公家发的布草鞋。梁柏台对生活随便得很，根本不去想搞点什么东西吃。晚上工作得很迟，饿了就喝点水，既充饥又解渴。"①

梁柏台在苏区的工作期间，起草并签发了一系列重要的法律文件。这些法律文件内容各异，涵盖了多个方面，但总体可以归纳为以下几个重点领域：首先，是对苏区内部法律制度的建立和完善，旨在规范社会秩序、保障人民权益；其次，是针对当时社会问题的专项立法，以解决特定领域的法律空白；最后，还包括对苏区司法实践经验的总结和提升，为后来的法律制定提供了宝贵的参考。

通过这些立法工作，梁柏台不仅为苏区的法治建设奠定了坚实的基础，也为后来的革命事业提供了有力的法律保障。他的贡献不仅体现在文字上的起草，更在于他对苏区法治理念的深刻理解和坚定信仰。

梁柏台参与中华苏维埃共和国法律制度建设，并为之做出了开拓性的工作。②梁柏台在中华苏维埃共和国立法活动中，肩负着重要的责任，进行了大量艰苦卓绝的开拓性工作。梁柏台是肩负着为第一次全国苏维埃代表大会起草法律文件的重任，从学习和工作10年之久的苏联奉命回国。他到中央苏区后，全力投入宪法、组织法、婚姻法等重要法律的起草工作。

第一次苏维埃代表大会在法律建设上书写了浓墨重彩的一笔。这次大会通过了由梁柏台起草的《中华苏维埃共和国宪法大纲》，还颁布了一系列法律法规，如《中华苏维埃共和国婚姻条例》《地方苏维埃政府暂行组织条例》《中华苏维埃选举细则》以及《中华苏维埃共和国选举委员会的工作细则》等，这些法律法规的颁布，每一部都凝聚着梁柏台的辛勤努力和卓越智慧。他深入研究、精心起草，为每一个法条都注入了公正与良知的血液。他的付出和智慧，不仅体现在字里行间，更体现在这些法律法规对社会进步和人民福祉的

---

① 《红色宪法起草人梁柏台》，微信公众号"华睿律云大讲堂"2018年04月17日，https://mp.weixin.qq.com/s/jFHNW-97i3L0XdNzcCaPVA。

② 陈刚：《人民司法开拓者　梁柏台传》，中共党史出版社2012年版，第186页。

深远影响中。这些法律法规的颁布，不仅是梁柏台个人才华的展现，更是他为人民、为社会作出的重要贡献。

《中华苏维埃共和国婚姻条例》的出台，不仅是对封建婚姻家庭制度的彻底颠覆，更是中国婚姻制度改革的重要里程碑。[①]这一改革不仅赋予了妇女平等的地位和权利，更推动了整个社会的文明进步。而随后在"二苏大会"上通过和颁布的由梁柏台修订的《中华苏维埃共和国婚姻法》，更是对婚姻制度改革的进一步细化和完善，使中国的婚姻制度更加符合时代的需求和人民的期望。

《地方苏维埃政府的暂行组织条例》《中华苏维埃共和国的选举细则》以及《中华苏维埃共和国选举委员会的工作细则》等法律法规，为苏维埃中央政府成立后各地开展民主选举运动和建立地方苏维埃政府提供了坚实的法律保障。这些法律法规不仅详细指导了福建、江西两省苏区进行乡、区、县苏维埃政府的普选工作，确保了选举的公正性和透明度，还进一步整顿和健全了苏维埃政府的组织机构和工作机制，提高了政府的工作效率和服务水平。

这些法律法规的颁布和实施，不仅彰显了苏维埃政府的法治精神和为民情怀，更为新中国的法治建设奠定了坚实的基础。它们不仅保障了人民的合法权益，促进了社会的公平正义，更推动了中国的民主化进程，为中华民族的伟大复兴注入了强大的法治力量。

在苏维埃共和国法制建设的伟大进程中，梁柏台无疑是一位杰出的领导者和立法者。他不仅在立法活动中发挥了关键作用，更是亲自参与了众多法律条文的制定。梁柏台独具匠心地将过去革命根据地的零散立法进行整合与修订，同时积极引进苏联法律制度，结合中国革命的实际需求进行创新性发展。他将马克思主义的基本原理与中国革命法律建设的具体实践相结合，为中华苏维埃法律体系的诞生奠定了坚实基础。这一体系不仅推动了苏维埃政权的正规化建设和有效运行，更是为中国的法治建设开创了新的篇章，为后来的新民主主义和社会主义法律制度的发展奠定了坚实基础。梁柏台作为人民民主法律制

---

① 郑长兴、上官绪智：《中华苏维埃共和国婚姻法对我国婚姻家庭制度的影响》，《黄河科技大学学报》2000年第3期。

度的奠基人之一①，他的卓越贡献使得苏维埃法律体系得以确立，为中国的法治进程注入了新的活力，使得民主新政的曙光得以普照大地。

表3-1　梁柏台主持或参与起草的法律法规列表

序号	法规名称	发布年份
1	《中华苏维埃共和国宪法草案》	1931
2	《中华苏维埃共和国宪法大纲》	1931
3	《地方苏维埃政府的暂行组织条例》	1931
4	《中华苏维埃共和国的选举细则》	1931
5	《中华苏维埃共和国婚姻条例》	1931
6	《中华苏维埃共和国劳动法》	1931
7	《中华苏维埃共和国选举委员会的工作细则》	1931
8	《处理反革命案件和建立司法机关的暂行程序》	1931
9	《工农检察部组织条例》	1931
10	《工农检察部控告局组织纲要》	1932
11	《中华苏维埃共和国军事裁判所暂行组织条例》	1932
12	《中华苏维埃共和国裁判部的暂行组织及裁判条例》	1932
13	《中华苏维埃共和国劳动感化院暂行章程》	1932
14	《中华苏维埃共和国邮政暂行章程》	1932
15	《中华苏维埃共和国地方苏维埃暂行组织法》（草案）	1933
16	《中华苏维埃共和国暂行选举法》	1933
17	《对裁判工作的指示》	1933
18	《五个月卫生工作计划》	1933
19	《关于修筑二十二条干路及各县区乡支路的修路计划》	1933
20	《中央司法人民委员部五个月工作计划（1933年8月—12月）》	1933
21	《革命法庭条例（草案）》	1933

---

① 卓帆接受新昌电视台的谈话，电视文献记录片《梁柏台》，1999年。

续表

序号	法规名称	发布年份
22	《革命法庭的工作大纲》	1933
23	《中央执行委员会关于重新划分行政区域的决议》	1933
24	《优待城市红军家属的办法》	1933
25	《关于惩治贪污浪费行为》	1933
26	《看守所章程》	1933
27	《内务人民委员部五个月工作计划》	1933
28	《中华苏维埃共和国司法程序》	1934
29	《中共中央、中华苏维埃共和国人民委员会关于优待红军家属的决定》	1934
30	《优待红军家属耕田队条例》	1934
31	《优待红军家属礼拜六条例》	1934
32	《托儿所组织条例》	1934
33	《动员工农群众,积极击杀革命叛徒》	1934
34	《中华苏维埃共和国婚姻法》	1934
35	《中华苏维埃共和国中央苏维埃组织法》	1934
36	《中华苏维埃共和国惩治反革命条例》	1934
37	《苏维埃法典》	1934

第一节 梁柏台与《中华苏维埃共和国宪法大纲》

梁柏台是公认的我国首部红色宪法起草人,这部红色宪法的内容也充分体现了他关于宪法方面的思想。1931年9月,梁柏台从苏联回国抵达江西瑞金后,立即投入宪法以及婚姻法、组织法等一批重要法律的起草工作中。"他一天到晚写,除了吃饭外,他就是写东西。"[①]1931年11月5日,第一次全国苏

---

① 周月林:《回忆梁柏台》,载新昌县政协编:《新昌文史资料》第四辑,1988年。

第三章　梁柏台与中央苏区立法工作

维埃代表大会召开前,中共临时中央给苏区中央局电告了《关于宪法原则要点》,梁柏台根据此份要点,进行修改润色,形成了《中华苏维埃共和国宪法大纲》。①

中华苏维埃第一次全国代表大会于1931年11月7日召开,梁柏台被推选为大会主席团宪法起草委员会成员,负责制宪事宜。②1931年11月13日,全国苏维埃第一次代表大会主席团举行第二次会议,组织了由毛泽东、任弼时、王稼祥、周以栗、邓发、张鼎丞、曾山、袁德生、刘建中、梁柏台等,以及由各地代表团推荐的7名代表,共同组成宪法起草委员会。③这个委员会的成员,都是党政领导人和各苏区苏维埃领导人,而梁柏台却是以宪法的撰稿人和其他法令起草人的身份参加的。④11月17日上午,宪法起草委员会专门讨论了《中华苏维埃宪法大纲》,11月18日,大会代表听取了《关于宪法问题的报告》,并进行了热烈的讨论。在这次全国代表大会上,通过了由梁柏台执笔起草的《中华苏维埃共和国宪法大纲》,这是中国宪政运动史上的一大创举,也是梁柏台为中华苏维埃和中国人民的法制建设作出的一个最重要的贡献。

大会主席团鉴于在上海的中共中央对第一次全国苏维埃代表大会召开的情况非常关心,特以大会主席团的名义,致电中央,报告大会已通过《中华苏维埃共和国宪法大纲》等初步情况。"大会已热烈讨论你们所提出的劳动法,土地法,红军问题,经济政策,宪法大纲,并一致通过。现正选举中华苏维埃共和国临时中央政府委员。知你们关心大会,特次电闻。"⑤

1934年1月22日,为扩大和巩固苏维埃政权,加强对全国苏维埃运动的领导,在瑞金召开了第二次全国苏维埃代表大会,出席大会的正式代表693人,候补代表83人,另有1500人左右参加了旁听。大会选举了75人组成的主席团,

---

① 陈刚:《人民司法开拓者　梁柏台传》,中共党史出版社2012年版,第166页。
② 郭宏鹏:《梁柏台:"以身付诸国"的红色法律专家》,《法治日报》2016年9月1日。
③ 唐国军:《〈中华苏维埃共和国宪法大纲〉与马克思主义中国化的宪政落实——兼论马克思主义中国化研究方法中的原典解读问题》,《广西社会科学》2012年第10期。
④ 杨木生:《中央苏区法制建设》,中共党史出版社2000年版,第243页。
⑤ 《中华苏维埃代表大会给中共中央电》(1931年11月18日),载《中共中央文件选集》第7册,中共中央党校出版社1983年版,第71页。

梁柏台为大会秘书长。会上，组织了由项英、梁柏台、何叔衡、邓发、张祥达、甘立成、蔡畅、傅金水、张鼎丞、王明清、邱树南、王子庭、刘成达、罗子成、尹仁桂、徐志成、辛国志、袁达郊、赖福林、饶接顺、林成生、余家彬、王奇峰、刘玉华、冯文彬、邹尚书、周根发组成的法令委会，梁柏台为主任。[①]"在革命发展中，两年来的苏维埃的工作经验，证明一苏大会的简单宪法基本上是正确的。但还没有能够成为完善的精密的宪法、在我们执行工作中是感觉到有些缺点，觉得在执行上在传上在运用上，还不大十分适宜。"[②]经过慎重而热烈的讨论，《中华苏维埃共和国宪法大纲》得到了修正并通过。这次修订的亮点在于第二条新增了"同中农巩固的联合"的条文。这一重要补充不仅增强了工农政权的凝聚力，还进一步夯实了革命的社会基础，为激发广大民众参与革命斗争的热情、夺取胜利提供了有力保障。这一修改不仅体现了苏维埃政权的智慧与决心，也彰显了其对于团结一切可以团结的力量、共同推进革命事业的坚定信念。

第二节 《中华苏维埃共和国宪法大纲》的主要内容

《中华苏维埃共和国宪法大纲》的前言部分号召全中国的工农劳动群众团结一致，共同为推翻帝国主义和国民党统治、建立苏维埃共和国而斗争，体现了宪法大纲作为革命纲领和法律基石的双重作用，为后来的新民主主义革命和社会主义建设奠定了坚实的法律和政治基础。

关于工农民主专政的基本任务。《宪法大纲》第一条作了明确的规定："中华苏维埃共和国的基本法（宪法）的任务，在于保证苏维埃区域工农民主专政的政权和达到它在全中国的胜利。这个专政的目的，是在消灭一切封建残余，赶走帝国主义列强在华的势力，统一中国，有系统的限制资本主义在中国的发展，进行苏维埃的经济建设，提高无产阶级的团结力与觉悟程度，团结广

---

① 谢一彪：《中国苏维埃宪政研究》，中央文献出版社2002年版，第63—64页。
② 项英：《关于宪法的报告》，《红色中华》（第二次全苏大会特刊第7期），1934年2月3日。

大贫农群众在它的周围，同中农巩固的联合，以转变到无产阶级的专政。"①以宪法的形式确定以反帝反封建作为苏维埃政权的基本任务。为此，苏维埃政权颁布了《土地法》，没收一切地主阶级的土地，分配给贫中农，消灭封建剥削，彻底改善农民生活。中华苏维埃共和国中央临时政府向世界庄严宣告："它的最后目的，不但在打倒帝国主义在中国的统治，而且打倒帝国主义在全世界的统治。"②

关于中华苏维埃政权的性质问题。《宪法大纲》第二条明确规定："中华苏维埃政权所建设的，是工人和农民的民主专政国家。苏维埃政权是属于工人、农民、红色战士及一切劳苦民众的。"③由此明确了，中国苏维埃政权的性质是工农民主专政。这种工农民主专政的政权，给予广大工农群众广泛的民主权利，对于地主资产阶级则实行专政。"军阀、官僚、地主、豪绅、资本家、富农、僧侣及一切剥削人的人和反革命分子，是没有选举代表参加政权和政治上自由的权利的"④"苏维埃政权下，反革命与一切剥削者的武装，必须全部解除。"⑤在国内革命战争时期，苏维埃政权要时刻准备与敌人的反革命行动斗争，需要对剥削阶级分子进行严厉的制裁和镇压。

关于中华苏维埃政权组织形式。《宪法大纲》第三条明确规定："中华苏维埃共和国之最高政权为全国工农兵苏维埃代表大会，在大会闭会的期间，全国苏维埃临时中央执行委员会为最高政权机关，在中央执行委员会下组织人民委员会处理日常政务，发布一切法令和决议案。"⑥全国苏维埃大会是中华苏维埃共和国的最高政权机关，有权制定和修改宪法和其他法律，决定全国的大政方针。中央执行委员会在大会闭会期间为最高政权机关，对全国苏维埃代表大会负责，并作工作报告。人民委员会是中央执行委员会的行政机关，管理

---

① 吴广：《中华苏维埃共和国文件选编》，江西人民出版社1984年版，第10—13页。
② 《中华苏维埃共和国临时政府对外宣言》（1931年11月7日），载《中共中央文件选集》第7册，中共中央党校出版社1983年版，第802页。
③ 吴广：《中华苏维埃共和国文件选编》，江西人民出版社1984年版，第10—13页。
④ 吴广：《中华苏维埃共和国文件选编》，江西人民出版社1984年版，第10—13页。
⑤ 吴广：《中华苏维埃共和国文件选编》，江西人民出版社1984年版，第10—13页。
⑥ 吴广：《中华苏维埃共和国文件选编》，江西人民出版社1984年版，第10—13页。

全国的政务。它将议会制的长处和直接民主制的优点结合起来,形成了苏维埃的新式民主制度。①这项基本政治制度,在1928年7月党的第六次全国代表大会政治决议案中就已确定为革命政权的基本政治制度。党的六大的政治决议草案明确规定"力争建立工农兵代表会议(苏维埃)的政权,这是引进广大的劳动群众,参加管理国事的最好方式,也就是实行工农民权独裁的最好方式。"②毛泽东同志在总结井冈山斗争的经验时,也强调实行民主专政的工农兵代表会议制度的重要意义,他在1928年11月写的《井冈山的斗争》中指出,"民主集中主义的制度,一定要在革命斗争中显出了它的效力,使群众了解它是最能发动群众力量和最利于斗争的。"③这种工农兵代表会议的政权组织形式,充分贯彻了"议行合一"的原则,既有民主,又有集中,各级工农兵会议具有高度的权力,又能使各级政府集中处理政务,工农兵代表大会制度在各革命根据地的实施,对推动土地革命和夺取武装斗争的胜利,起了很大的作用。

关于工农群众的平等权问题。《宪法大纲》第四条规定:"在苏维埃政权领域内,工人、农民、红色战士及一切劳苦民众和他们的家属,不分男女、种族(汉满蒙回藏苗黎和在中国的台湾、高丽、安南人等)、宗教,在苏维埃法律前一律平等。"④

关于工人的劳动权、社会保障权、监督生产权问题。《宪法大纲》第五条规定:"中华苏维埃政权以彻底改善工人阶级的生活状况为目的,制定劳动法,宣布八小时工作制,规定最低限度的工资标准,创立社会保险制度与国家的失业津贴,并宣布工人有监督生产之权。"⑤

关于土地分配权。《宪法大纲》第六条规定:"中华苏维埃政权以消灭封建剥削及彻底的改善农民生活为目的,颁布土地法,主张没收一切地主阶级

---

① 谢一彪:《中国苏维埃宪政研究》,中央文献出版社2002年版,第73页。
② 《政治决议案》(1928年6月—7月),载中央档案馆编:《中国共产党第二次至第六次全国代表大会文件汇编》,人民出版社1981年版,第212页。
③ 《井冈山的斗争》(1928年11月25日),载《毛泽东选集》第1卷,人民出版社1991年版,第72页。
④ 吴广:《中华苏维埃共和国文件选编》,江西人民出版社1984年版,第10—13页。
⑤ 吴广:《中华苏维埃共和国文件选编》,江西人民出版社1984年版,第10—13页。

的土地，分配给雇农、贫农、中农并以实现土地国有为目的。"①

关于苏维埃的经济政策问题。《宪法大纲》第七条规定："中华苏维埃政权以保障工农利益，限制资本主义的发展，更使劳苦群众脱离资本主义的剥削，走向社会主义制度去为目的，宣布取消一切反革命统治时代的苛捐杂税，征收统一的累进税，严厉镇压一切中外资本家的怠工和破坏阴谋，采取有利于工农群众并为工农群众了解的走向社会主义去的经济政策。"②

关于外交政策的基本方针。《宪法大纲》第八条规定："中华苏维埃政权以彻底的将中国从帝国主义压榨之下解放出来为目的，宣布中国民族的完全自主与独立，不承认帝国主义在华的政治上、经济上的一切特权，宣布一切与反革命政府订立的不平等条约无效，否认反革命政府的一切外债。在苏维埃领域内，帝国主义的海陆空军绝不容许驻扎，帝国主义的租界、租借地无条件的收回，帝国主义手中的银行、海关、铁路、商业、矿山、工厂等一律收归国有。在目前可允许外国企业重新订立租借条约继续生产，但必须遵守苏维埃政府的一切法令。"③《宪法大纲》第十六条规定："中华苏维埃政权对于居住苏维埃区域内从事劳动的外国人，一律使其享有苏维埃法律所规定的一切政治上的权利。"④这是对居住在苏维埃区域内从事劳动的外国人依法给予的保护。《宪法大纲》最后宣告："中华苏维埃政权宣告，世界无产阶级与被压迫民族是与他站在一条革命战线上，无产阶级专政的国家——苏联，是他的巩固的联盟。"⑤

关于依法服兵役义务。《宪法大纲》第九条规定："中华苏维埃政权以极力发展和保障工农革命在中国胜利为目的，坚决拥护和参加革命战争为一切劳苦民众的责任，特制定普遍的兵役义务，由志愿兵役过渡到义务兵役制。"⑥

---

① 吴广：《中华苏维埃共和国文件选编》，江西人民出版社1984年版，第10—13页。
② 吴广：《中华苏维埃共和国文件选编》，江西人民出版社1984年版，第10—13页。
③ 吴广：《中华苏维埃共和国文件选编》，江西人民出版社1984年版，第10—13页。
④ 吴广：《中华苏维埃共和国文件选编》，江西人民出版社1984年版，第10—13页。
⑤ 吴广：《中华苏维埃共和国文件选编》，江西人民出版社1984年版，第10—13页。
⑥ 吴广：《中华苏维埃共和国文件选编》，江西人民出版社1984年版，第10—13页。

关于婚姻自由的问题。《宪法大纲》第十一条规定:"中华苏维埃政权以保证彻底的实行妇女解放为目的,承认婚姻自由,实行各种保护女性的办法,使妇女能够从事实上逐渐得到脱离家务束缚的物质基础,而参加全社会经济的政治的文化的生活。"这条也是对妇女特别保护的权利。

关于受教育的权利。《宪法大纲》第十二条规定:"中华苏维埃政权以保证工农劳苦民众有受教育的权利为目的,在进行革命战争许可的范围内,应开始施行完全免费的普及教育,首先应在青年劳动群众中施行。应该保障青年劳动群众的一切权利,积极的引导他们参加政治的和文化的革命生活,以发展新的社会力量。"

关于工农群众政治权利和自由问题。《宪法大纲》第四条规定:"在苏维埃政权领域内,工人、农民、红色战士及一切劳苦民众和他们的家属,不分男女、种族(汉满蒙回藏苗黎和在中国的台湾、高丽、安南人等)、宗教,在苏维埃法律前一律平等,皆为苏维埃共和国的公民。为使工农兵劳苦民众真正掌握着自己的政权,苏维埃选举法特规定,凡上述苏维埃公民在十六岁以上皆是有苏维埃选举权和被选举权,直接派代表参加各级工农兵苏维埃的大会,讨论和决定一切国家的地方的政治事务。代表产生方法是以产业工人的工厂和手工业工人、农民、城市贫民所居住的区域为选举单位。这种基本单位选出的地方苏维埃代表有一定的任期,参加城市或乡村苏维埃各种组织和委员会中的工作,这种代表须按期地向其选举人做报告。选举人无论何时皆有撤回被选举人及重新选举代表的权利。为着只有无产阶级才能领导广大的农民与劳苦群众走向社会主义,中华苏维埃政权在选举时,给予无产阶级以特别的权利,增加无产阶级代表的比例名额。"[①]这是对工农群众选举权和被选举权的规定。为确保无产阶级在苏维埃政权中的领导作用,工人在选举时享有特权,其名额优于其他劳动群众。《宪法大纲》第十条规定:"中华苏维埃政权以保证工农劳苦民众有言论、出版、集会、结社的自由为目的,反对地主资产阶级的民主,主张工人农民的民主,打破地主资产阶级经济的和政治的权力,以除去反动社会束缚劳动者和农民自由的一切障碍,并用群众政权的力量,取得印刷机关(报

---

① 吴广:《中华苏维埃共和国文件选编》,江西人民出版社1984年版,第10—13页。

馆印刷所等）、开会场所及一切必要的设备，给予工农劳苦民众，以保障他们取得这些自由的物质基础。同时反革命的一切宣传和活动，一切剥削者的政治自由，在苏维埃政权下都绝对禁止。"①这是对工农群众政治自由的规定。苏维埃公民享有言论、出版、集会、结社、集会的自由。与此同时，苏维埃政权严禁一切反革命的宣传活动，剥夺一切剥削者的政治自由。

关于宗教信仰自由。《宪法大纲》第十三条规定："中华苏维埃政权以保证工农劳苦民众有真正的信教自由为目的，绝对实行政教分离的原则。一切宗教不能得到苏维埃国家的任何保护和供给费用。一切苏维埃公民有反宗教宣传之自由，帝国主义的教会只有在服从苏维埃法律时才能许其存在。"②

关于少数民族政策。《宪法大纲》第十四条规定："中国苏维埃政权承认中国境内少数民族的民族自决权，一直承认到各弱小民族有同中国脱离，自己成立独立的国家的权利。蒙古、回、藏、苗、黎、高丽人等，凡是居住在中国的地域的，他们有完全自决权，加入或脱离中国苏维埃联邦，或建立自己的自治区域。中国苏维埃政权在现在要努力帮助这些弱小民族脱离帝国主义、国民党、军阀、王公、喇嘛、土司等的压迫统治而得到完全自主，苏维埃政权，更要在这些民族中发展他们自己的民族文化和民族言语。"③

关于受庇护的权利。《宪法大纲》第十五条规定："中华苏维埃政权对于凡因革命行动而受到反动统治迫害的中国民众以及世界的革命战士给予托庇于苏维埃区域的权利，帮助和领导他们重新恢复斗争的力量，一直达到革命的胜利。"④

---

① 吴广：《中华苏维埃共和国文件选编》，江西人民出版社1984年版，第10—13页。
② 吴广：《中华苏维埃共和国文件选编》，江西人民出版社1984年版，第10—13页。
③ 吴广：《中华苏维埃共和国文件选编》，江西人民出版社1984年版，第10—13页。
④ 吴广：《中华苏维埃共和国文件选编》，江西人民出版社1984年版，第10—13页。

第三节 《中华苏维埃共和国宪法大纲》的主要特点

一、《宪法大纲》坚持平等原则

《中华苏维埃共和国宪法大纲》作为中国共产党领导下的第一部宪法性文件，不仅在政权性质、民主权利等方面体现了人民利益的保护，更在多个方面彰显了坚持平等的原则。这一原则不仅反映了当时社会的要求，更是中国工农阶级长期斗争的成果。

首先，在《宪法大纲》的第四条中，明确提出了"在苏维埃政权领域内，工人、农民、红色战士及一切劳苦民众和他们的家属，……在苏维埃法律面前一律平等。"这一规定奠定了整部《宪法大纲》的平等原则基础，确保了所有公民不论身份、地位，在法律面前都享有同等的权利和义务。

其次，在政治权利方面，大纲明确规定苏维埃公民享有平等的选举权和被选举权。这一规定不仅体现了人民当家作主的原则，更确保了人民能够平等地参与国家政治生活，实现真正的民主。

再次，在经济权利方面，大纲通过规定没收地主阶级的土地，分配给无地少地的农民等措施，消除了封建剥削制度，实现了土地革命的目标。这一措施确保了农民在经济上的平等地位，使他们能够平等地享有土地和其他生产资料。

此外，在文化教育方面，大纲也提出了坚持平等的原则。它强调要发展工农的教育，提高工农的文化水平，使他们能够平等地接受教育，提高自身的素质和能力。

《中华苏维埃共和国宪法大纲》通过明确在法律面前一律平等、保障公民平等的政治权利和经济权利以及发展工农教育等方面的具体规定，深刻体现了坚持平等的原则。这一原则确保了人民的平等地位得到法律保护和实现，为中国革命和建设提供了坚实的法治保障。

二、《宪法大纲》确立以工农兵为主体的政权模式

《宪法大纲》在中国宪政发展史上首开先河，确立了以工农兵为主体的政权模式，这一模式不仅是新民主主义政权的初步形态，也深刻影响了后续人民民主政权的历史脉络。苏维埃政权的架构核心在于苏维埃代表大会制度，该制度深刻体现了人民民主的原则，即国家权力源自人民，由人民赋予，并接受人民的监督。同时，该制度还践行了议行合一的民主集中制原则。

当前，我国的人民民主专政制度依然坚持工人阶级的领导地位，以工农联盟为坚实的阶级基石，但其群众基础已显著拓宽。作为国家的根本政治制度，人民代表大会制度严格遵循民主集中制，融合了议行合一的特质，它承继了自土地革命时期以来的优良传统，展现了制度的历史连续性和发展性。①

此外，《宪法大纲》虽未直接提及"人权"二字，但其精神内核始终围绕着人权保障展开，这一特点构成了新中国宪法将人权纳入宪法框架的重要历史基础。这一转变不仅是中国人权发展历程中的重大进步，也彰显了宪法作为公民权利守护者的阶级属性，更是特定历史时期——即革命战争环境下，对人权保障迫切需求的真实写照。随着"82宪法"的第四次修订，人权概念被正式确立，并强调国家对人权的尊重与保障，这一变化在主体与内容上均清晰展现了与《宪法大纲》人权精神的传承与发展。②

三、《宪法大纲》具有鲜明的民主特质

回溯历史，中国宪政议题在清末资本主义萌芽与帝国主义侵扰的背景下浮现，激励了先进中国人不懈探索制宪之路。然而，从清政府、北洋政府至国民党南京政府，其宪法实践均沦为强化封建地主与买办资产阶级政治垄断与个人专权的工具，严重剥夺了人民的基本民主权利，故被普遍视为"伪宪法"。相较之下，《宪法大纲》在中国共产党的领导下诞生，中国共产党代表着先进文化、生产力和最广大人民的根本利益，其宪法内容聚焦于反帝反封建，明确

---

① 李艳馨：《从几次宪法变更看我国宪政理念的演进》，《山西高等学校社会科学学报》2006年第4期。
② 许静：《论〈中华苏维埃共和国宪法大纲〉的历史影响》，《贵州社会科学》2005年第6期。

承认并保障劳动人民的民主权益,通过工农兵代表大会制度确保人民民主的真实实现,从而根本区别于前述"伪宪法"。

四、《宪法大纲》展现出强烈的战时特性

面对大革命失败后反动势力的联合围剿及日本侵略的加剧,国民党政府却奉行"攘外必先安内"政策,忽视民族危机。中国共产党则以国家兴亡为己任,坚决倡导抗日,批判国民党的消极应付。在此背景下,《宪法大纲》作为苏维埃政权的基本法律,其制定与实施紧密围绕战争需求[①],旨在指导革命斗争与民族解放。

五、《宪法大纲》蕴含着深厚的民族性

虽在起草过程中借鉴了苏联宪法,并接受了共产国际与苏联的宝贵指导,但中国共产党坚持从中国国情出发,将马克思主义国家理论与中华民族的传统智慧相融合,展现出独特的创新精神。《宪法大纲》不仅是马克思主义中国化在宪政领域的起点,也是中国共产党将马克思主义基本原理与中国革命实践相结合的法典化成果,深刻总结了20世纪20年代中国革命的理论探索。值得注意的是,中国革命的特殊性在于其以工人阶级为领导核心,广泛联合农民阶级,这一工农联盟政权的设计,精准把握了中国社会的主要矛盾,即农民阶级与官僚地主阶级之间的矛盾,是马克思主义中国化理论成果的生动体现。[②]

第四节　梁柏台的宪法思想

《中华苏维埃共和国宪法大纲》主体条文共计十七条,详尽阐明了苏维埃政权之核心使命、政权本质、权力架构、地方治理体系、经济制度框架以及

---

① 张兆平:《论〈中华苏维埃共和国宪法大纲〉的特点》,《山东文学》(下半月)2010年第12期。
② 唐国军:《〈中华苏维埃共和国宪法大纲〉与马克思主义中国化的宪政落实——兼论马克思主义中国化研究方法中的原典解读问题》,《广西社会科学》2012年第10期。

公民权利与义务等关键要素。该大纲明确定位中华苏维埃共和国为"工人和农民的民主专政国家",确立了民主集中制原则下的工农兵代表大会制度作为政权组织形式,明确了彻底实现反帝反封建革命纲领为国家的根本任务。同时,大纲详细规定了公民所享有的权利与应承担的义务,并确立了国家对外政策的基本导向。

作为土地革命时期工农武装政权的根本法律基石,《中华苏维埃共和国宪法大纲》不仅为中国共产党领导下的政权法制化进程提供了根本遵循,更为后续抗日民主政权建设及新中国宪法的制定奠定了坚实的理论与实践基础。此大纲通过根本法的形式,巩固了革命人民既已取得的胜利果实,是中国宪政发展史上的一次重大创新与突破。

深入剖析《中华苏维埃共和国宪法大纲》的核心内容,并结合其诞生的革命时代背景,不难发现其中蕴含的梁柏台等革命先驱的宪法理念与思想精髓。这些理念不仅反映了当时革命斗争的实际需求,也为后世的宪法理论与实践提供了宝贵的历史镜鉴。

一、坚持党的领导,服务中心工作

在中华苏维埃共和国的法律构建历程中,立法活动始终受到中国共产党的核心引领。在苏维埃政权奠定与发展的关键阶段,中国共产党高度重视立法工作的推进,不仅着眼于基础性与核心法律的创制,还就一系列重大法规的出台,制定了清晰、具体的指导性方针与标准,以确保立法进程的有序性与科学性。 具体而言,早在1930年,党中央即已草拟了苏维埃宪法大纲的初步框架,该框架鲜明地界定了七项核心原则。随后,在一苏大会(中华苏维埃第一次全国代表大会)筹备期间,党中央进一步细化了法律建设蓝图,确立了17条关键的宪法原则要点。这些原则在后续的《宪法大纲》中得到了全面且精准的体现,确保了中央意志的深入贯彻。

此外,苏维埃时期的其他各项立法活动,亦紧密围绕中国共产党的纲领、方针与政策展开,实现了政策向法律的转化,直接服务于党的核心工作任务。这一过程不仅强化了法律在苏区社会治理中的基础性作用,更为中国共产党在苏区的有效治理提供了坚实的法律支撑与制度保障,促进了革命根据地的法治化进程。

在土地革命战争时期，中国共产党领导着工农大众，肩负着巩固新生革命政权、抵御国民党反动势力"围剿"、镇压反革命力量以及捍卫工农群众合法权益的艰巨使命。这一时期，宪法作为苏维埃政府的根本大法，其地位与作用愈发凸显。它不仅是一部法律文件，更是革命斗争的坚强后盾，为建立和维护革命秩序、巩固苏维埃政权提供了有力的法律保障。

梁柏台在起草《中华苏维埃共和国宪法大纲》时，展现出了卓越的法律智慧和对革命事业的深厚情感。他深入分析当时的革命环境，将中国共产党的革命观点和主张融入宪法之中，使其成为一部真正为革命服务的根本大法。

《宪法大纲》开篇即明确阐明了其制定的根本目的："在于保证苏维埃区域工农民主专政的政权和达到它在全中国的胜利。"这一表述不仅彰显了宪法的政治属性，更凸显了其为革命斗争服务的坚定立场。梁柏台进一步阐释了专政的目的："在消灭一切封建残余，赶走帝国主义列强在华的势力，统一中国。"这些目标的设定，不仅体现了中国共产党对革命形势的深刻认识，更彰显了其对国家未来的宏伟愿景。

除了明确根本目的和专政目标外，《宪法大纲》还围绕这些内容提出了一系列对外策略。这些策略不仅体现了中华民族的独立自主精神，更彰显了中国共产党在国际事务中的坚定立场。例如，宣布中华民族完全独立自主，不承认帝国主义强加的特权和不平等条约，赶走帝国主义在华势力；明确将苏联视为同盟者，保护全世界的革命者，争取国际力量的支持。这些策略的制定，不仅为苏维埃政权在国际舞台上赢得了更多的支持与援助，更为后来的中国宪政进程树立了典范。

梁柏台在起草宪法大纲时，充分运用了自己的法学造诣和对革命事业的深刻理解。他充分认识到宪法必须为政治、为党的革命事业服务的观点，将这一理念贯穿于整个宪法大纲之中。这使得宪法大纲不仅具有坚实的法律基础，更成为革命斗争的有力武器。

二、具有鲜明的阶级属性

《中华苏维埃共和国宪法大纲》明确规定，"中华苏维埃政权所建设的是工人和农民的民主专政的国家。苏维埃全部政权是属于工人、农民、红色战士及一切劳苦民众的"①,工人、农民、红色战士及一切劳苦民众享有最广泛的政治权利和自由,"在苏维埃法律前一律平等"②。《中华苏维埃共和国宪法大纲》对于工农大众参加国家管理进行了规定,即实行工农兵代表大会制度,实行民主集中制和议行合一的原则。与此同时,《宪法大纲》明确提出对不同阶级的人实行区别对待,提出无产阶级专政的对象是军阀、官僚、地主豪绅、资本家、富农、僧侣及一切剥削人的人和反革命的分子,这些专政对象被限制了言论、出版、集会、结社等自由,并通过革命武力和法庭来对反革命行为进行镇压。中国共产党的革命斗争实践过程,是在充分理解和运用马克思主义阶级斗争学说基础上,积极开展的中国革命实践。在这一过程中,中国共产党深刻把握马克思主义的核心要义,紧密结合中国革命的实际情况,不断丰富和发展马克思主义的理论体系。

《中华苏维埃共和国宪法大纲》以及其他由梁柏台主持起草的法律,都是马克思主义法律理论在中国革命实践中的具体体现。这些法律文件鲜明地体现了阶级属性,充分展示了梁柏台在宪法制定实践中,如何自觉地将马克思主义法律理论与中国革命的生动实践相结合。这种结合,不仅为我国革命法律制度的建立奠定了基础,也为马克思主义法律理论的中国化提供了有益的探索。

在这个过程中,中国共产党始终坚持马克思主义的人民立场,坚信人民是历史的创造者。党深刻认识到,只有依靠人民,才能取得革命斗争的最终胜利。因此,党的所有理论和实践,都始终以人民的利益为最高标准,全心全意为人民谋利益。

马克思主义不仅为中国的革命斗争提供了强大的理论武器,也为全世界的无产阶级和劳动人民提供了前进的方向。中国共产党将继续坚持马克思主义的立场、观点和方法,不断推进中国特色社会主义伟大事业,为实现全体人民的共同富裕和共同繁荣,为全人类的进步事业做出更大的贡献。中国共产党的

---

① 吴广:《中华苏维埃共和国文件选编》,江西人民出版社1984年版,第10页。
② 张友南、魏春明:《中华苏维埃共和国人权保障立法评析》,《中国井冈山干部学院学报》2008年第2期。

革命斗争实践过程，是积极运用马克思主义阶级斗争学说指导中国革命实践的过程。在这一过程中，中国共产党不仅丰富和发展了马克思主义理论，也探索出了马克思主义法律理论的中国化道路。这一切，都为中国特色社会主义伟大事业提供了坚实的理论基础和制度保障。

三、坚持保护人民群众的利益

鸦片战争以来，我国各阶级的仁人志士为了救亡图存进行了大量探索，但各种道路纷纷失败，广大人民群众最终选择了中国共产党，主要原因就在于中国共产党代表了广大人民群众的根本利益。作为中国共产党在法律领域的杰出代表，梁柏台所制定宪法和其他法律，都闪烁着其法律为民的思想。

《中华苏维埃共和国宪法大纲》作为中华苏维埃共和国的根本法，以及中国共产党领导工农大众制定的第一部红色宪法，保护和改善工人、农民、红色战士及一切劳苦大众的利益，贯穿于《中华苏维埃共和国宪法大纲》的全文之中。①

首先，宪法大纲明确了政权的性质是"工农民主专政"。这一规定确保了人民在政权中的主体地位，保证了人民的利益得到最大程度的保护。其目的在于"消灭一切封建残余，赶走帝国主义列强在华的势力，统一中国，有系统的限制资本主义的发展，进行苏维埃的经济建设，提高无产阶级的团结力与觉悟程度，团结广大贫农群众在他的周围，同中农巩固的联合，以转变到无产阶级的专政"。这些目的与任务都紧密围绕着人民的根本利益展开，确保了人民的利益在国家的各项事务中得到优先考虑。

其次，宪法大纲规定了"全国工农兵苏维埃代表大会为中华苏维埃共和国的最高政权"，并实行"民主集中制"的组织形式。这一组织形式确保了人民能够直接参与国家的管理，实现人民当家作主。中央委员会下设组织人民委员会，"处理日常政务，发布一切法令和议决案"，这些机构设置都是为了更好地反映人民的意愿，维护人民的利益。

再次，宪法大纲还明确规定，"工农劳苦民众有言论、出版、集会、结

---

① 胡大牛：《毛泽东与人民代表大会制度——兼谈毛泽东的法治思想》，《党的文献》2015年第1期。

社的自由"。这一规定确保了人民的民主权利得到充分的保障,使得人民能够充分行使自己的权利,维护自己的利益。同时,宪法大纲还强调用政权的力量"保障他们取得这些自由的物质基础",这体现了将人民的政治权利与经济利益相结合的思想,确保了人民的利益得到实质性的保障。

此外,《中华苏维埃共和国宪法大纲》要求各级政府要采取切实有效的措施,切实保护人民群众的合法权利,提供必要的物质保障,提出要改变工人、农民、妇女等群体长期受压迫、受剥削的地位,改变其悲惨命运;制定劳动法,实行八小时劳动的制度,并对最低工资标准作了明确规定,改变工人遭受资本家盘剥的局面;制定土地改革法,深入实施土地改革,没收地主阶级的土地,并把这些土地分给贫下中农;制定婚姻法和妇女儿童保护法,规定婚姻自由,切实保护妇女和儿童的利益。

梁柏台起草的《中华苏维埃共和国宪法大纲》通过明确政权性质、组织形式和保障人民的民主权利等条文规定,深刻体现了坚持和保护人民的利益的原则。这些规定确保了人民的利益在国家的各项事务中得到优先考虑和实质性保障,为实现人民当家作主、推动社会进步奠定了坚实的基础。

第五节　梁柏台与中央苏区其他立法工作

一、梁柏台与苏区审判和狱政立法活动

苏区法治体系中,司法审判与狱政工作是两大重要内容。审判工作不仅关乎法律的公正实施,更是苏区法治能否赢得民心的重要一环。梁柏台组织制定了多项审判工作的法律文件。其中,1932年2月由他起草、经中央执行委员会讨论通过的《中华苏维埃共和国军事裁判所暂行组织条例》,以及同年6月9日他起草并由中央政府颁布的《中华苏维埃共和国裁判部的暂行组织及裁判条例》等,均为苏区审判工作提供了坚实的法律支撑。

同时,为了更有效地改造犯人,梁柏台提出了建立劳动感化院的设想。1932年2月19日,这一提议在苏维埃人民委员会第七次常务会议上获得通过,

并决定由他负责起草相关法律文件。经过广泛征集意见和实地考察，1932年8月10日，司法部正式发布了《中华苏维埃共和国劳动感化院暂行章程》。这一章程的颁布，为苏区的犯人改造工作指明了方向。

此外，1933年，梁柏台还组织制定了《看守所章程》，对苏区的狱政管理进行了进一步的完善。这些法律文件的制定和实施，不仅使苏区的司法审判和狱政工作更加规范化、法制化，也为后来新民主主义革命和社会主义建设中的法治工作提供了宝贵的经验和借鉴。

二、梁柏台与苏区刑事立法工作

为了维护苏区政权的稳固和社会的和谐稳定，梁柏台在接手司法部工作后，迅速行动，组织起草了一系列重要的刑事法规。这些法规不仅体现了苏区对于反革命行为的严厉打击态度，也为司法机关在处理相关案件时提供了明确的法律依据。例如，1931年12月13日，中央执行委员会非常会议通过了《处理反革命案件和建立司法机关的暂行程序》，这一规定为苏区司法机关在处理反革命案件时提供了明确的操作指引。而1934年4月8日中央执行委员会公布的《中华苏维埃共和国惩治反革命条例》，更是对反革命行为进行了严格的法律界定和惩处规定，有力地维护了苏区的社会秩序和政权稳定。这些刑事法规的制定和实施，不仅体现了苏区在法治建设方面的坚定决心，也为后来新民主主义革命和社会主义建设中的法治工作提供了宝贵的经验。

第一次全国苏维埃代表大会闭幕之后，中央执行委员会于1931年12月正式颁布了《处理反革命案件及构建司法机关暂行程序》的法令，该法令深刻剖析了中央政府成立前"肃反"工作存在的缺陷与偏差，并着重强调了加速构建并完善苏维埃司法体系的重要性，旨在根除反革命组织及其活动，确保革命民众的生命财产安全及民主权利的充分实现。无论在新拓展或已稳固的区域，审判机构在处理反革命分子时，务必严谨区分其阶级属性，对源自地主、富农、豪绅、资本家等阶层的反革命分子及其首要策划者实施严厉惩处，包括死刑在内的极端措施；而对于出身工农阶层，但参与反革命活动的个体及其附和者，则秉持宽严相济的原则进行处置。

1933年，中央司法部重申指令，明确依据阶级属性、具体罪行及对苏维埃政权构成的威胁程度来综合判定罪名与刑罚。同年，面对国民党发动的第四次反革命"围剿"，为确保根据地安全及反"围剿"胜利，中央执行委员会发布了《关于坚决镇压内部反革命活动的指示》，号召各级苏维埃机构积极行动，依托广泛的群众基础，采取迅速且严厉的措施镇压反革命活动。对于证据确凿的重大反革命分子，应立即拘捕并执行死刑，同时公开其罪行；赋予边区县级裁判部对罪行确凿、影响恶劣的反革命分子直接判处并执行死刑的权力，但需事后向上级报备；对于苏区核心区域的县级裁判部，在极端紧急情况下，亦可先行处决后上报备案。在敌人猛烈攻势与内部反革命势力勾结的特殊时期，苏维埃专政机关采取的非常措施显著区别于常规手段。

1934年，正值第五次反"围剿"战役的紧要关头，苏维埃中央政府颁布了《中华苏维埃共和国惩治反革命条例》（下简称《条例》），该《条例》对反革命罪的定义、分类及量刑标准进行了详尽而具体的规定，标志着苏维埃共和国刑事法律体系的系统性构建，初步形成了以《条例》为核心的苏维埃刑法框架。

《条例》第一条明确规定："凡犯本条例所列举各罪者，不论是中国人外国人，不论在中华苏维埃共和国领土内或领土外，均适用本条例以惩治之。"[①]这一条体现了法律面前人人平等的原则，彰显了对犯罪行为无差别打击的决心，无论犯罪者的国籍或犯罪行为发生的地域如何，都将受到法律的公正审判。这不仅是对刑法适用范围的明确界定，也是一种普遍管辖权的积极实践，展现了立法者追求法律公正与普遍适用的崇高理想。

尽管从法理角度看，法律的管辖权通常分为属地管辖和属人管辖，且在国际常存在冲突与协调的问题，但《条例》的设定无疑是对传统管辖原则的一种创新尝试，旨在构建一个更加公平、无界限的法律环境。尽管其实现可能面临诸多挑战，但这种勇于探索的精神和对法律普遍性的追求，无疑是值得肯定的。虽然在实际操作中需要考虑更多现实因素，但这并不妨碍其作为法律理念的一种积极表达。

---

① 厦门大学法律系、福建省档案馆：《中华苏维埃共和国法律文件选编》，江西人民出版社1984年版，第225页。

《条例》第二条规定:"凡一切图谋推翻或破坏苏维埃政府及工农民主革命所得到的权利,意图保持或恢复豪绅地主资产阶级的统治者,不论用何种方法,都是反革命行为。"①此条作为纲领性规定,明确了对反革命行为的总体定义。从第三条至第二十九条,条例详细列举了反革命行为的具体表现形式及其相应的法律后果。

具体而言,组织反革命武装、煽动反革命暴动、勾结外部势力进攻苏维埃领土等直接的反革命行为,均被明确规定为处以死刑。同时,对于组织反革命团体、拒绝履行公民义务、破坏苏维埃法令及事业等间接支持反革命的行为,也规定了严厉的刑罚,包括死刑及不同年限的监禁,具体视情节轻重而定。

此外,《条例》还规定了对于泄露国家秘密、混入革命队伍企图破坏的间谍行为,以及利用宗教迷信煽动居民破坏苏维埃等行为的处罚措施。这些规定不仅体现了对直接反革命行为的严厉打击,也彰显了对潜在威胁的防范与惩治。

在刑罚设置上,《条例》确实体现了重刑主义的思想,多数罪名以死刑为基准刑,但在特定情况下也允许减轻处罚。这种设置反映了革命战争时期的特殊需求与权宜之计。同时,《条例》第三十八条还规定了对未明确列举的反革命犯罪行为的类推适用原则,以应对立法空白。《条例》第三十九条还规定,"凡犯本条例所列各罪之一者,除按照该条文上的规定科罪外,得没收其本人的财产全部或一部,并得剥夺其公民权一部或全部"②。剥夺公民权,从监禁期满之日起开始计算,在监禁期内,犯罪人自然不享有公民权。

值得注意的是,《条例》除了规定主刑外,还涉及财产没收、公民权剥夺等附加刑罚措施。此外,虽然《条例》本身未明确提及,但在实践中还存在"苦工"和"驱逐出境"等刑罚形式,这些措施进一步强化了对反革命分子的惩治力度。《条例》在维护苏维埃政权及革命成果方面发挥了重要作用,其对

---

① 厦门大学法律系、福建省档案馆:《中华苏维埃共和国法律文件选编》,江西人民出版社1984年版,第225页。

② 厦门大学法律系、福建省档案馆:《中华苏维埃共和国法律文件选编》,江西人民出版社1984年版,第229页。

反革命行为的全面界定与严厉打击具有历史合理性。

《条例》的第三十一条至第三十七条详细阐述了量刑的具体规范。依据此条例，任何个体若触犯第三条至第三十条所界定的任一或多项罪行，经法庭裁决处以监禁后，若再次犯下条例所列的任一罪行，将面临加重处罚。对于虽具犯罪意图但尚未实现犯罪目的（未遂犯）或从犯，可依据《条例》规定减轻处罚。此外，若个体因受胁迫而犯罪，且非自愿、无法避免，或对犯罪行为的最终意图毫不知情，或未直接参与犯罪行为，均可依据相关条款减轻或免除处罚。

对于工农成分的犯罪者，若其犯罪行为非领导性或非重要性，相较于地主资产阶级分子同等犯罪行为者，应依据《条例》相应条款，酌情减轻处罚。[1]但需注意，此减轻原则并非绝对，一旦工农分子在政治上蜕变为苏维埃政权的敌对势力，则不再适用此原则。例如，石城县苏维埃政府裁判部发布的第五十一号布告明确指出："该犯虽系贫农，他积极做反革命活动，出卖阶级利益，成了我们工农群众的死敌人。为着要巩固政权向外发展，要保障工农革命的胜利，将该犯捆赴刑场，执行斩决。"[2]

工农分子减轻处罚的原则，根植于《中华苏维埃共和国宪法大纲》确立的政权性质，即工人与农民的民主专政，强调苏维埃政权属于广大工人、农民、红军战士及所有劳苦民众。尽管从形式法律原则上看，这一规定似乎有悖于"法律面前人人平等"的普遍原则，但在当时的革命背景下，革命的"情理"超越了传统的"法理"。

同时，《条例》还规定了对苏维埃有贡献者犯罪时的从轻处理，这一原则在"季振同、黄仲岳反革命案件"中得到了鲜明体现。根据《中央执行委员会关于批准临时最高法庭对季、黄反革命案件判决书的决议案》，季振同、黄仲岳等五人因领导或参与宁都暴动，虽涉反革命罪行，但鉴于其革命功绩，最终被改判较轻刑罚，彰显了对有功人员犯罪时从轻处罚的司法精神。

---

[1] 路子靖：《1930年代中央苏区反革命罪的审判——以〈红色中华〉的案件为中心》，《史学月刊》2014年第8期。

[2] 路子靖：《1930年代中央苏区反革命罪的审判——以〈红色中华〉的案件为中心》，《史学月刊》2014年第8期。

此外，对于主动向苏维埃坦白罪行（自首）或在罪行被揭露后真诚悔过并协助破获其他犯罪（自新）的个体，以及年龄在十六岁以下，尤其是十四岁以下的未成年犯罪者，条例均规定了相应的减轻处罚措施或感化教育方案，以体现法律的宽严相济与人文关怀。

三、梁柏台与苏区军事立法工作

在军事法规方面，梁柏台同样展现出了卓越的专业素养和高效的工作能力。为了更有效地动员苏区群众支持革命、严明军队纪律、鼓舞红军士气以及确保苏区战争的胜利，他参与起草了多部军事法规。特别值得一提的是，1934年1月，梁柏台根据中央人民委员会发布的《关于优待红军家属的决定》，重新起草了《优待红军家属礼拜六条例》，并将其提交给中央人民委员会讨论通过。这一法律条例的出台，为苏区在优待红军家属等方面提供了更为明确和有力的法律保障，进一步增强了红军战士的战斗意志和苏区群众的革命热情，为苏区战争的最终胜利奠定了坚实基础。

红军作为坚定践行土地革命、抵御帝国主义侵略及对抗国民党军阀的核心力量，不仅是苏维埃政权的捍卫者，更是为工农阶级及一切受压迫民众的解放与苏维埃政权巩固而英勇斗争的战士，他们以无比的牺牲精神致力于维护工农群众及所有劳苦民众的利益与自由。鉴于此，苏维埃政府及工农群众理应给予红军特殊的关怀与优待，以激励其全身心投入革命斗争。为此，苏维埃政府颁布了一系列法律文件，如《关于中国工农红军优待条例的决议》、临时中央政府第九号训令《执行红军优待条例的各种办法》、人民委员会针对赤卫军及政府参战人员伤亡抚恤的决议案、中央内务人民委员部制定的城市红军家属优待措施，以及中国共产党中央委员会与中华苏维埃共和国人民委员会联合发布的《关于优待红军家属的决定》与《优待红军家属礼拜六条例》等，这些法律文件为苏区保障事业的发展奠定了坚实的法律基础。①

根据《中国工农红军优待条例》等相关法律，凡红军战士，若其家庭位于苏维埃区域，则其本人及家属在土地、房屋、山林、水池等资源分配上享

---

① 谢开贤：《中华苏维埃共和国的社会建设研究》，博士学位论文，湖南师范大学，2012年。

有与当地贫苦农民同等的待遇；而对于家在国统区或新的敌对阵营投奔红军的战士，则在苏区内分配公田作为补偿。公田的分配采取逐级上报至中央政府的机制，最终由红军总政治部根据人数与田亩数进行统一调配。公田设立特殊标识，其耕作所需种子、肥料主要依靠群众捐赠，不足时由政府予以补贴。对于劳动力不足的红军家属，政府组织民众进行义务劳动，协助其完成农事。收获后，公田产出将折算为货币，由区政府负责转交给相应战士。此外，红军战士服役期间，其本人及家属还享有免税、免租、子女教育免费、通信免费及购物优惠等多重福利。

对于非红军服役人员，则实行无报酬的"优待红军工作日"制度，每人每月需为红军家属提供至少两天的无偿劳动，具体时间与工作内容由红军家属自行决定。①《优待红军家属礼拜六条例》进一步明确规定，所有脱离生产的党员、团员、政府及群众团体工作人员，均需参与每周六的优待红军家属活动，确保工作时间不少于四小时，涵盖土地耕作、日常家务等多方面支持。各级机关需组织礼拜六工作队，由乡苏维埃负责具体分配任务，并由各机关领导对工作人员的表现进行考核。此项工作被视为机关工作人员的基本职责，未完成者将视为未完成日常任务，同时受到各级监察与工农检察机构的严格监督，以杜绝任何敷衍塞责的行为。此外，红军因伤病需休养时，将被送往条件最佳的休养所，并由国家承担全部费用；赤卫军及政府参战人员受伤的医疗费用亦由政府承担。

对于在战争中致残的红军成员，国家设立了专门的残废院供其休养，其间一切生活费用均由国家承担。若个人选择不住院，则由各县苏维埃政府根据其所在地的生活水平，按年发放终身抚恤费，最低标准为每年50元。同样，赤卫军及政府工作人员因作战致残者，也可选择在国家残废院休养或由国家发放终身抚恤金，全残者每年不低于30元，半残者每年不低于15元。

针对红军因公致残且子女年幼的情况，国家设立了革命纪念学校，不仅提供教育，还负责维持其生活直至年满18岁，并协助安排职业。②同时，为其

---

① 黄惠运、刘智艺：《中央苏区红军优抚工作述论》，《党的文献》2012年第6期。
② 徐云鹏：《土地革命战争时期红军的优抚制度》，《军事历史》1995年第1期。

父母及妻子提供适当的生活津贴。赤卫军及政府工作人员因作战致残无法工作者，若其家属无自给能力，国家将采取相应措施帮扶，包括为其年幼子女提供教育资助至16岁。

红军战士在战争中牺牲或服务期间殉职的，其事迹将由红军机关和政府联合整理公布，遗物则被收藏于革命历史博物馆以示纪念。同时，地方政府将协助红军机关处理后事并竖立纪念碑。赤卫军及政府工作人员因作战牺牲者，政府将负责安葬，对于有特殊意义的个案，将特别立碑纪念。①其遗产按遗嘱分配，但具有革命意义的物品将被保存在革命陈列馆。此两类人员牺牲后的家属优待政策，与因作战致残者家属的优待政策一致。

在红军服务满5年且年龄达到45岁的成员，有权选择退职休养，由国家保障其终身生活。若选择继续服役，则将获得特别优待。②此外，《执行红军优待条例的各种办法》明确要求，在各级政府军事部下设优待红军委员会，负责相关事务的管理与监督，并明确了从县到省的层级管理机制及工农检察部的监督职责，确保优待条例的有效执行。

《关于优待红军家属的决定》则进一步细化了管理机构设置，从中央到地方均设立了专门的优待红军家属局（科）及委员会，吸纳红军家属中的积极分子参与工作，并由红军总政治部、军区政治部等上级部门定期检查指导。为确保优待条例的严格执行，各级党的监察委员会和政府工农检察委员会将定期考察，对违规行为严惩不贷，包括以反革命罪论处严重破坏条例者。同时，赋予红军家属向监察机构控告的权利，以保障其合法权益。

四、梁柏台与苏区经济建设立法工作

在苏区经济建设方面，梁柏台同样展现出了卓越的领导力和高效的执行力。他深知苏区的社会经济建设是立法工作的重要一环，因此在1933年7月11日被任命为内务部副部长后，立即投身于起草和签发与苏区民生息息相关的法

---

① 张志强、章祖蓉：《民主革命时期中国共产党报刊中的文物、博物馆史料》，《中国博物馆》1989年第4期。

② 黄惠运、刘智艺：《中央苏区红军优抚工作述论》，《党的文献》2012年第6期。

律文件。

例如，1933年7月14日，他组织起草并签发了《关于修理河道及沿河两岸的道路问题》的法律文件，旨在改善苏区的交通条件和水利设施，为农民的生产生活提供便利。这一举措不仅促进了苏区经济的持续发展，也体现了梁柏台对苏区民生问题的深切关注。

五、梁柏台与中央苏区家事立法活动

梁柏台以《中华苏维埃共和国宪法大纲》为依据，起草了婚姻法律规定，对封建主义婚姻家庭制度实行了彻底全面的改革，于1931年12月颁布了《中华苏维埃共和国婚姻条例》（下简称《苏维埃婚姻条例》）。后来，又根据实际情况，适应新的形势，对此条例进行了必要的修改，于1934年4月8日颁布了《中华苏维埃共和国婚姻法》。这两个法律文件构成了中央苏区时期的婚姻立法。①在1934年2月21日，他又组织起草并签发了《托儿所组织条例》。这一条例的出台，为苏区的妇女儿童提供了更好的照顾和教育机会，保障了她们的合法权益。通过这些法律文件的起草和签发，梁柏台为苏区的妇女儿童权益保护作出了重要贡献，展现了其在家事立法工作中全面而高效的工作能力。

（一）中央苏区家事立法的背景

苏维埃家事立法的背景根植于多重深刻的社会变革与历史需求之中。首先，随着女性文化教育的普及与思想观念的解放，妇女群体逐渐认识到自我解放、经济自主及婚姻自由的重要性，这为家事立法的革新提供了坚实的文化基础。女性不再满足于传统封建婚姻制度的束缚，而是渴望通过法律手段保障自身权益，实现与男性平等的地位。

其次，苏维埃政权的建立为家事立法奠定了坚实的政治基础。新政权以工农联盟为基石，致力于维护工人阶级与农民阶级的根本利益，这必然要求在法律层面进行相应调整，以适应新的社会结构与价值导向。《中华苏维埃共和国宪法大纲》的颁布，不仅标志着我国人民民主法律体系的初步形成，也明确宣告了包括妇女在内的广大民众在政治、经济、文化等各方面的平等权利，为

---

① 马于强：《中央苏区司法机关及其法规综述》，《井冈山师范学院学报》1999年第4期。

家事立法的制定与实施提供了宪法依据。

再者,土地革命的深入开展为家事立法奠定了经济基础。通过推翻封建土地所有制,实现土地的重新分配,广大农民(包括女性)首次拥有了属于自己的生产资料,从而在经济上获得了独立。这一变革不仅削弱了封建婚姻制度的经济基础,也为女性争取婚姻自由、家庭地位平等提供了有力支持。因此,家事立法需要顺应这一经济变革的趋势,通过法律手段进一步巩固和扩大女性在家庭和社会中的权益。

最后,面对国内外反革命势力的威胁与压迫,苏维埃政权迫切需要凝聚一切可以凝聚的力量,包括广大妇女群体。通过制定和实施家事法律,解除封建婚姻制度对妇女的束缚,激发她们的革命热情与参与意识,使她们成为推动革命胜利的重要力量。这不仅是苏维埃政权实现人类解放与进步思想的体现,也是应对当时严峻革命形势的必然选择。

综上所述,苏维埃家事立法的背景是复杂而深刻的,它涉及文化、政治、经济及革命形势等多个方面。这些因素的相互作用与影响,共同推动了苏维埃家事立法的制定与实施,为妇女权益的保障与家庭关系的和谐稳定奠定了坚实基础。

(二)《苏维埃婚姻条例》立法的内容与实践

1931年,《苏维埃婚姻条例》正式颁布,该条例结构严谨,共包含七章二十三条,深入融合并全面提炼了过往各地女性权益争取历程中的实践成果,其核心聚焦于积极倡导婚姻自主与性别平等的核心理念,坚决抵制并消除包办式婚姻、交易性婚姻及童养媳等封建陋习的残余影响,同时,在法律层面稳固确立了一夫一妻制的根本原则。

1.主要内容

(1)婚姻自由与男女平等

《苏维埃婚姻条例》第一条规定:"确定男女婚姻,以自由为原则,废除一切封建的包办强迫和买卖的婚姻制度,禁止童养媳。"[①]首要确立了婚姻

---

① 厦门大学法律系、福建省档案馆:《中华苏维埃共和国法律文件选编》,江西人民出版社1984年版,第232页。

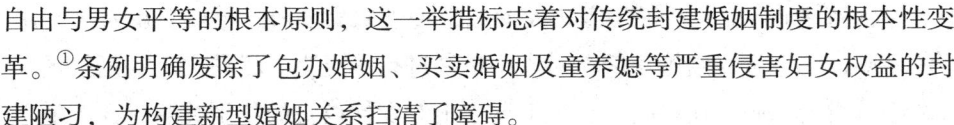

自由与男女平等的根本原则,这一举措标志着对传统封建婚姻制度的根本性变革。①条例明确废除了包办婚姻、买卖婚姻及童养媳等严重侵害妇女权益的封建陋习,为构建新型婚姻关系扫清了障碍。

(2)婚姻登记制度

《苏维埃婚姻条例》第八条规定,"男女结婚须同到乡苏维埃或城市苏维埃举行登记。领取结婚证,废除聘金、聘礼及嫁装(妆)";②《苏维埃婚姻条例》第三条规定,"结婚的年龄,男子须满二十岁,女子须满十八岁";③《苏维埃婚姻条例》第五条规定,"禁止男女在五代以内亲族血统的结婚"④。为规范婚姻行为,条例初步构建了婚姻登记制度,详细规定了结婚年龄、条件及程序,增强了婚姻的法律效力与透明度。

(3)离婚制度

《苏维埃婚姻条例》第九条规定,"确定离婚自由,凡男女双方同意离婚的,即行离婚,男女一方坚决要求离婚的,即行离婚"⑤。《苏维埃婚姻条例》第十七条规定,"男女各自得田地,财产,债务,各自处理,在结婚满一年,男女共同经管所增加的财产,男女平分,如有小孩,则按人口平分"⑥。《苏维埃婚姻条例》第十二至十五条规定,"哺乳期内小儿,归女子抚养。小孩分得田地的,田地随小孩同走。所有归女子抚养的小孩,由男子担负小孩必需的生活费的三分之二,直至十六岁为止;其支付的办法,或支付现金或代小孩耕种分得的田地。女子再行结婚,其新夫愿养小孩的,小孩的亲父才不负小

---

① 田鸢锴、冯榆婷:《中央苏区婚姻制度变革的法律实践》,《石家庄学院学报》2024年第2期。
② 厦门大学法律系、福建省档案馆:《中华苏维埃共和国法律文件选编》,江西人民出版社1984年版,第232页。
③ 厦门大学法律系、福建省档案馆:《中华苏维埃共和国法律文件选编》,江西人民出版社1984年版,第232页。
④ 厦门大学法律系、福建省档案馆:《中华苏维埃共和国法律文件选编》,江西人民出版社1984年版,第232页。
⑤ 厦门大学法律系、福建省档案馆:《中华苏维埃共和国法律文件选编》,江西人民出版社1984年版,第232页。
⑥ 厦门大学法律系、福建省档案馆:《中华苏维埃共和国法律文件选编》,江西人民出版社1984年版,第233页。

孩的生活费之责"①。基于《宪法大纲》中关于妇女解放、婚姻自由及男女平等的原则，《苏维埃婚姻条例》对离婚机制进行了更为详尽的规范，不仅重申了离婚自由的原则，还在财产分配上展现出对女性权益的特别关照，并清晰界定了离异后父母双方对子女的抚养义务，彰显了法律对妇女及子女正当权益的深切重视与保护。

（4）私生子合法地位

《苏维埃婚姻条例》第二十一条规定，"未经结婚登记所生的小孩，经证明后，由男子担负小孩生活费的三分之二，即第四章之第十一条至十五条均通用"②。《苏维埃婚姻条例》突破性地承认了私生子的合法地位，这一举措进一步彰显了法律面前人人平等的原则，为所有儿童提供了更为公平的成长环境。

《苏维埃婚姻条例》的颁布与实施，不仅是对传统婚姻制度的一次深刻变革，更是苏维埃政权在推动妇女解放、促进社会进步方面迈出的重要一步。

2.实践成效

《苏维埃婚姻条例》的颁布，标志着婚姻关系中的主体明确为男女双方，此举不仅彰显了对个人意志的尊重，更在法律层面上首次赋予了青年男女在婚姻中"自主决策"的权利，有效排除了外部因素及非直接相关主体的不当干预。条例倡导自由恋爱观念，促使婚姻更多地建立在爱情基础之上，而非传统上由父母主导的模式。这一变革对中央苏区的婚姻观念产生了深远影响，激发了女性群体对旧有不合理婚姻制度的强烈反抗与废除呼声。

毛泽东同志在《寻邬调查》中，针对当时离婚现象进行了深入剖析，指出离婚案件中女性提出者占绝大多数（约九成）③，这一数据直观反映了红色政权区域内女性在婚姻领域展现出日益增强的独立性和自主性，她们勇敢地追随内心的情感导向，主动掌握并实践着婚姻选择的权利。以江西弋阳县与横

---

① 厦门大学法律系、福建省档案馆：《中华苏维埃共和国法律文件选编》，江西人民出版社1984年版，第233页。

② 厦门大学法律系、福建省档案馆：《中华苏维埃共和国法律文件选编》，江西人民出版社1984年版，第233页。

③ 中共中央文献研究室：《毛泽东农村调查文集》，人民出版社1982年版，第178页

峰县为例，自1932年3月6日至6月25日的统计数据显示，离婚案件数量（4274起）甚至超过了结婚案件（3783起）①，此现象深刻映照出女性为争取婚姻自主权益所付出的不懈努力，标志着女性地位显著上升与自我解放的重要进程，同时，它也是社会对女性权益保护力度加大与重视度提升的具体体现。

然而，尽管《苏维埃婚姻条例》在设计上展现出一定的前瞻性与进步性，部分条款因过于理想化，未能充分考量社会现实的复杂性，导致在实际执行中遭遇挑战。②其中，对婚姻自由原则的过度解读，特别是将其视为"绝对自由"，严重冲击了婚姻家庭的稳定性与秩序，同时也因在离婚问题上过度倾向于保护女性权益而引发了社会争议。例如，部分地区出现了婚姻关系随意化、离婚与再婚频发的现象，甚至影响了党员干部的作风与红军战士的家庭稳定，如闽粤特委所反映的党员干部婚姻态度轻率问题及红军战士未婚妻违约现象③，均在一定程度上反映了条例实施初期的不成熟与偏差。

（三）《中华苏维埃共和国婚姻法》立法的内容与实践

在探讨《苏维埃婚姻条例》实施过程中遭遇的挑战时，中国共产党将如何精准平衡婚姻法律中的自由原则视为亟须深入审视的焦点。此过程亟须采用一种更加理性、实际且不带偏见的方法，解决苏区婚姻实践中浮现的问题，并紧密结合当时的社会环境、现实条件及民众的实际诉求，对法律原则的具体执行细节进行精准而细致的优化与调整。1934年4月8日，《中华苏维埃共和国婚姻法》（下简称《苏维埃婚姻法》）的正式颁布与实施，④标志着对《苏维埃婚姻条例》长达两年多的实践历程进行了全面而深刻的反思与总结，是对既有经验的系统整合与升华。

---

① 王健民：《中国共产党史稿》，汉京文化事业有限公司1988年版，第445页。

② 朱林方：《婚姻自由与男女平等是如何实现的———中央苏区的婚姻法实践》，《中国人权评论》2015年第1期。

③ 何友良：《中国苏维埃区域社会变动》，当代中国出版社1996年版，第199页。

④ 同日毛泽东签发了《中华苏维埃共和国中央执行委员会命令》（中字第7号）："兹制定婚姻法公布之。一九三一年十二月一日颁布的中华苏维埃共和国婚姻条例自本法公布之日起作废。"参见韩延龙、常兆儒：《中国新民主主义革命时期根据地法制文献选编》（第4卷），中国社会科学出版社1984年版，第792页。

1. 主要内容

《苏维埃婚姻法》包含七章二十一条内容,《婚姻法》在《苏维埃婚姻条例》基础上进行了语言表述的规范化,对婚姻自由原则的应用范围进行了修改,并广泛扩展和完善了婚姻登记的相关制度。其主要改进体现在结婚与离婚两大核心领域。

(1)结婚制度

《苏维埃婚姻法》第二条规定,"实行一夫一妻,禁止一夫多妻与一妻多夫"[①]。《苏维埃婚姻法》第五条规定,"禁止男女在三代以内亲族血统的结婚"[②]。《苏维埃婚姻法》第九条规定,"凡男女实行同居者不论登记与否均以结婚论"[③]。在结婚规定方面,首先,法律明确并强化了一夫一妻制的原则,不仅重申"禁止一夫多妻",还新增了"禁止一妻多夫"的条款,以确保婚姻制度的纯洁性。其次,针对近亲结婚问题,法律进行了更为科学的界定,将禁止范围从五代以内亲属缩小至三代以内,以减少遗传风险。最后,法律承认了事实婚姻的合法性并予以保护,这一举措适应了当时社会的实际需求,特别是加强了对同居关系中女性权益的保障。

(2)离婚制度

《苏维埃婚姻法》第十一条规定,"红军战士之妻要求离婚,须得其夫同意。但在通信便利的地方,经过两年其夫无信回家者,其妻可向当地政府请求登记离婚,在通信困难的地方,经过四年其夫无信回家者,其妻可向当地政府请求登记离婚"[④]。《苏维埃婚姻法》第十四和十五条规定,"离婚后女子如果移居到别的乡村,得依照新居乡村的土地分配法分得土地。如新居乡村已

---

① 厦门大学法律系、福建省档案馆:《中华苏维埃共和国法律文件选编》,江西人民出版社1984年版,第235页。

② 厦门大学法律系、福建省档案馆:《中华苏维埃共和国法律文件选编》,江西人民出版社1984年版,第235页。

③ 厦门大学法律系、福建省档案馆:《中华苏维埃共和国法律文件选编》,江西人民出版社1984年版,第235页。

④ 厦门大学法律系、福建省档案馆:《中华苏维埃共和国法律文件选编》,江西人民出版社1984年版,第235—236页。

无土地可分,则女子仍领有原有的土地,其处置办法或出租或出卖或与别人交换,由女子自己决定"①。《苏维埃婚姻法》第十六条规定,"离婚前所生的小孩及怀孕的小孩均归女子抚养。如女子不愿抚养,则归男子抚养,但年长的小孩同时须尊重小孩的意见"②。

在离婚规定方面,首先,为强化军婚的保障力度,法律特别增设了针对军婚的离婚条件限制,旨在稳固军婚关系,同时也不忘保障军人在特定情境下配偶的离婚自主权。其次,为了确保离婚后的妇女能够维持基本生活,法律特意明确了她们在离婚时有权获得土地分配,这一举措构成了对她们生计的有力支持。最后,在解决离婚后的子女抚养安排时,法律采纳了重视并尊重子女意愿的原则,这一革新不仅促进了未成年子女的心理健康与成长,还彰显了法律对儿童权益的高度重视与深切关怀。

2.实践成效

相较于《苏维埃婚姻条例》,新颁布的《苏维埃婚姻法》在婚姻自由原则上进行了更为显著的修订,尤为突出的是对军婚保障机制的强化。婚姻问题,作为家庭和谐的基石,亦深刻影响着社会的稳定;而军婚,则因其特殊性,成为连接个人情感与军队组织稳定的纽带。处理军婚问题时,需格外审慎,以免不慎触动敏感神经,轻则影响军人及家庭的福祉,重则可能动摇军队的根基,对苏区的整体安全构成潜在威胁。

针对军婚,法律特别设立了限制性条款,旨在平衡婚姻自由与军队稳定的需求。这一举措首要目的在于捍卫军人的合法权益,巩固军婚家庭的稳定,为军队构建坚实的后盾,增强部队的团结与战斗力,激发军民携手抗敌的坚定信念。同时,该制度亦不失灵活性,确保在特定情境下,军人的配偶能够合理行使离婚权利,从而在尊重军人职业特性的同时,也维护了配偶的合法权益。这种既严格又灵活的制度安排,赢得了红军战士及其家属的广泛赞誉与支持,成为《苏维埃婚姻法》中一项重要的制度创新。

---

① 厦门大学法律系、福建省档案馆:《中华苏维埃共和国法律文件选编》,江西人民出版社1984年版,第236页。

② 厦门大学法律系、福建省档案馆:《中华苏维埃共和国法律文件选编》,江西人民出版社1984年版,第236页。

(四)《托儿所组织条例》内容、意义与不足

1934年2月21日,苏维埃中央政府内务人民委员部颁布了由代理内务人民委员梁柏台签署的《托儿所组织条例》,这是第一个规范苏区托儿所组织的官方文件,是一份具有深远历史意义和社会价值的文件,它体现了当时社会对于妇女解放、儿童福祉以及社会服务的重视。

1.促进妇女解放与劳动力参与

《托儿所组织条例》规定,"组织托儿所的目的是为着要改善家庭的生活,使托儿所来代替妇女担负婴儿的部分教养的责任,使每个劳动妇女可以尽可能地来参加生产及苏维埃各方面的工作,并且使小孩子能够得到更好的教育与照顾,在集体的生活中养成共产儿童的生活习惯"[①]。条例明确指出组织托儿所的目的是改善家庭生活,减轻妇女在婴儿教养上的负担,使她们能够更多地参与生产和社会工作。这体现了对妇女劳动力价值的认可,促进了性别平等和社会生产力的提升。

2.儿童教育与照顾并重

条例不仅关注儿童的照顾,还强调通过集体生活培养共产儿童的生活习惯,体现了对儿童全面发展的重视。这种教育理念在当时是先进的,有助于培养新一代的革命接班人。

3.细致的管理与卫生要求

《托儿所组织条例》规定,"托儿所以大屋子或附近几个屋子为单位来组织,每个托儿所收容小孩至多不能超过20个,同时最少须有6个小孩才能建立托儿所。各托儿所,总的领导属于乡苏维埃及女工农妇代表会议。托儿所的房子要选择比较清洁,光线充足及空气好的地方。托儿所的用具,由群众的力量设法购置,在特殊情形之下,苏维埃政府可津贴一部分。责成卫生机关经常派人检查托儿所的卫生和小孩身体的健康。托儿所的主任管理该所内的一切事务,他计划全所工作,并管理小儿日常的必需品和器具(如床、桌子、玩具等)。托儿所的看护人对待小儿要耐心照顾,注意饭食、着衣等,特别

---

① 厦门大学法律系、福建省档案馆:《中华苏维埃共和国法律文件选编》,江西人民出版社1984年版,第203页。

是小孩的卫生。小孩进托儿所时，看护人必须给他洗脸或洗身，饭前要洗一次手"[1]。从托儿所的规模、人员配置、卫生条件到儿童饮食、健康检查等方面，条例都做出了详细规定，确保了儿童在托儿所的安全与健康。同时，对看护人的专业培训与耐心照顾的要求，也体现了对儿童福祉的深切关怀。

4.政府与社会力量的结合

《托儿所组织条例》规定，"托儿所指定些能脱离家庭生活的妇女专门来做看护，负责管理小孩的事情，每个至少要管理3个小孩，每所设主任1人，托儿所的工作人员得享受优待，除了代他耕种土地之外，在群众自愿的原则下，每年可给他一些谷子"[2]。条例强调群众自愿原则下的物资支持与政府津贴相结合，既发挥了社会力量的积极作用，又体现了政府的责任担当。这种合作模式有助于形成社会共治的良好局面。

5.灵活的制度安排

《托儿所组织条例》规定，"托儿所只能在白天寄托小孩，所以母亲早起把小孩送到托儿所去，到晚上必须领回家里来，小孩子的饭食由父母供给。在特别情形之下，小孩的母亲外出，不能当天回家的，应事先通知托儿所看护人，由他照顾。托儿所每天于上午8时开始办事，下午5时停止工作，小孩子由家里吃了早饭送来托儿所，回家吃晚饭。在托儿所只吃中饭"[3]。允许特殊情况下母亲外出时由托儿所看护人照顾孩子，以及托儿所只在白天开放等规定，既考虑了实际情况的多样性，又保证了制度的可行性和人性化。

1934年3月8日《红色中华》刊登了一首苏区民谣《托儿曲》："劳动妇女真热心，拿起锄头去春耕，儿女送给托儿所，集中力量为了革命战争。托儿所，革命的家庭，在这里，创造着新生的人类，在这里，养育着将来的主人。从集体的生活中锻炼红色的童婴，为了新的文化新的世界而斗争！"尽管条例

---

[1] 厦门大学法律系、福建省档案馆：《中华苏维埃共和国法律文件选编》，江西人民出版社1984年版，第203—204页。

[2] 厦门大学法律系、福建省档案馆：《中华苏维埃共和国法律文件选编》，江西人民出版社1984年版，第203页。

[3] 厦门大学法律系、福建省档案馆：《中华苏维埃共和国法律文件选编》，江西人民出版社1984年版，第203—204页。

中提及了在群众自愿的前提下提供物资支持和政府补贴，但具体的资金来源及分配方式却未详尽说明。这种情况在实际执行时可能会引发资金匮乏或分配不公的问题，从而对托儿所的持久和稳定运作构成威胁。此外，虽然该条例主要聚焦于儿童的身体健康与日常照料，但对儿童心理健康的重视程度相对较低。在集体环境中，孩子们的心理健康同样至关重要，因此有必要制定专门的措施来关心和支持他们的心理健康。另外，尽管条例规定了每月须召开儿童母亲会议，但这可能并不足以满足更日常化、更灵活的交流需求。构建更为紧密的沟通体系将有助于及时把握家长的需求与反馈，从而进一步优化托儿所的服务品质。最后，尽管条例对看护人员提出了一定的要求，但在系统的培训方案及激励机制方面可能还有所欠缺。通过提升看护人员的专业素养和工作动力，可以有效提高托儿所的整体服务质量。

六、梁柏台与中央苏区选举工作立法

一苏大闭幕后，新组建的中央执行委员会随即于同年11月28日召开了其全体会议。会议议程中，经充分审议与深入交流，集体通过了梁柏台起草的《中华苏维埃共和国的选举细则》。此细则的正式确立，为苏维埃区域内的选举实践活动提供了清晰、详尽的法律指引，确保了选举工作的规范化与制度化运行。

1931年11月，中华苏维埃共和国中央执行委员会第一次全体会议通过的《中华苏维埃共和国的选举细则》，是苏维埃的第一部选举法。其内容分为"总则""选举权和被选举权""办理选举的机关""选举的手续""各级工农兵苏维埃代表产生的手续及代表与居民人数比例""基本（城乡）选举之承认、取消及代表之召回""选举的经费""附则"等8章，共55条。《细则》的第二章"选举权与被选举权"中明确规定，"根据宪法第七十四条之规定，犯有下列各条之一的人民，没有选举权和［被］选举权：（一）剥削他人劳动的（富农包括在内）。（二）靠土地、资本的盈利为生，而自己不劳动者。（三）商人资本家及其代理人、中间人和买办。（四）各宗教的传教者、牧师、僧侣、道师［士］、地理阴阳先生及一切以传教为职业的人。（五）国民党及其他反动政府的警察、侦探、宪兵、官僚、军阀及参加反对工农利益的反动派。(六)有神经病的人。(七)经法庭判决有罪,而在犯罪(服刑)期间的人。(八)一、二、三、四、五各项人的家属。宪法第七十五条又规定如下:本宪法第七十三条所列举的三种人民之一,而犯有七十四条各项之一的,也同样没有选举权和被选举权。"①

由此可见,《中华苏维埃共和国选举细则》把享受民主权利的人民和剥夺政治权利的专政对象严格区分开来,有利于分化瓦解反动营垒,有利于改造剥削阶级,有利于增强革命群众的光荣感。

《中华苏维埃共和国的选举细则》附带之《选举委员会工作细则》,详分为五章,细致界定了选举委员会成员的职责分工及其实务操作规范,特别强调工作人员须秉持不脱产原则,此举措对于促进苏区干部队伍的作风纪律建设,发挥了正面的催化效应。

1933年7月15日,苏维埃人民委员会于其第四十五次会议上,作出了具有深远意义的决策,即启动对选举法的全面修订程序,旨在使之更加契合苏区基层政权建设的实际需求。此重任由梁柏台肩承,他充分认识到任务的艰巨性,因此在修订工作中,紧密贴合第二次全国苏维埃代表大会(简称"二苏大")的指导精神与苏区基层的实际状况,对选举名额的均衡配置、动员策略的选择等多个关键方面进行了精细入微的调整与优化。

1933年8月9日,中华苏维埃中央执行委员会正式颁布了《中华苏维埃共和国暂行选举法》(下简称《苏维埃暂行选举法》),该法案旋即成为指导第三次选举活动的纲领性文件,对于紧接着顺利召开的第二次全国苏维埃代表大会而言,其重要性不言而喻,堪称基石。

同年9月至10月期间,一场规模宏大的自下而上选举活动在中央苏区广泛兴起,此举不仅标志着人民民主选举制度的初步架构已具雏形,更首次赋予了中国工农大众以神圣的选举权利,开创了民主选举实践的崭新篇章。新修订的《选举法》尤为注重选举动员手段的多样化与精准性,强调增强苏维埃代表与选民之间的沟通交流,这一系列创新措施显著提升了选举活动的参与度,激发

---

① 厦门大学法律系、福建省档案馆:《中华苏维埃共和国法律文件选编》,江西人民出版社1984年版,第112—113页。

了苏区民众参与政治生活的极高热情。

《苏维埃暂行选举法》包括"总则""选举权和被选举权""选举的手续""各位苏维埃的选举程序及代表的标准""红军的选举手续及代表的标准""基本（市乡）选举的承认、取消及代表之召回""选举委员会及其工作""选举的经费"和"附则"9章共59条。该选举法凸显了四大鲜明特征：

首先，确保了公民普遍享有选举权。《苏维埃暂行选举法》第四条规定了选举权与被选举权的普遍性，规定"凡居住在中华苏维埃共和国领土内的人民，在选举的日子，年满16岁的，无男女、宗教、民族的区别"[1]，只要符合一定资格，均可享受选举权和被选举权。

其次，无产阶级的特殊优越性原则。《苏维埃暂行选举法》第四条规定"无产阶级是苏维埃革命的先锋队"，并强调"为要加强无产阶级在苏维埃机关的领导，对于居民与代表人数的比例，工人比别的居民要享受优越的权利"[2]。

第二十一条至第二十九条详细规定了各级苏维埃选举时，工人居民与其他居民相比，在选举代表时所享有的更优惠的比例，如"隶属于区的市苏维埃，由全市各个选民大会所选举出来的代表所组成。工人居民每13人得选举正式代表1人，其他居民每50人得选举正式代表1人"[3]。

创新性地结合了直接选举与间接选举两种方式。《苏维埃暂行选举法》第十一条至第十三条详细规定了直接选举的流程和条件，如工人、农民等需以生产单位或居住地为单位召开选举大会进行直接选举。《苏维埃暂行选举法》第四条规定，"属于区苏维埃政府的工农红军（如游击队等），直接选举代表去出席全区的苏维埃代表大会。属于县苏维埃政府的工农红军（如独立团等），直接选举代表去出席全县苏维埃代表大会。属于省苏维埃政府或不属于

---

[1] 厦门大学法律系、福建省档案馆：《中华苏维埃共和国法律文件选编》，江西人民出版社1984年版，第132页。

[2] 厦门大学法律系、福建省档案馆：《中华苏维埃共和国法律文件选编》，江西人民出版社1984年版，第132页。

[3] 厦门大学法律系、福建省档案馆：《中华苏维埃共和国法律文件选编》，江西人民出版社1984年版，第135页。

省苏维埃政府管辖，而在该省内负有长期工作的工农红军（如独立师及湘鄂赣、湘赣、闽浙赣及其他苏区的各军团），则直接选举代表去出席全省苏维埃代表大会。红军的方面军，则直接选举代表去出席全国苏维埃代表大会"①。

最后，赋予了选民罢免代表的权利，深刻体现了主权在民的基本原则。《苏维埃暂行选举法》第四十四条明确规定，"市苏维埃或乡苏维埃的代表，如有不执行自己的职务违背选民的托付，或有犯法的行为时，市苏维埃或乡苏维埃经过全体代表会议得开除之，选举该代表的选民，也有随时召回该代表之权，并得另行选举之，在这种情形中，报告上级苏维埃执行委员会去审查"②。这一条款直接赋予了选民罢免和重新选举代表的权利，体现了主权在民的原则。在中央苏区时期，这一民主选举实践堪称人民主权实践的初步尝试，开创了人民民主选举制度的先河。众多地区的选民参与率高达80%以上，诸如兴国全县、上杭才溪区及瑞京（金）武阳区等地，选民平均参会率更是攀升至90%以上，彰显了广泛而深厚的群众基础。

《苏维埃暂行选举法》作为中央苏区最为完备的一部选举法规，不仅在内容上详尽充实，形式上也相对完善，它系统规定了选举的各项原则、流程、组织架构及实施方法，标志着选举法发展的一个新高度。工农劳苦大众借此首次获得了上述权利，这一历史事件在中国历史上具有里程碑意义。

此外，该选举法对红色根据地及民众生活产生了深远影响。它不仅增强了工农群众的民主意识与参与政治的热情，还强化了红色苏区的战争动员能力，为革命战争提供了坚实支持。同时，选举运动与经济建设的紧密结合，推动了根据地经济的发展，进一步巩固了苏维埃政权的基础

为确保选举工作的顺利进行，梁柏台还积极撰写了多篇相关文章，其中包括《市苏乡苏向选民的工作报告》和《关于选举法上几个疑问的解释》等。特别是在《关于选举法上几个疑问的解释》一文中，他针对群众在理解《选举法》过程中可能出现的疑惑和误解，如"选举权与被选举权""选民与居

---

① 厦门大学法律系、福建省档案馆：《中华苏维埃共和国法律文件选编》，江西人民出版社1984年版，第137页。

② 厦门大学法律系、福建省档案馆：《中华苏维埃共和国法律文件选编》，江西人民出版社1984年版，第139页。

民""候选名单与选民名单""传教者与信教者"等概念,进行了详尽的解释和阐述,帮助群众更好地理解和执行选举法,从而推动了选举工作的深入开展。

七、梁柏台与苏区组织立法

在中华苏维埃共和国成立之际,为统一地方苏维埃政府的组织架构,基于广泛积累的苏维埃建设实践经验,中央政府于1931年11月正式颁布了梁柏台参与起草的《苏维埃地方政府的暂行组织条例》,明确将地方政权体系划分为省、县、区、乡(含市镇),其中乡级政权作为基层治理单元。该条例包括"总则""乡苏维埃""城市苏维埃(中央和省的直属市除外)""区县省执行委员会""工作的方法""地方苏维埃政府的具体工作""地方苏维埃的财政""文件的署名""地方苏维埃政府工作人员的检查"及"附则"等10章,共73条。另有"城市苏维埃组织系统图表""区县省执行委员会的组织系统图表"以及"工农检察部的组织条例""中华苏维埃各级劳动部暂行组织纲要"等多个附件。

同年发布的《中华苏维埃共和国临时中央政府关于苏维埃建设重要的训令》深刻剖析了既往苏维埃建设中存在的两大核心问题:一是各级苏维埃组织体系的不健全,二是苏维埃基本组织构建的实际缺失,并据此提出了一系列针对性的改进策略。

鉴于此,中华苏维埃临时中央政府决议,依据宪法精神及中央颁布的相关条例,对行政区域进行重新划分,并对各级政府实施重组。随后,1933年梁柏台参与制定的《中华苏维埃共和国地方苏维埃政府暂行组织法(草案)》在《苏维埃地方政府的暂行组织条例》基础上进行了全面补充与修订,不仅详细规定了地方各级苏维埃政权的设立、任期制度、人员配置等关键要素,还进一步明确了地方苏维埃的组织结构体系。相较于前者,该草案展现出了更为严密的体系架构、更为充实且合理的内容安排,成为当时最为规范详尽、条款最为丰富的地方政权组织法律文件。

(一)《苏维埃地方政府的暂行组织条例》的制定与实施

1931年11月,随着全国苏维埃政权的建立,为实现各级地方苏维埃政府内部组织的统一与规范化，中央执行委员会在其首次全体会议上审议并通过了《苏维埃地方政府的暂行组织条例》。该《条例》旨在明确各级苏维埃的组织架构、职能分工及运行机制，共计十章七十三条，内容详实且结构清晰。

《条例》的主体部分包括总则及针对乡苏维埃、城市苏维埃、区县省执行委员会的具体规定，此外还详细阐述了工作方法、地方苏维埃政府的具体工作内容、财政文件署名规则、工作人员管理制度以及附则等关键方面。其中，地方苏维埃政府被明确划分为省、县、区、乡四级体系，市镇则设立城市苏维埃。各级苏维埃的组织架构遵循从代表大会到执行委员会、主席团直至主席的层级结构，并根据需要设立多个职能部门，如土地、财政、劳动、军事、文化、卫生等，同时废止了秘书制，改以更加高效的部门管理机制运行。

值得注意的是，《条例》特别强调了乡苏维埃的特殊性，其组织结构相对简化，直接由乡苏维埃代表会和主席构成，不设执行委员会和主席团，实行代表责任制，确保所有事务均由全体代表共同承担。针对临时性任务，乡苏维埃可灵活组建临时委员会，并吸纳当地积极分子参与，以增强应对能力。同时，为了保持与生产的紧密联系，乡苏维埃工作人员原则上应保持不脱产状态，仅设主席、交通员及其他必要岗位人员，总数严格控制。

在财政管理方面，《条例》严格规定了各级苏维埃政府财政收入的上缴与支出审批流程，确保所有收入统一上缴中央政府财政人民委员部，作为国库收入，而支出则需提前编制预算并获得上级政府批准后方可执行。这一制度有效保障了财政的集中管理与合理分配。

此外，《条例》还详细规定了文件的署名规则，确保地方苏维埃政府的各类文件均需按照规定的程序由相应级别和部门的主席、副主席或部长联合署名，以增强文件的权威性和规范性。

为了监督与保障各级苏维埃政府及其职能部门的工作效率与质量，《条例》还引入了巡视制度与工作检查制度。省县区执行委员会及城市苏维埃可指派指导员进行定期巡视与指导，而各级苏维埃主席团则需定期对各部门及下级政府的工作进行检查，并将检查结果在相应会议上作报告，以确保工作的透明化与高效化。

（二）《中华苏维埃共和国地方苏维埃暂行组织法（草案）》

1933年12月12日，中央执行委员会正式颁布了《中华苏维埃共和国地方苏维埃暂行组织法（草案）》，该草案展现了一个体系相对完备的法律框架，对地方各级苏维埃的成立方式、内部组织架构、职能分配以及人员配置等方面进行了详尽而周密的规定。该组织法共分为七章，共计二百零八条，内容涵盖了总则、苏维埃政权的基本组织结构、区县省苏维埃代表大会及其执行委员会的运作机制、各职能部门的设立与职责、地方苏维埃的权力范围、临时性地方政权机构——革命委员会的设置与运作，以及附则等多个关键方面。[1]

具体而言，该组织法明确规定地方苏维埃政府实行省、县、区、乡管理体制，并在市镇设立市苏维埃和市区苏维埃，以适应不同行政层级和地域特点的管理需求。这一层级划分不仅确保了中央政府对地方的有效控制，也赋予了各级苏维埃政府相对独立的行政权力和自治空间。

此外，该组织法还对各级苏维埃的内部机构设置、职责分工以及人员配置等方面进行了详细规定，以确保各级苏维埃政府能够高效、有序地运行。同时，对于临时性地方政权机构——革命委员会的设置与运作，也给出了明确的指导原则和操作规范，以应对突发情况和紧急任务的需要。

总体而言，《中华苏维埃共和国地方苏维埃暂行组织法（草案）》的颁布与实施，为中华苏维埃共和国地方苏维埃的组织建设提供了坚实的法律基础和制度保障，对于推动地方苏维埃政权的巩固与发展具有重要意义。

1.省、县、区（含中央、省、县直属市）苏维埃的组织结构

省、县、区（包括中央、省和县直接管辖的市）苏维埃的组织架构由苏维埃代表大会、执行委员会、主席团及下设各部门构成。

省县区苏维埃代表大会

作为省、县、区各级地方的最高政权机关，省县区苏维埃代表大会由下一级苏维埃代表大会及各级所属红军所选出的代表组成。[2]其召开频率分别为：省苏维埃代表大会每年一次，县苏维埃代表大会每六个月一次，区苏维埃

---

[1] 《中华苏维埃代表大会制度的政权组织体系》，《时代主人》2021年第10期。

[2] 张玉龙、丁群：《中央苏区政权形态的特点》，《江西师范大学学报（哲学社会科学版）》2014年第5期。

代表大会每三个月一次,均由各自执行委员会负责召集。代表大会的主要职责包括:审议并讨论执行委员会的工作报告,制定并决定本地方苏维埃工作的方针政策,以及选举产生本级执行委员会(省、县每年一次,区每半年一次)。对于中央、省和县直接管辖的市,则实行经常性的代表会议制度,会议召开频率根据城市人口规模而定:居民5万人以下的市,每月由主席团召集一次,执行委员会每半年选举一次;居民5万人以上的市,每两个月由主席团召集一次,执行委员会每年选举一次。

执行委员会

执行委员会在各级苏维埃代表大会闭会期间,行使各地最高政权机关的职能。其组成人数根据行政级别和人口规模有所不同:省执行委员会由55至95名委员及11至19名候补委员组成,会议每四个月召开一次;县执行委员会由35至55名委员及7至10名候补委员组成,会议每两个月召开一次;区执行委员会由21至35名委员及5至7名候补委员组成,会议每月召开一次。对于市苏维埃,居民5万人以上的市,执行委员会由35至75名委员及7至11名候补委员组成;居民5万人以下的市,则由21至25名委员及5至7名候补委员组成,会议均每月召开一次。执行委员会的会议由各自的主席团召集,遇有临时重要问题可召开临时会议。此外,省、县、区执行委员会需定期向本级苏维埃代表大会、所属下一级苏维埃代表大会及上一级苏维埃执行委员会报告工作(省向中央每四个月一次,县向省至少每月一次,区向县至少每月一次);市苏维埃则需每三个月向选民做一次工作报告,并至少每月向上级苏维埃报告一次。

主席团

主席团在各级执行委员会闭会期间,同样行使各地最高政权机关的职能。其成员由执行委员会推选产生,具体人数根据行政级别而定:省主席团由13至19人组成,县主席团由9至15人组成,区主席团由7至11人组成;对于中央直属市,主席团由19至25人组成,省属市由11至19人组成,县属市由7至11人组成。主席团推选产生主席1人,副主席1至2人。主席团会议的召开频率也根据人口规模有所不同:省主席团每七天召开一次,县主席团每五天召开一次,区主席团及居民5万人以下的市主席团每三天召开一次;居民5万人以上的市主席团则每七天召开一次。会议由主席召集,遇有临时重要问题可召开临时会议。省主席团还需至少每月向中央人民委员会做一次工作报告。

部委局的组织与职能

在省、县、区（涵盖中央、省和县直接管辖的市）层级，执行委员会及其主席团直接统领本地的政务运作。这些机构下设多个关键部门，包括劳动部、土地部、军事部、财政部、国民经济部、粮食部、教育部、内务部、裁判部等，以及工农检察委员会和国家政治保卫分局。特别的，省级机构还增设了审计委员会，而军事部的工作则整合至军区指挥部内，不再单独设立。国家政治保卫局在区级层面仅设特派员，以精简机构。

各部、委、局遵循严格的垂直领导体系，确保上下级之间的绝对服从。具体而言，区及县属市的部门直接隶属于县级部门，县及省属市的部门则隶属于省级部门，直至中央直属市的部门直接归属于中央各部，形成了一整套严密的组织架构。在此过程中，各部、委、局既受同级执行委员会及其主席团的指导与约束，又需严格执行上级的命令。若主席团对某部（委、局）的上级命令存有异议，应提交至上级执行委员会或主席团裁决，在此之前，不得擅自中止执行。

部长、副部长及委员会主任、副主任的任命，需经上级执行委员会或主席团批准，并接受上级各部、委的审核后委任。人员调动亦需获得上级部门的同意，除非因不称职而需更换，否则不因执行委员会的改选而变动。

劳动部内设有劳动委员会，作为讨论和建议劳动工作相关问题的平台，成员广泛吸纳了国民经济部、土地部、职工会等各方代表，并由部长担任委员会主任。劳动部还下设劳动保护科、失业劳动科及社会保险局等机构，以全面覆盖劳动事务。

土地部同样设有土地委员会，专注于土地斗争、土地生产等问题的研讨与建议，成员包括劳动部、国民经济部、农业工会代表，并由部长担任委员会主任。此外，土地部还设有没收分配科、土地建设科等多个专业科室，以及农事试验场、农产品展览所等附属机构。

军事部则细分为多个科室，专注于地方部队的编制训练、红军扩编、战争动员及武器弹药管理等工作，确保军事活动的有序进行。

财政部则设立财政委员会，汇聚了国民经济部代表、国库分库或支库主任、银行行长等,共同研讨财政议题,并由部长担任委员会主任。同时,财政部还下设会计科、税务科、国有财产科等多个科室,以及没收征发委员会、公债发行委员会等专项机构,以全面管理财政事务。

国民经济部与相关部门组织及职能

国民经济部内设国民经济委员会,作为讨论和审议与经济相关各类问题的机构。其成员构成广泛,除本部人员外,还吸纳了劳动部、土地部、财政部及职工会的代表参与,由部长担任委员会主任。该部门下设设计科、工业科、农业科、调查统计科、合作社指导委员会以及运输管理局等多个分支机构或派出机构,以全面覆盖经济管理各领域。

粮食部则设立了粮食委员会,专注于粮食问题的研讨与建议。委员会成员包括来自国民经济部、财政部、土地部及职工会的代表,同样由部长担任主任。为有效管理粮食资源,粮食部还设立了调剂科、备荒科、仓库保管科等科室,并成立了红军公谷管理委员会、土地税谷保管委员会以及粮食调剂局等专门机构。

教育部内设教育委员会,旨在讨论和提出关于文化教育方面的各项建议。委员会成员除本部代表外,还邀请了共青团、少先队、儿童团、工会等群众团体以及政府机关报主笔、当地学校校长、各类文化团体的代表参与,以部长为委员会主任。教育部下设普通教育科、社会教育科、编审出版科等部门,以全面促进文化教育事业的发展。

内务部则设立了内务委员会,专门负责讨论和提出关于内务工作的各项建议。委员会成员除本部人员外,还包括苦力运输工会、革命互济会的代表,由部长担任委员会主任。内务部下设选举指导科、交通科、优待红军科等多个科室,以及卫生科、社会保证科、民事行政科、义务劳动科和民警分局等附属机构,以确保内务工作的顺利开展。

关于审计委员会,其在省及中央直属市执行委员会之下设立,由7至9名委员组成,其中包括工农检察委员会主席、国民经济部长、裁判部长及省一级军事行政机关首长等当然委员。该委员会主要负责审核省苏维埃及全省各级苏维埃、市苏维埃及全市各市区苏维埃的财政收支预算与决算,以及财政机关的临时收支账目,并有权向中央审计委员会提出预算原则。

2. 乡（市）苏维埃的组织架构与职权

乡（市）苏维埃作为苏维埃政权的基层组织，其组织架构包括苏维埃全体代表会议、主席团及主席。苏维埃全体代表会议为全乡（市区或市）的最高政权机关，由选民大会选举产生的代表组成。在会议闭会期间，由选举产生的5至7人（居民超过1万的市为9至11人）组成的主席团代行职权。主席团推选主席1人，副主席1至2人。

乡（市）苏维埃以不脱离生产为原则配置常驻人员，根据居民数量设定不同的人员配置标准。其下不设具体科室，所有事务由整个乡（市）苏维埃负责处理。乡（市）苏维埃定期召开全体代表会议和主席团会议，以传达上级苏维埃的工作指示并领导群众执行。同时，可根据需要组织各种专门委员会进行专项工作。

地方各级苏维埃的职权

各级地方苏维埃（涵盖省、县、区、市、乡）之职权核心在于：一是忠实履行中央及上级政权机关所颁布之法律、命令、决议与指示；二是自主规划并实施本行政区域内苏维埃建设之具体方案与计划；三是针对地方特性问题，采取适宜措施予以解决；四是确保本区域内各级苏维埃机关行政工作之统一协调与高效执行。在此基础上，上级苏维埃依法享有对下级苏维埃的监督与指导职能，对于下级机关违反上级命令或决议之行为，上级苏维埃有权依据法定程序采取干预措施，直至必要时解散相关机构，以维护苏维埃政权体系的统一与权威。

（三）中央苏维埃组织法

1934年2月3日，第二届中央执行委员会首次会议召开，会上，梁柏台详细阐述了《中华苏维埃共和国中央苏维埃组织法》的核心原则，并获得了会议的原则性批准。随后，该法的详细条文被委托给新成立的主席团进行进一步的修订与完善。最终，于同年2月17日，中央执行委员会正式颁布了《中华苏维埃共和国中央苏维埃组织法》。

该组织法体系完备，共分为十章五十一条，涵盖了总则、全国苏维埃代表大会、中央执行委员会、中央执行委员会主席团、权力分配、人民委员会、最高法院、审计委员会、各人民委员部及其部务委员会，以及附则等多个方面。其中，"总则"明确指出："本法系依据《中华苏维埃共和国宪法大纲》之原则制定，苏维埃中央政权机关之组织均须遵循本法。"

1.全国苏维埃代表大会

全国苏维埃代表大会，作为中华苏维埃共和国的最高权力机构，其成员广泛，包括各省、中央直属市及直属县苏维埃代表大会选举出的代表，以及红军代表。大会主要职责包括审议中央执行委员会的报告、制定和修改宪法及法律、决定国家重大方针政策，并选举新的中央执行委员会。

2.中央执行委员会

中央执行委员会，作为全国苏维埃代表大会闭会期间的最高权力机关，负责执行大会决议并向其报告工作。其职权广泛，包括颁布法律法令、审核国家政策及国家机关变动、监督下级机关工作等，并有权选举产生中央执行委员会主席团及其领导成员，以及任命人民委员会及其主席。

3.中央执行委员会主席团

主席团由中央执行委员会选举产生，作为执委会闭会期间的最高领导机构，直接向执委会负责并报告工作。其成员规模不超过25人，设主席1名，副主席2至4名。主席团拥有多项重要权力，如监督宪法法律实施、停止或变更下级机关决议、颁布法律命令、审批法令条例等，同时负责解决人民委员会与各人民委员部之间的协调问题。

4.权力分配

全国苏维埃代表大会与中央执行委员会共担多元且重大的权责，具体涵盖但不限：宪法之颁行与修订之专属权限独归全国苏维埃代表大会（即此领域之排他性职权）；外交条约之缔结；司法架构、法律规范及法院组织之设立与调整；国家内外方针政策的制定；行政区划之调整与变动；财政税收事务之监管与调度；以及军事武装力量之构建与管理等。尤为关键的是，在宪法颁修权之外的全部职权范畴内，中央执行委员会之权限与全国苏维埃代表大会保持高度一致，确保权力运行的协调与统一。

5.中央人民委员会

中央执行委员会之下设行政执行核心机构——中央人民委员会，其肩负国家政务之全面统筹与管理职责。此委员会及其首脑人物，均经中央执行委员会严格遴选并正式任命，确保领导层之专业性与权威性。尤为重要的是，获任人民委员之个体，需兼任中央执行委员会委员之职，以强化决策与执行之紧密衔接。中央人民委员会须向中央执行委员会及其领导机构——主席团，承担报告责任，并定期呈报工作成效与进展，确保政务执行之透明度与责任追究机制之有效运行。其组织架构包括人民委员会主席，以及外交、劳动、土地、军事、财政、国民经济、粮食、教育、内务、司法等各领域的委员，并增设工农检察委员会主席一职，以适应多元化治理需求。根据工作需要，中央执行委员会有权随时增设人民委员职位。值得注意的是，"人民委员"这一称谓具有专属性，仅限于中央人民委员会的委员使用，以避免混淆。

中央人民委员会之核心职能，在于依据中央执行委员会所界定之权限框架，制定及发布各类法令规章，并采行必要之行政手段，以维系行政机制之高效运转与秩序之稳固。其所颁发之决议与法律性文件，均须遵循既定程序，向中央执行委员会或其主席团呈报备案。对于涉及国家重大政策导向之决议，则须经中央执行委员会或其主席团之审慎审核与批准。在突发紧急情势下，中央人民委员会有权先行决策，并随后补报相关程序，以应对时局之需。

此外，该委员会还肩负对各人民委员部所提法令与决议进行审查、修订乃至废止之职责，确保法律体系的统一性与适应性。若各人民委员部或地方苏维埃执行委员会对中央人民委员会之决策存有异议，虽可循正规渠道向上级机关反映，但在异议处理期间，原决策之执行效力不受影响，旨在维护行政秩序之连续性与权威性。

6. 最高法院

最高法院作为中央执行委员会直属的审判机关，在司法体系中占据核心地位（详见第四章）。

7. 中央审计委员会

中央审计委员会隶属于中央执行委员会，其成员规模为5至9人，由中央执行委员会主席团直接任命，其中设正副主任各一名。该委员会的主要职责在于审核国家的财政收支情况，并监督国家预算的执行过程。

8. 人民委员部及辅助机构

于中央人民委员会组织架构之下，构建有诸多专业化的人民委员部门体系，涵盖外交、劳动、土地、军事、财政、国民经济、粮食、教育、内务、司法等关键领域，以及中央革命军事委员会、中央工农检察委员会与国家政治保卫局等核心机构，共同支撑国家治理架构之稳固。各人民委员部均依规配置副人民委员一至二人，经由中央执行委员会主席团正式委任，旨在辅助人民委员高效履职，并在人民委员因故无法行使职权时，代行其责，确保部门运作之连续性。

此外，为增强部门内部决策之民主性与科学性，特于各部设立部务委员会，作为内部议事与建言献策之平台。部务委员会成员由人民委员亲自遴选并任命，其成员数量则根据工作实际需要灵活调整，以适应不同阶段的治理需求，促进部门内部治理能力的持续提升。

9. 工农检察委员会

工农检察委员会，前身为工农检察委员部，其组织体系自中央至地方各级均有设置，是各级政府行政机关的重要组成部分。（具体详见第五章）

10. 中央革命军事委员会

依据中共中央及第一次全国苏维埃代表大会的决议，中央革命军事委员会被确立为国家的最高军事指挥机构，负责全面统辖全国红军。该委员会不仅负责红军的组织建设、后勤保障、教育培训及作战指挥，还下设了总参谋部、总政治部、总供给部（原总经理部）、总卫生部、后方办事处及抚恤委员会等多个职能部门。中央革命军事委员会的委员人选由中央执行委员会直接委任。

11. 国家政治保卫局（详见第四章）

（四）苏维埃政权组织法的主要特征

1. 工农兵代表大会制度

《中华苏维埃共和国宪法大纲》明确指出："苏维埃政权是工人、农民、红色战士及一切劳苦民众的政权"，"中华苏维埃共和国之最高政权机构为全国工农兵苏维埃代表大会"，地方各级则设立相应的地方工农兵苏维埃代表大会。此制度作为苏维埃时期的基本政治与政权组织形式，是实现人民民主的关键路径。全国工农兵代表大会代表全体工农兵及广大劳动人民行使国家权力，涵盖立法、行政、司法等多个领域，确保人民意志得到全面体现与贯彻。各级代表大会均通过民主选举产生，确保了人民当家作主的实现。

2.民主集中制原则

民主集中制在苏维埃政权中具体表现为：各级工农兵代表大会均经民主选举产生，对人民负责并接受监督，定期向选举单位及选民报告工作，并赋予选民或选举单位罢免不称职代表的权利。同时，其他国家机关如行政、军事、司法机关均须对工农兵代表大会负责，接受其领导和监督，确保权力运行的民主性与集中性相统一。这一原则有效遏制了权力滥用，促进了政权的稳定与发展。

3.议行合一的治理模式

《中华苏维埃共和国宪法大纲》规定，全国工农兵苏维埃代表大会在闭会期间，由全国苏维埃临时中央执行委员会作为最高政权机关，并设立人民委员会负责日常政务，实现了决议与执行的一体化。这种议行合一的模式确保了政策的连续性与高效性，使人民的意志能够迅速转化为实际行动，是苏维埃政权民主发展的重要里程碑。

4.委员会制度的运作机制

苏维埃政权在中央及地方各级政府中广泛采用委员会制度，但各部委员会与执行委员会在职能上有所区分。执行委员会作为权力机关，而各部委员会则专注于本部门工作的讨论与建设，吸纳相关部门及群众团体代表参与，增强了决策的广泛性与科学性。

5.中央高度集权的组织结构

苏维埃政权实行中央高度集权，政府各部门以垂直领导为主，确保政令畅通。地方各级苏维埃的各部直接隶属于上级各部，形成统一的组织系统，有利于中央对地方的有效管理与控制。这种集权体制在特定历史时期对于巩固政权、集中资源发挥了重要作用。

6.精简与效能并重的政府机构设置

苏维埃政权在机构设置与人员配备上始终坚持精简与效能的原则。通过严格控制政府规模与人员数量，提高行政效率，减轻财政负担。同时，鼓励兼职工作，以有限的资源实现最大的治理效果，体现了苏维埃政权的高效与务实。

7.行政区划的设定原则：贴近民众，便于服务

在苏维埃政权建设进程中，1931年11月颁布的《中华苏维埃共和国划分

行政区域暂行条例》及1933年7月制定的《关于重新划分行政区域的决议》均明确指出，中国旧有的行政区域划分因范围过于宽泛，更适应于封建统治的需要，而非苏维埃所倡导的民主集中制。旧的反动政府所设立的行政区域，往往规模庞大，其根本目的在于隔离群众，削弱并压迫民众。与此截然不同，苏维埃政权在划定行政区域时，秉持着最大限度贴近群众、服务群众的原则。

为实现这一目标，苏维埃政府设立了多个专门委员会，包括但不限于扩大红军、优待红军及其家属、慰劳红军、赤色戒严、防空防毒、财产没收与征发、国有资产管理、农业税征收、公债发行、农业生产促进、山林开垦、水利建设、土地登记与查田、教育普及、卫生保健、桥梁道路维护、粮食管理、备荒防灾、户籍管理、义务劳动组织及运输协调、选举监督以及工农检察等委员会。在市区，还额外设立了失业救济、贫民扶助、房屋管理、工业发展、工业研究、农业研究及商业税征收等委员会。

这些委员会的构成确保了广泛的代表性，要求每个乡（市区或市）的苏维埃代表至少参与一个至两个委员会的工作，并鼓励积极吸收工农群众及贫民中的积极分子加入各委员会。此举措极大地增强了乡（市）苏维埃与民众之间的联系，实现了民众与苏维埃政权在组织层面的紧密结合，从而为苏维埃政权的稳固奠定了坚实的基础。

八、梁柏台与中央苏区劳动立法

梁柏台在苏区劳动立法中作出了卓越的贡献。他凭借在苏联积累的深厚法学知识和实践经验，积极参与《中华苏维埃共和国劳动法》等关键劳动法律法规的制定工作。梁柏台的立法努力，不仅为苏区工人阶级提供了坚实的法律保障，也为中国革命时期的劳动法治建设奠定了坚实的基础，展现了他作为无产阶级革命家和法律工作者的远见卓识与卓越才能。

（一）《中华苏维埃共和国劳动法》（1931）

1931年11月，《中华苏维埃共和国劳动法》在中华工农兵苏维埃首次全国代表大会上获审议通过，其蓝本源自共产国际远东局拟定的草案，标志着苏维埃劳动法在苏区正式确立与实施。该法不仅承继了全国苏维埃区域代表大会劳动保护法令的精髓，还深化与细化了相关规范，紧密呼应《中华苏维埃共和国宪法大纲》所确立的苏维埃宗旨。

该法体系完备，包括总则、雇佣程序、集体合同与劳动合同、工作时间与休息时间、工资制度、女工、青年工及童工保护、劳动安全与健康、中华全国总工会及其地方组织职能、社会保险体系、劳动争议解决机制及违法惩处措施、附则等十二章，共计七十五条款，全面彰显了对劳工权益的深切关注。

第一章"适用范围"明确规定："凡在企业，工厂，作坊及一切生产事业和各种机关（国家的，协作社的，私人的都包括在内）的雇佣劳动者，都应享受本劳动法的规定。"[1]这确保了法律覆盖的广泛性和公平性。

第二章"雇佣的手续"则严厉指出："严格禁止并严厉处罚要工人出钱买工做或从工资中扣钱作介绍报酬。"[2]这一规定保护了工人的合法权益，防止了不法雇主的剥削行为。

第三章"集体合同与劳动合同"制度的确立，使得"在该集体合同上规定出企业，机关，家庭及私人雇主对于雇佣劳动者的劳动条件，并规定了将来雇佣劳动者个人与雇主间订立劳动合同的内容"[3]。这一制度为工人和雇主之间的合作提供了法律保障。

第四章详细规定了"工作时间"，明确指出："所有雇佣劳动者通常每日的工作时间，不得超过八点钟。"[4]这一规定保障了工人的休息权，防止了过度劳动。

第五章关于"休息休假"制度，则规定了"每工人每周经常须有继续不断的四十二点钟的连续休息"[5]，并列举了多个带薪节假日，确保了工人的休

---

[1] 厦门大学法律系、福建省档案馆：《中华苏维埃共和国法律文件选编》，江西人民出版社1984年版，第322页。

[2] 厦门大学法律系、福建省档案馆：《中华苏维埃共和国法律文件选编》，江西人民出版社1984年版，第323页。

[3] 厦门大学法律系、福建省档案馆：《中华苏维埃共和国法律文件选编》，江西人民出版社1984年版，第323页。

[4] 厦门大学法律系、福建省档案馆：《中华苏维埃共和国法律文件选编》，江西人民出版社1984年版，第323页。

[5] 厦门大学法律系、福建省档案馆：《中华苏维埃共和国法律文件选编》，江西人民出版社1984年版，第324页。

闲时光和生活质量。

第六章"工资制度"明确规定："任何工人之工资不得少于由劳动部所规定的真实的最低工资额。"①这一规定保障了工人的基本生活需求，防止了低薪剥削。

第七章至第八章分别涉及对"女工、青工及童工"的特殊保护，以及"劳动保护"制度的建立，进一步体现了法律对工人权益的全面关怀。

第九章"中华全国总工会及其地方组织"的规定，强调了工会的地位和作用："苏维埃保证职工会的行动自由，有宣布并领导罢工之权，代表工人交涉并签订合同等权。"②"在一切国有及协作社的企业中，职工会是直接参加和佐理这些企业的经理与管理。"③这一规定为工会在企业中发挥积极作用提供了法律依据。

第十章"社会保险制度"列出了多项保险福利，为工人提供了更加全面的社会保障。

第十一章则构建了"解决劳资冲突"的机制，为劳资双方提供了解决争议的途径。

最后，第十二章作为"附则"，对前述条款进行了必要的补充和说明。

然而，值得注意的是，《中华苏维埃共和国劳动法》在思想体系上确实受到了苏联劳动法典的影响，这在一定程度上导致其部分内容脱离了苏区当时相对落后的社会经济实际情况。鉴于社会实践需求，特别是应对工人运动挑战，1933年10月15日，修订的新版劳动法出台增至十四章一百一十三条，并配套实施《中华苏维埃共和国违反劳动法令惩罚条例》，细化了违法行为的法律后果。这一系列举措显著促进了劳动关系的和谐，优化了劳资、工农及师徒间的相互关系，稳定了企业运营，为革命斗争与社会稳定提供了法律保障。《中

---

① 厦门大学法律系、福建省档案馆：《中华苏维埃共和国法律文件选编》，江西人民出版社1984年版，第325页。

② 厦门大学法律系、福建省档案馆：《中华苏维埃共和国法律文件选编》，江西人民出版社1984年版，第329页。

③ 厦门大学法律系、福建省档案馆：《中华苏维埃共和国法律文件选编》，江西人民出版社1984年版，第329页。

华苏维埃共和国劳动法》作为中国法律实践史上的重要里程碑，其企业治理层面的价值亦不容忽视。然而，其先进理念在执行过程中遭遇困境，特别是在农村地区执行不力，部分条款因超前于苏区实际能力而难以落实，甚至引发负面效应。

具体而言，1932年11月7日公开发表的《中华苏维埃共和国临时中央政府成立周年纪念向全体选民工作报告书》中坦承，尽管城市中部分劳动法条款如八小时工作制、休息制度及集体合同等得到了一定程度的实施，但仍有大量内容未能得到有效执行，特别是在农村地区，劳动法的具体落实更是显得尤为艰难。"这些不足无疑损害了工人的利益，我们需公开承认这是一个错误，并立即着手纠正。"

从客观角度分析，中央苏区在战争与政权建设并行的特殊背景下，全面而从容地执行劳动法所有条款确实面临巨大挑战；更为复杂的是，劳动法中部分条款超越了苏区的实际承载能力，导致这些规定难以兑现，甚至可能产生适得其反的效果。

（二）《中华苏维埃共和国劳动法》1933年版

1933年10月15日，由梁柏台参与制定的《中华苏维埃共和国劳动法》正式颁布实施。中华苏维埃共和国中央执行委员会关于重新颁布劳动法的决议（1933年10月15日）指出"一九三一年十二月一日所颁布的劳动法，经过一年半实施的经验，认为该劳动法的条文有些地方不合于现在苏区的实际环境，对于雇用辅助劳动力的中农、贫农与手工业者，没有变通办法的规定，在执行上发生困难，而且有许多实际事项没有规定进去，而这些实际事项又迫切需要规定。中央执行委员会为了增进工人的利益，巩固工人与农民的联盟，发展苏维埃的经济，在一九三三年四月间，组织了劳动法的起草委员会从新起草劳动法，五个月，这一新的劳动法草案经过各地工农群众的讨论，集合了许多意见。中央执行委员会根据劳动法草案与各地的意见加以审查修改。"

与此同时，《违反劳动法令惩罚条例》也应运而生，为惩处违反新劳动法行为提供了坚实的法律基础。相较于原劳动法，此次修订后的版本在多个方面展现出显著特征。

首先，其结构形式更为完备，体系更加健全。新版劳动法共分为15章，包含121条详细条款，特别增设了关于学徒制度及企业内部管理规则的专门章节。此外，通过新增的46项具体条文，针对各类劳动问题进行了更为深入、细致的规定，显著增强了法律的操作性和实用性。该法将"集体合同与劳动合同"一章细分为"集体合同"与"劳动合同"两章，分别进行详尽规定，有效解决了合同订立过程中的问题。例如，在"劳动合同"部分，明确了合同期限的多种类型、未成年人与成年人的同等权利、试验期的设置、合同续存条件等，增强了法律的可操作性和适应性。同时，增设了对学徒的法律保护章节，详细规定了学徒的学习条件、权益保障等内容，体现了对未成年劳动力的特别关怀。此外，通过新增"管理规则"章节，要求符合条件的企业、机关或商店制定内部管理规则，并经相关部门批准，以规范内部管理秩序，提升了法律的系统性和完整性。

其次，修订工作对原劳动法中的部分过激或"左"倾条文进行了审慎的调整与删除，有效降低了经济层面的硬性要求。尤为值得一提的是，针对中农、贫农、小船主、小手工业者以及手工业生产合作社等特定群体，在执行劳动法时引入了灵活的变通措施，允许其根据实际情况进行适当调整，这一举措不仅体现了法律的灵活性与人性化，也促进了劳动关系的和谐与社会生产的稳定发展。在人性化方面，1933年版《劳动法》展现出显著进步。该法允许雇用辅助劳动力的中农、贫农、小船主、小手工业者及手工业生产合作社，在获得工人与职工会认可后，可免于部分劳动法条文的约束，从而缩小了直接受劳动法约束的雇主范围。此外，针对工人及职员因司法需求而缺席工作的情况，法律修订了工资支付条款，明确指出若缺席不超过一周，工人仍有权领取工资，相较于原法"无论时间之久暂，都不得克扣工资"的规定，更显灵活与合理。同时，废除了原法中由工厂无偿提供宿舍或补贴房金的条款，改为在解除雇佣关系时，雇主仅需支付两周工资作为退工津贴，此举既减轻了企业负担，也适应了苏区的经济实际。

最后，1933年版《劳动法》在灵活性方面也有所增强。在休假制度上，对纪念节日进行了调整，增设了符合苏区实际的纪念日，并规定了休假天数和工资支付原则，赋予了劳动者更大的休假选择权。在工资支付方面，引入了以物代薪的灵活支付方式，并放宽了工资等级调整的时间范围，以适应经济变化。在社会保险方面，扩大了社会保险基金缴纳比例的上下限，增加了保险金收取的灵活性，并明确了补助金的受益者范围，以保障劳动者的基本生活需求。同时，在劳务争议处理上，根据争议主体的不同，分别由各级劳动部或工资争议委员会进行调解与仲裁，提高了工作效率，促进了苏区建设的和谐发展。

这两个法律文件的实施，对于构筑和谐稳定的劳动关系具有里程碑式之意义，不仅深刻优化了劳资、工农及师徒间之互动格局，更是有力推动了企业生产管理的稳健前行与持续发展。其深远影响，还体现在为前线革命战争构筑了坚实的后方保障基石，确保了社会整体生活的平稳有序进行。鉴于此，《中华苏维埃共和国劳动法》及其配套的惩罚条例，作为我国历史上首部付诸实践的劳动法律规范，其对于企业治理实践的指导作用与在历史长河中的价值贡献，均属不容忽视之重要篇章。

第六节　梁柏台立法工作特点分析

梁柏台在苏区立法实践中所展现出的特色，深刻映射了其法律智慧与前瞻性的立法视野。他巧妙地融合了苏联立法模式的精髓与苏区本土实际，通过体制机制的创新与完善，以及法律体系的系统化构建，为苏区法制建设铺设了坚实基石，同时也为中国共产党后续的立法工作树立了典范，提供了宝贵的学术启示与实践样本。具体而言，其工作特色可归结为以下三方面：

第一，苏联立法模式的批判性借鉴与本土化创新。在苏区立法之初，梁柏台巧妙地吸收了苏联立法模式的合理要素，这种借鉴在《中华苏维埃宪法草案》及《中华苏维埃共和国婚姻法》等法律文件中得到了鲜明体现，其结构布局、基本原则乃至部分条款均流露出对苏联宪法及婚姻法典的深刻理解与灵活运用。然而，梁柏台并未止步于简单的模仿，而是深入剖析苏区独特的社会经济文化背景，对苏联模式进行了本土化改造。特别是在狱政立法领域，他摒弃了直接套用苏联模式的做法，而是创造性地将苏区红军管理犯人的经验、基层政权治理智慧以及传统监狱管理实践相融合，制定出了既符合苏区实际又富有

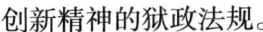第三章　梁柏台与中央苏区立法工作

创新精神的狱政法规。

第二，立法体制机制的创新性构建与民主化实践。面对立法经验匮乏的现实挑战，梁柏台在中华苏维埃代表大会制度的框架下，勇于探索、敢于创新，逐步建立起了一套高效、灵活的立法体制机制。他通过广泛征求各苏区政府部门意见、积极回应民众呼声，以及根据革命形势发展动态调整法律文件内容等措施，有效提升了苏区立法的针对性和实效性。同时，梁柏台还高度重视立法工作的透明度与公众参与度，通过多种形式的法律宣传教育活动，普及法律知识、增强民众法制观念，为苏区法治建设营造了良好的社会氛围。这种民主化、公开化的立法实践不仅增强了法律的社会认同感和权威性，也为中国共产党后续立法工作提供了有益借鉴。

第三，法律体系的系统化整合与动态化完善。针对苏区法律体系初期存在的分散、杂乱问题，梁柏台以高度的责任感和使命感为驱动，对既有法律文件进行了全面梳理、归类和整合。他通过深入剖析法律条文之间的内在联系与逻辑关系，发现并解决了诸多法律冲突与矛盾点，从而构建起了一个严谨、统一、系统化的苏区法律体系。此外，梁柏台还积极推动司法解释文件和普及宣传文件的制定工作，为法律实施提供了更为具体、明确的指导。更重要的是，他始终保持对苏区革命形势变化的高度敏感性和预见性，根据新的社会发展需求和民众利益诉求，及时对法律文件进行修订和完善。这种动态化、灵活化的法律体系完善机制，确保了苏区法律能够始终与时代发展相契合、与民众需求相呼应。

第七节　梁柏台与苏区立法工作的历史价值

中华苏维埃时期的立法活动，在中国法制发展的长河中占据了至关重要的地位，其深远的历史意义不仅体现在对当时革命斗争的直接支持上，更在于为后续的法律制度建设奠定了坚实的基础，为中国法制现代化进程开辟了道路。

首先，从国家治理的角度来看，中华苏维埃时期的立法活动为中华苏维

埃共和国的有效治理提供了坚实的法律基石。这一时期的立法工作覆盖了社会生活的广泛领域，从政治体制到经济秩序，从军事管理到文化教育，都制定了相应的法律法规。这些法律条文显著增强了国家的治理效能，为党的建设深化、经济社会的稳步前行以及人民军队的蓬勃发展构筑了坚实的法律支撑体系。尤为关键的是，它们作为法律规范，在激发广大民众的革命积极性、稳固并拓展革命根据地的版图以及切实捍卫工农群众核心利益等方面，展现出了无可替代的重要价值与深远影响。它们通过明确法律原则、规范社会行为、保障公民权利，为革命事业的顺利进行提供了坚实的法制支撑，标志着中国立法实践进入了一个全新的历史阶段。

其次，从法律体系构建的角度来看，中华苏维埃立法开创性地构建了适应革命需要的法律体系。这一法律体系不仅涵盖了宪法、行政法、刑法、民法等多个法律部门，还根据革命斗争的实际需要，制定了大量具有针对性的单行法规。这些法律法规在内容上体现了鲜明的民主与法治精神，如废除封建特权、保障劳动权益、保护公民基本自由等。同时，它们在形式上也注重科学性和可操作性，为法律的实施和监督提供了有力的保障。这一法律体系的构建不仅丰富了中国的立法理论，更为后续的社会主义法制建设提供了宝贵的历史借鉴和参考。

再者，从历史脉络的维度审视，中华苏维埃时期的立法成就为新中国成立后社会主义法制体系的构建奠定了深厚基础，并持续产生着深远的影响。新中国法制建设进程中，中华苏维埃时期的立法理念得到了广泛的承继与创新发展。具体而言，在婚姻家庭法领域，一夫一妻制的婚姻制度及婚姻自由原则得以承继并持续优化；而在刑事法律与司法制度层面，反对刑讯逼供的文明司法理念、两审终审制的审判架构以及国家公诉与辩护制度的确立等，均根植于该时期的立法实践，并对当代中国法律制度的运行产生了不可磨灭的积极影响。①此类历史传承不仅彰显了中国法制发展的连贯性与稳固性，更凸显了中华苏维埃立法在推动中国法制现代化进程中的核心地位与关键作用。

---

① 江西省人大法制委、江西省人大常委会法工委：《中华苏维埃时期立法的历史贡献及其现实意义》，《时代主人》2021年第10期。

综上所述,中华苏维埃时期的立法工作是革命斗争的重要法制支撑,也是新中国社会主义法制建设不可或缺的历史渊源。它不仅为当时的革命斗争提供了有力的法律保障,更为后续的法律制度建设奠定了坚实的基础。其深远的历史意义不仅在于对当时社会的直接贡献,更在于对后世法律发展的深远影响和启示。

第八节　梁柏台与苏区立法工作的现实镜鉴

一、科学立法:精准对接现实需求的法制构建

在苏维埃革命时期,立法活动紧密围绕革命斗争与政权建设的实际需求展开,展现出高度的科学性和针对性。立法者深入基层,广泛调研,确保法律条文能够精准反映人民群众的利益诉求和社会发展的实际需要。这种科学立法的理念不仅巩固了新生政权,更为苏区的社会稳定与经济发展奠定了坚实的法制基础。

时至今日,科学立法仍然是推进国家治理现代化的关键所在。我们需要继续秉承这一理念,紧跟时代步伐,密切关注社会变迁,确保立法工作能够精准对接现实需求,为解决实际问题提供有力的法律支撑。通过增强立法的针对性和实效性,提升法律的可操作性,使法律条文更加明确、具体,便于执行与监督,从而推动法治社会持续健康发展。

二、立足实际:苏维埃立法实践的生动体现

苏维埃立法工作的另一大特点是立足实际,注重将理论与实践相结合。立法者从苏区的具体实际出发,深入调研分析,制定出符合苏区特点的法律法规。这些法律法规不仅具有鲜明的时代特色,更在实践中得到了有效运用和检验。通过立足实际的立法实践,苏维埃政权逐步构建起涵盖社会、政治、经济等多领域的法制框架,为苏区的社会稳定与经济发展提供了有力保障。

在新时代背景下,我们更应坚持立足实际的立法原则,注重将理论与实

践相结合。在立法过程中，要深入调研分析，广泛听取民意，确保法律制定符合国情、民情和时代要求。同时，要注重法律的实践效果，通过立法后评估等方式，及时发现并解决法律实施中的问题，推动法律法规不断完善和优化。

三、党的领导：立法工作的政治引领与核心保障

在苏维埃立法工作中，党的领导始终发挥着政治引领和核心保障的重要作用。党通过制定路线方针政策，并将其转化为国家意志，确保了立法工作的正确方向和社会主义性质。同时，党还积极协调各方利益，促进社会和谐稳定，为立法工作营造了良好的政治环境。

在新时代的法治建设征程中，我们应继续坚持党的领导这一根本原则，充分发挥党在立法工作中的总揽全局、协调各方的作用。通过构建以党委领导为核心，人大主导立法、政府依法行政、社会广泛参与的立法工作格局，确保立法工作始终沿着正确的政治方向前进。同时，加强党对立法工作的全面领导，确保法律法规的制定和实施都能够体现党的意志和人民利益。

四、人民中心：民主立法的价值导向与实践路径

苏维埃立法工作始终坚持人民利益至上的原则，将人民群众的需求和利益放在首位。通过广泛的民主参与和深入的调查研究，立法工作充分吸纳了民智民意，确保了法律法规的民主性和科学性。这一经验为我们新时代推进民主立法提供了宝贵借鉴。

在新时代背景下，我们应继续坚持人民中心的立法理念，将民主立法作为法治建设的重要任务来抓。通过拓宽公众参与立法的渠道和方式，鼓励和支持社会各界有序参与立法活动，使立法过程成为汇聚民智、反映民意、凝聚民心的过程。同时，立法内容应聚焦民生问题，积极回应人民关切和期盼，确保法律真正体现人民意志、维护人民权益。

五、宪法框架：依法立法的根本原则与法制统一

在苏维埃立法工作中，宪法作为根本法具有至高无上的法律效力。所有法律法规的制定和实施都必须严格遵循宪法的原则和精神。这一做法确保了苏

维埃法制的内在统一和和谐稳定。

在新时代背景下,我们应继续坚持依宪立法的原则,将宪法作为法治建设的根本遵循。在立法活动中,必须始终将宪法作为最高准则,确保所有法律法规都不得与宪法相抵触或违背其原则和精神。同时,加强对立法工作的监督和评估,确保法律法规的制定和实施都能够经得起宪法和法律的检验。通过依法立法实践的不断推进和深化,捍卫宪法权威,保障法治国家建设事业的顺利推进与发展壮大。

第四章　梁柏台与中央苏区审判工作

梁柏台在苏区审判工作中作出了卓越的贡献，他不仅推动了苏区审判机关的创建与完善，确保了审判工作的有序开展，而且坚持公开、公正、公平的审判原则，增强了审判工作的透明度和公信力。他参与制定了多项审判制度，如四级两审终审制度、审判合议制和人民陪审员制等，规范了审判程序，提高了审判效率，并注重调查研究和证据收集，确保审判结果的准确性和公正性。梁柏台的这些努力不仅为苏区人民提供了公正、高效的司法服务，也为后世的法制建设和司法改革提供了有益的借鉴和启示。

第一节　梁柏台创立司法机关工作

在梁柏台回国并参与苏区司法工作之前，红色区域的法制状况呈现出一种分散、非体系化的特点。尽管各个革命根据地根据自身实际情况建立了一些审判机构，如闽西第一次工农兵代表大会制定的裁判条例和鄂豫皖苏维埃授权司法机关制定的法律法规①，但这些立法活动和司法实践缺乏统一性和明确的司法指导原则。②这种"遇事即定法"的立法方式，在处理具体的革命抗争时确实表现出了其灵活与实用，然而，若从法学的视角来审视，它相较于完备的司法制度而言，显得较为简略且缺乏系统性。

同时，正是这些零散的立法与司法实践构成了后来中华苏维埃共和国司

---

① 陈刚：《人民问法开拓者　梁柏台传》，中共党史出版社2012年版，第187页。
② 何立波：《红色宪法起草人梁柏台》，《检察风云》2018年第8期。

第四章 梁柏台与中央苏区审判工作

法体系的重要基础。梁柏台在深入研究这些实践的基础上，结合苏联的法制经验和中国农村革命的实际需求，进行了系统的整合与修订。他通过确立正确的刑事诉讼原则、规范司法程序、推动审判制度的民主化改革等措施，逐渐构建起了相对完整的苏区司法体系。这一过程不仅体现了梁柏台深刻的法制智慧和前瞻性的立法思维，也为中国法制建设的发展奠定了坚实的基础。

因此，可以说梁柏台在苏区司法工作中的贡献不仅在于他创立了完整的司法体系，更在于他将零散的立法与司法实践进行整合与修订，使得苏区法制建设得以系统化、规范化发展。这一过程对于后来的中国法制建设具有重要的启示意义，也为学术界提供了丰富的研究素材和理论支撑。

梁柏台在建设中华苏维埃共和国法律体系的同时，为创立苏维埃司法机关，倾注了大量的精力，作出了开拓性的贡献。梁柏台在《司法人民委员部一年来工作》中指出："司法机关过去在苏区是没有的，是中央政府成立后的创举。在司法上，每种工作都是新的创造和新的建设，所以特别困难。"[1]这段话中，首先明确指出了司法机关在苏区之前的缺失状态，这是中央政府成立后的一项重要创新。梁柏台强调了苏区司法工作的新颖性和挑战性，指出每一项司法工作都是新的创造和新的建设，因此面临着特别的困难。这段话反映了梁柏台对于苏区司法工作开创性的认识，同时也揭示了他对于苏区司法工作艰巨性的深刻理解。他意识到，由于历史原因和现实条件的限制，苏区司法工作缺乏现成的经验和模式可以借鉴，需要在实践中不断探索和创新。"作为第一个真正由人民当家作主的红色政权，苏区的司法机关从无到有，从小到大，从草创到健全，从无序到规范，其中浸透了梁柏台无数的精力和汗水。"[2]

梁柏台在推进苏维埃立法活动的同时，着手整合和完善司法体系，体现了其深刻的法律智慧和前瞻性的立法思维。在具体机制设置上，他将审判机关与司法机关纳入中央政府行政机关的建制，为苏维埃司法体系的建立奠定了坚实的组织基础。

一到任司法人民委员会部，梁柏台便迅速行动，拟定了《处理反革命案

---

[1] 《司法人民委员部一年来工作》，《红色中华》第39期，1932年11月7日。
[2] 彭光华、杨木生、宁群：《中央苏区法制建设》，中央文献出版社2009年版，第190页。

件和建立司法机关的暂行程序》,并提交中央执行委员会讨论通过。这一程序于1931年12月13日正式颁布,即第六号训令。该训令对司法机关的设置、案件侦查、预审和判决的职权进行了明确规定,确保了司法活动的有序进行。根据这一规定,所有反革命案件均由国家保卫局负责侦查、逮捕和预审,随后由国家政治保卫局以原告人身份向国家司法机关(法院或裁判部)提起诉讼,最终由国家司法机关进行审讯和判决。①

值得注意的是,在1931年11月28日中央执行委员会第一次会议通过并颁布的《地方苏维埃政府的暂行组织条例》中,尚未明确规定在省、县、区苏维埃政府设置裁判部。然而,第六号训令第一次明确规定了各级地方司法机关在未设立法院之前,可在省、县、区三级政府设立裁判部作为临时司法机关。②这一规定为地方苏维埃政府司法活动的开展提供了明确的指导和依据。

根据第六号训令的核心指导原则,梁柏台迅速行动,着手构建各级地方司法机关。这一行动标志着苏维埃司法体系从中央到地方的逐步落实和深化。1932年1月,司法人民委员部发出正式通令,明确要求各省、县、区各级苏维埃政府成立临时司法机构——裁判部。③此举旨在通过快速响应和制度化建设,确保苏维埃法制的统一性和高效性。

为了确保裁判部的规范运作,梁柏台主持制定了《中华苏维埃共和国裁判部的暂行组织及裁判条例》(以下简称《条例》),并于1932年6月9日获得中央人民委员会的正式颁布。此条例无疑具有里程碑式的意义,它不仅对裁判部的性质进行了深入的阐释,还详细规划了整个组织系统。在法庭的组织架构方面,该条例提供了清晰的指导,明确了各级法庭之间的关系以及各自的功能定位。此外,对于审判程序,《条例》也进行了精细化的设计,旨在确保审判的公正性和效率。《条例》还对各级裁判部的职权范围进行了界定,避免了权力的重叠和冲突。同时,对于检察员的工作职责,《条例》同样给出了明确的规定,为他们的工作提供了有力的指导。总的来说,这一《条例》在多个关键

---

① 江西省档案馆、中共江西省党委党校党史教研室:《中央革命根据地史料选编》下册,江西人民出版社1982年版,第657页。

② 连振华、李春霖:《民事诉讼法的历史发展过程》,《新疆社会科学》1984年第3期。

③ 孙天骄、陈磊:《以身付诸国 竭力担国事》,《法制日报》2021年4月28日。

方面都进行了全面而细致的规定，为裁判部的规范运作奠定了坚实的基础。这不仅为裁判部的实际运作提供了明确的指导，也为后续苏维埃法制的发展奠定了坚实的基础。

在《条例》颁布后的6月20日，梁柏台主持召开了闽、赣两省及瑞金直属县裁判部长会议。此次会议的主要目的是深入学习和贯彻《裁判部的暂行组织及裁判条例》，确保各级裁判部能够按照统一的标准和要求进行建立和运行。①经过会议的深入讨论和部署，县级裁判部的建立工作得以顺利完成，从而有效地取代了之前代为行使裁判权的肃反委员会。

为了进一步推动苏维埃法制建设的全面深化，在梁柏台的推动下，随后又明确规定了新建革命根据地在苏维埃政府成立6个月后必须将肃反委员会改为裁判部。这一决策不仅确保了法制建设的连续性和稳定性，也体现了梁柏台对于苏维埃法制体系长远发展的深思熟虑和前瞻性规划。

在1932年2月1日，梁柏台提请中央执行委员会颁布了《中华苏维埃共和国军事裁判所暂行组织条例》。这一条例的出台，不仅完善了苏维埃司法体系在军事领域的布局，也为军事司法活动的规范化、专业化提供了有力保障。

大概两周后，即2月19日，中央执行委员会又作出了组织临时最高法庭的决定。这一决定标志着苏维埃司法体系在审判层级上的重要突破，确保了司法活动的统一性和权威性。

随着时间的推进，到了1933年4月12日，司法人民委员会发布了《为组织劳动法庭问题》的第九号命令。根据这一命令，决定在城市裁判科和区裁判部设立劳动法庭。这一举措不仅回应了当时苏区社会经济发展的实际需求，也体现了司法体系与时俱进、服务人民的根本宗旨。

通过这一系列紧密而有序的行动，苏维埃司法体系的主体框架基本搭建起来。一个既符合当时革命斗争需要，又具有鲜明时代特色的司法体系初步建立起来。这一体系的建立，不仅为苏区的社会稳定和法制建设奠定了坚实基础，也为中国革命法制的发展留下了宝贵的历史遗产。

---

① 何立波：《红色宪法起草人梁柏台》，《检察风云》2018年第8期。

第二节　苏区审判机关

一、中央司法人民委员部

中央司法人民委员部作为中华苏维埃共和国人民委员会的重要组成部分，是中国共产党早期设立的第一个具有全国性质的司法行政机关，其核心职责是管理中华苏维埃共和国的司法行政事务。该机构于1931年11月在"一苏大"会议上正式确立，其机关驻地为瑞金叶坪。张国焘被任命为第一任司法人民委员，然而，由于他远在鄂豫皖苏区执行任务，未能实际到职。①鉴于此，中央执行委员会于1931年12月31日决定任命梁柏台为司法委员会委员，并随后正式委任其为司法人民委员部副部长，实际上由梁柏台全面主持中央司法人民委员部的工作。②

在1934年2月的"二苏大"会议上，中央执行委员会正式任命梁柏台为中央司法人民委员。③这一时期的司法体系设计具有鲜明的历史特点：在中央层面，国家司法行政机关与国家审判机关采取了"分立制"原则，确保了两者职能的明确与高效；而在地方层面，则实行"合一制"，即地方各级裁判部不仅负责审判工作，还兼任司法行政职能，这种制度设计旨在提高行政效率，避免机构冗余。

中央人民委员会内设立了司法人民委员会（即司法部），其职责专一，聚焦于司法行政工作的全面管理。该机构下设有民事处、刑事处、劳动感化处和总务处。④民事处与刑事处分别掌管民事诉讼与刑事诉讼的行政事宜，确保案件处理的规范性与公正性。劳动感化处则负责监管各地看守所和劳动感化院

---

① 张友南、罗志坚：《独具特色的中华苏维埃共和国司法机关》，《党史文苑》2010年第18期。
② 何立波：《红色宪法起草人梁柏台》，《检察风云》2018年第8期。
③ 张希坡：《董必武法学思想与中央苏区法制建设》，载《董必武法学思想研究文集（第九辑）》，人民法院出版社2010年版，第453—463页。
④ 陈磊、孙天骄：《苏维埃司法制度进行了开创性尝试》，《法制日报》2021年4月23日。

的运营,旨在改造与感化罪犯。总务处主管审判机构设立、司法人员任命与培训,兼顾法制宣教及规章构建,全面支撑司法体系高效运作。①

与此同时,中央执行委员会下设有最高法院,其职能专一,专注于审判工作。最高法院下设有民事、刑事和军事三个法庭,有权对一般法律作出法定解释,并对各省裁判部及高级军事裁判所的判决书和决议进行审查,确保法律适用的统一性与准确性。②

二、临时最高法庭

临时最高法庭在中华苏维埃共和国的历史上扮演着至关重要的角色,它是最高法院成立之前的最高审判机关,行使着最高法院的职权。其组织架构与职能设置均体现了当时司法体系的特点与需求。临时最高法庭由正副主席领导,这两位领导由中央执行委员会直接委任,确保了法庭工作的权威性与独立性。此外,法庭还设有检察长和若干检察员,他们共同构成了法庭的核心领导团队。法庭内部以主席为首设立委员会,这一机制使得法庭能够迅速、有效地讨论和决定法庭范围内的所有重大问题和案件。

根据职能划分,临时最高法庭下设刑事、民事、军事三个法庭,以应对不同性质的案件。③这种分工确保了案件能够得到专业、精准的处理。

临时最高法庭在中华苏维埃共和国的司法体系中具有举足轻重的地位,它不仅行使着最高审判权,还为当时的法制建设提供了坚实的组织保障。

三、最高法院

最高法院作为中华苏维埃共和国的最高审判机关,在中华苏维埃共和国的法律体系中占据着至关重要的地位。自中华苏维埃第二次全国代表大会后,中央执行委员会作出了成立最高法院的决策。1934年2月,中央执行委员会正式颁布了《中华苏维埃共和国中央苏维埃组织法》,该法律明确规定了在中央

---

① 何立波:《红色宪法起草人梁柏台》,《检察风云》2018年第8期。

② 张希坡:《董必武法学思想与中央苏区法制建设》,载《董必武法学思想研究文集(第九辑)》,人民法院出版社2010年版,第453—463页。

③ 胡晏诚:《中华苏维埃共和国最高法院刍议》,《党史文苑(学术版)》2007年第6期。

执行委员会之下设立最高法院，为最高法院的建立提供了明确的法律依据。

最高法院的组织架构十分完善：设有院长一人、副院长两人，均由中央执行委员会主席团委任；以院长为主席的最高法院委员会负责讨论并决定最高法院职权范围内的各项重要问题及案件；此外，最高法院下设刑事、民事及军事法庭，各设庭长一人，分别负责审理相应性质的案件；最高法院内部还设有正、副检察长各一人，以及若干名检察员，其中正、副检察长亦由中央执行委员会主席团委任。①

1934年2月17日公布的《中华苏维埃共和国中央苏维埃组织法》中明确规定了最高法院的组织章程。同年3月25日，最高法院遵照中央执行委员会的命令，组织特别法庭，审判了原中央执行委员、于都县苏维埃政府主席熊仙璧的贪污渎职案。这起案件的审判标志着中华苏维埃共和国时期的最高审判机关已经正式使用最高法院这一名称，并开始行使其职权。②

四、最高特别法庭

最高特别法庭是为审判中央执行委员会涉及违法行为的特殊案件而专门组建的临时性最高特别审判机构。它直接对中央执行委员会及其主席团负责，并在案件审理完毕后自然解散。③

作为国家的最高特别审判机关，最高特别法庭拥有独特的职能：专门审判中央执行委员的违法案件，这是其最核心的使命，确保即使是高级别的执行委员在违法时也能受到公正的审判；终审判决权：经最高特别法庭审判的案件，被告人无权上诉，这一规定确保了其判决的权威性和终局性；通过这种设置，最高特别法庭在维护法律公正性和权威性的同时，也确保了司法体系在面对高级别官员违法时的独立性和效率。④

---

① 张希坡：《董必武法学思想与中央苏区法制建设》，载《董必武法学思想研究文集（第九辑）》，人民法院出版社2010年版，第453—463页。
② 胡晏诚：《中华苏维埃共和国最高法院刍议》，《党史文苑（学术版）》2007年第6期。
③ 张友南、罗志坚：《独具特色的中华苏维埃共和国司法机关》，《党史文苑》2010年第18期。
④ 江西省高院党史学教办：《人民司法从这里走来：中央苏区司法制度研究》，《时代主人》2021年第10期。

五、劳动法庭

根据1933年4月1日中央司法人民委员部颁布的《关于组织劳动法庭的指令》，为保障工人的合法权益，及时处理涉及资本家违反劳动法及相关劳动法令、集体合同和劳动合同的案件，并确保工人能够真正受益于劳动法的规定，决定设立劳动法庭。

劳动法庭的设立遵循特定的层级和组织结构[①]：在区级苏维埃裁判部和城市苏维埃裁判科内设立劳动法庭，而县级以上的裁判部则不设立劳动法庭；区级苏维埃裁判部的劳动法庭不设置专职人员，由现有工作人员兼任；而城市苏维埃裁判科的劳动法庭则由专人负责。

担任劳动法庭工作的裁判员须经过严格选任程序：首先由职工会进行选举，随后由相应的上级裁判部进行委任。若某城市苏维埃未设立裁判科，且其工作由县级苏维埃裁判部代为执行，则县级苏维埃裁判部将指定专人负责劳动法庭的工作。

劳动法庭的设立和运作体现了对工人权益的高度重视和有效保障，确保了劳动法在实际操作中的公正性和执行力。

六、革命法庭

关于革命法庭的组织法，存在多个重要文献作为指导，包括中华苏维埃共和国成立前的《鄂豫皖苏维埃政府革命法庭的组织与政治保卫局的关系及其区别》，以及成立后的《川陕省革命法庭条例草案》和《革命法庭的工作大纲》。[②]这些文献均明确指出，革命法庭应设立在省和县两级。

《革命法庭的工作大纲》作为土地革命末期的重要文件，明确了革命法庭的性质和目的。它指出，革命法庭是苏维埃人民共和国的司法机关，在当前民族革命高潮中，其职责在于确保对日本帝国主义及卖国贼军阀作战的胜利，维护苏维埃政权的稳定，并严厉打击一切卖国贼、汉奸和反革命活动。同时，

[①] 张友南、罗志坚：《独具特色的中华苏维埃共和国司法机关》，《党史文苑》2010年第18期。

[②] 江西省高院党史学教办：《人民司法从这里走来：中央苏区司法制度研究》，《时代主人》2021年第10期。

在民族统一战线的框架内，革命法庭还需通过司法手段保护工人、雇工、贫农、中农及其他劳动群众的切身利益。①

革命法庭的职权涵盖多个方面，包括公审或判决违反民族革命利益的汉奸卖国者，处理政治上、经济上、军事上的反革命案件，解决关于劳动法令、土地法令、商业条例的纠纷，以及处置一切民刑诉讼案件。在组织结构上，省革命法庭设立委员会，由3至5人组成，由省苏维埃大会选举产生，并设主席担任法庭庭长。其下设多个部门，包括登记申诉处、待审处、秘书、法警队、预审处、检察处和感化院。县革命法庭同样设立委员会，由3人组成，由县苏维埃大会选举产生，并设主席担任法庭庭长。其下设机构包括申诉登记员、待审室、文书、预审科和法警。

七、地方各级裁判部（科）

根据1932年6月9日中华苏维埃共和国中央执行委员会颁布的《裁判部的暂行组织及裁判条例》，在地方各级法院尚未建立之前，为代行各级法院的职权，省、县、区各级苏维埃政府内特设裁判部，而在较大的城市苏维埃政府内则设立裁判科。

依据中央委员会发布的《中华苏维埃共和国地方苏维埃暂行组织法（草案）》，各级裁判部的组织构成如下：区裁判部配置部长、副部长各1人，文书1人；县裁判部则设部长1人，副部长1人，裁判员1至4人，巡视员2至3人，检察员2至3人，秘书1人，文书1至2人；省裁判部更为完备，设部长1人，副部长1至2人，裁判员1至3人，巡视员2至5人，检察员5至6人，秘书1人，文书1至3人。②

裁判部长负责裁判部的全面工作，副部长则协助部长工作，并在部长因故离职时代行部长职权。检察员专职管理调查案件、预审案件以及协助法庭告发相关事宜，而裁判员则负责审问及判决案件。

此外，各级裁判部内均设立裁判委员会，其成员包括各级裁判部长、副

---

① 江西省高院党史学教办：《人民司法从这里走来：中央苏区司法制度研究》，《时代主人》2021年第10期。
② 张友南、罗志坚：《独具特色的中华苏维埃共和国司法机关》，《党史文苑》2010年第18期。

部长、裁判员、检察员,以及国家政治保卫局分局长或特派员、民警分局长、民警厅长或民警所长、工农检察委员会、劳动部和职工会的代表,还有裁判委员会所在地的下级裁判部长等其他能胜任此职的工作人员;各级裁判委员会主任由相应级别的裁判部长担任,而裁判委员会委员的任命需经同级苏维埃政府执行委员会主席团审查通过后,再报上级裁判部批准。①

裁判委员会的主要职责是讨论关于司法行政以及检察与审判的各种问题,并提出相应的解决建议。为满足不同司法需求,各级裁判部内还组织有刑事法庭和民事法庭,并可根据需要组织巡回法庭。这样的组织结构和职责划分,确保了苏维埃共和国在各级行政区域内都能有效地进行司法审判工作。

各级裁判部(科)在苏维埃法律体系中扮演着至关重要的角色,它们既是临时审判机关,又是确保法律公正实施的关键机构。通过明确的职能划分和权力配置,各级裁判部(科)在维护社会秩序、保障人民权益和促进司法公正方面发挥着不可替代的作用。

八、军事裁判所的组织

为确保红军指战员及军事工作人员的权益,同时维护红军的严明纪律,中华苏维埃共和国中央执行委员会于1932年2月颁布了《中华苏维埃共和国军事裁判所暂行组织条例》。该条例明确规定,在红军内部应建立各级军事审判机关,即军事裁判所。这些军事裁判所分为四个层级:初级军事裁判所、阵地初级军事裁判所、高级军事裁判所以及最高军事裁判会议。

(一)初级军事裁判所

初级军事裁判所在红军的军、师、军区及独立师层级设立,直接受高级军事裁判所管辖。其组织架构精简而高效,包括正副所长各一位,辅以一至两名裁判员、检察员,以及必要的文秘与法警人员。所长的任命流程严谨,先由士兵代表会议提名,再经高级军事裁判所审核批准。

在内部管理上,初级军事裁判所设立了由五至七名成员构成的裁判指导委员会,旨在全面引领裁判所的各项裁决活动。该委员会成员广泛,涵盖正

---

① 朱雅妮:《中华苏维埃共和国审判工作研究》,硕士学位论文,首都师范大学,2007年。

副所长、裁判员、检察员,并特邀国家政治保卫部门负责人(如分局长或特派员)、军队政治机关的代表,以及具备相关资质的专业人士。所长自然担任该委员会主任,领导整个委员会工作。

初级军事裁判所不仅负责日常军事法庭的组织运作,还灵活设立巡回法庭,以应对特定区域或时期的审判需求,确保司法公正与效率。每个法庭由三名成员构成,采用"一主两陪"模式,即由一名主席负责主持,两位陪审员共同参与审理,形成全面、公正的审判机制。

(二)阵地初级军事裁判所

作战阵地的最高级指挥部内设有一个阵地初级军事裁判所,该机构归高级军事裁判所管辖。其人员构成与初级军事裁判所一致。正副所长及裁判员人选由士兵代表大会推选,并需获得高级军事裁判所的批准。阵地初级军事裁判所内部亦设有裁判委员会,其成员构成与初级军事裁判所相同。其职责与初级军事裁判所相仿。

(三)高级军事裁判所

高级军事裁判所设立于中央革命军事委员会内及与中央苏区未连成一片的苏区最高军事委员会内。在司法管理体系中,它隶属于中央司法人民委员部;在检察与审判职能上,则接受临时最高法庭的监督与指导。其组织架构包含明确的职位设置,包括所长一名,副所长一至两名,检察员二至三人,裁判员一至三人,以及一定数量的巡视员、秘书、文书和法警,具体数量可根据实际情况灵活调整。

对于关键职位如所长和裁判员,其任命需经中央革命军事委员会提名,并报请最高法院(在最高法院未成立期间,由临时最高法庭代理)批准。所长负责全面管理高级军事裁判所的工作,副所长则协助所长工作,并在所长因故不能履行职责时,代理所长职务。检察员专注于案件的调查与预审,同时协助法庭进行审判工作;裁判员则主要负责案件的审问及判决。

高级军事裁判所内部还设立了裁判委员会,该委员会由七至九人组成,成员包括正副所长、裁判员、检察员,以及国家政治保卫分局长或特派员、军队政治机关的代表等,所长担任委员会主任,负责指导所内的所有裁判工作。

此外,高级军事裁判所下设军事法庭及巡回法庭,分别负责审理不同类型的案件。每个法庭由三人组成,以确保审判工作的顺利进行。在审判初审案件时,法庭会引入由士兵选举产生的陪审员制度,实行每周轮换,以增强审判的民主性和公正性;而在审判终审案件时,则不采用陪审员制度,改由裁判所所长和裁判员组成法庭进行审理。

（四）最高军事裁判会议

最高军事裁判会议是中华苏维埃共和国审判军事案件的最高司法机关,其设立在最高法院内。在最高法院尚未成立时,临时最高法庭将代行其职责,审理应由最高军事裁判会议处理的案卷。该会议的成员由最高法院指定,并包括中央革命军事委员会的代表。其职能如下：作为最高司法机关,对军事案件进行终审判决；审理经高级军事裁判所初审后的上诉或抗议案件,成为这些案件的终审机关。审判军团指挥员及以上级别的重要军事工作人员的犯罪案件,既是初审机关也是终审机关,被告在此情况下无上诉权。

（五）军事检查所

军事检查所根据《中华苏维埃共和国军事裁判所暂行组织条例》设立于初级和高级军事裁判所所在地,分初级和高级,配备不同数量的所长、副所长、检查员及技术人员。其主要职能是作为国家代表检查军队及军事相关犯罪案件,向军事法庭提起公诉并出庭告发,同时负责军事犯罪案件的检查、预审并移送审判。下级军事检查所服从上级指挥,所长对重要案件有最终决定权,各级检查所在办案时可调用指定军事机关协助。（详见第五章第一节）

九、国家政治保卫局

国家政治保卫局是打击反革命活动的核心机构,拥有侦查、逮捕和预审权限,从中央到地方及红军系统内部均有完善组织体系。省级军团层面分局内设执行部、侦察部和总务处,县级分局设相应科室,职责相似。系统实行集权管理,人员配置严格,设委员会组织审查工作。各级局长为委员会主席,委员包括同级共产党代表和检察员,任命须经上级批准。（详见第五章第一节）

十、检察员

在当时的条件制约下,未单独设立检察机关,而是采取了审检合一的制度安排。具体而言，军事裁判所所在地设立了相应的军事检察所，同时在审判机关内部也配备了专职的检察人员。根据《裁判部暂行组织及裁判条例》和《中华苏维埃共和国军事裁判所暂行组织条例》的相关规定，地方上的裁判部在检察人员的配置上有所不同：区裁判部由于条件限制未设检察员，县裁判部则配置了2至3名检察员以加强监督；省裁判部的检察力量更为强大，设有5至6名正副检察员；而最高法院则设立了检察长和副检察长各一名，以及若干名检察人员，其中检察长和副检察长的任命权掌握在中央执行委员会的主席团手中。在红军系统中，初级检察所和高级军事检察所也按照类似的原则进行了配置，分别设有相应数量的所长、副所长和检察员，以确保军事审判的公正与高效。

十一、劳动感化院

劳动感化院是裁判部附属机关，负责监管、教育和感化违法犯人。机构设于县苏裁判部及以上级别，无上下级结构，由院长领导的管理委员会负责运营。内设总务、劳动管理和文化科，分别负责资源管理、工场运营和犯人教育。劳动感化院通过开设店铺、提高生产效益实现经济自给自足，并依据判决书执行管理。工作重点是生产与感化，强调与国民经济部合作，分离工场与居住区，并充实文化教育以感化犯人。（详见第六章第一节）

十二、肃反委员会

肃反委员会作为苏维埃政权架构中的关键一环，其组织架构覆盖了省、县、区（市）三个层级。根据《中华苏维埃共和国地方苏维埃暂行组织法（草案）》的明确规定，肃反委员会的成员构成在各级别间有所差异：具体而言，乡级层面由7至9名成员构成，而向上至区及市级则扩展为7至11人，但到了县及省级，成员数量则相对精简，控制在5至7人之间。这一层级分明的组织结构确保了各级肃反委员会直接置于相应苏维埃政府或革命委员会的垂直管理之下，接受其全面领导与指挥。在此管理体系中，下级肃反委员会被要求无条件地遵循并执行上级肃反委员会的决策与指导，以此维护整个肃反体系的统一性和高效运作。

尽管肃反委员会在执行任务过程中偶有不足或偏差，然而其在多个关键领域展现出了不可磨灭的贡献：有效遏制了阶级敌人的活动，严厉打击了各类刑事犯罪，极大地巩固了新兴的工农民主专政政权，并成功构建和维护了根据地的革命秩序。这些成就不仅彰显了其重要性，更为苏维埃审判制度的创立与发展奠定了坚实而稳固的基础。

第三节　苏区审判原则

在苏维埃中央政府成立之前，尚未设立专门的司法体系，亦尚未完善审判制度框架。随着中华苏维埃共和国的建立，各级审判组织迅速构建并投入运作，它们严格依据中央执行委员会制定的司法指令、法律及规章执行职务。通过深入调研与实践，这些机构遵循苏维埃法律所确立的司法流程，高效完成了大量审判任务，成绩斐然。这些努力显著地遏制了反革命势力的活动，对各类刑事犯罪进行了有效惩治，同时坚决捍卫了苏维埃公民的合法利益，维护了革命时期的社会稳定与秩序，进而强化了苏维埃政权的根基。这些审判组织的卓越贡献，为苏维埃法治体系的初步构建铺设了坚实的基石。

梁柏台自中华苏维埃政府成立后，担任司法部的主要负责人，长期从事着司法和审判工作。梁柏台在创立苏维埃司法机构的同时，根据苏联法制经验，并结合中国农村革命实际情况，通过刑事实体立法和司法程序立法，确立了正确的刑事诉讼原则、正常的司法程序和民主化的审判制度。梁柏台在审判制度体系建设方面贡献巨大，其蕴含的思想也博大丰富。

苏维埃审判工作原则，作为审判工作的基石，是苏维埃审判工作不可或缺的指导法则。这一原则贯穿于审判的每一个环节，深刻影响着审判的性质、方向和最终结果。

一、以事实为根据，以法律为准绳

苏维埃审判工作的核心基石坚定地立足于"以事实为根据，以法律为准绳"的原则之上。这一原则不仅是苏维埃审判活动长期累积的宝贵实践经验的直接反映，更是马列主义辩证唯物主义精髓在苏维埃司法实践中的深刻体现，它紧密地契合了中国共产党一贯坚持的实事求是精神，即在任何情况下都坚持从实际出发，严格依照法律条款进行裁决，确保司法公正与权威。通过这样的原则指导，苏维埃审判工作得以有效打击犯罪，保护人民权益，维护社会稳定，为苏维埃法治建设奠定了坚实的基石。

这一原则要求审判机构在处理案件时，必须严格基于客观事实，确保每一个案件都有充分的事实依据。同时，审判活动必须严格遵循苏维埃法律的规定，确保法律的正确实施与效力。

唯有坚守上述原则，审判体系方能精准有效地执行其使命，严厉打击反革命势力，并公正惩治各类刑事犯罪，进而确保苏维埃公民权益得到切实捍卫，苏维埃政权得以更加稳固。此原则的实践，不仅是社会公正与正义的重要支柱，也是苏维埃法治体系稳健发展的基石。

在苏维埃的审判体系内，无论层级或类型，所有司法工作者在司法实践中，务必秉持以事实为依据的原则。这贯穿于侦查、逮捕、预审直至审判的全过程，包括决定是否起诉、量刑裁定等诉讼的每一个关键环节。[1]在此过程中，每一项决策均须紧密依托犯罪行为的客观事实，杜绝任何个人偏见或主观臆断的侵扰，确保司法判断的公正性与准确性。中央执行委员会所颁布的审判工作条例、法令和司法程序中，明确规定了各级各类审判机构及其工作人员必须依照苏维埃的司法程序办案，深入调查和收集能证实被告人有罪或无罪、犯罪情节轻重的各种证据。这是整个诉讼过程的基础，也是审判工作的前提。

为了纠正中央政府成立前肃反工作中存在的不调查取证、仅凭口供断案的错误，中央执行委员会于1931年12月13日发布了关于《处理反革命案件和建立司法机关的暂行程序》的训令。训令中明确指出，在苏维埃的审判工作中，"必须采用搜集确定证据及各种有效的方法"，而不能仅仅依赖口供来定罪。

在量刑方面，对于反革命团体中的不同分子，必须根据实际情况进行实事求是的处理。特别是要区分其阶级成分，以及他们在组织中的角色——是首要分子还是附和分子。例如，对于出身于豪绅、地主、富农或资本家的反革命

---

[1] 吴锡超：《闽西苏区司法审判原则考》，《龙岩学院学报》2021年第3期。

分子及首要分子，应该采取严厉的处置措施，如宣告死刑等；工农贫民劳动群众的反革命分子，以及附和的分子，应该从宽处置。①中央执行委员会于1932年6月9日发布的《裁判部暂行组织及裁判条例》明确指出："所有经过检察员预审的案件，在检察员确认存在犯罪事实和充分证据，并作出相应结论后，才会转交给法庭进行审判。"②这意味着，所有提交给各类各级法庭进行审判的案件，都必须具备明确的犯罪事实和相应的证据支持。

随后，中央执行委员会在1934年4月8日颁布的《司法程序》中进一步规定：对于证据确凿的反革命分子，在当前第五次反"围剿"战争的特殊背景下，苏维埃法庭、国家政治保卫局及肃反委员会等审判机关应迅速、坚定且正确地采取法律措施，依法予以严厉打击。

坚守以事实为依据的审判原则，确保审判工作深深扎根于客观事实之中，是确保案件判断准确无误的关键。这不仅能有效防止冤假错案的发生，还能确保真正的反革命分子不会逃脱法律的制裁。

苏维埃审判工作的以法律为准绳原则，其核心在于审判机关及工作人员在处理起诉、定罪量刑或宣告无罪释放等司法程序时，必须坚定不移地以苏维埃法律为唯一且最终的依据。这一原则要求，在判定被告人的法律责任、界定犯罪行为的性质，以及决定刑罚的适当性时，必须一丝不苟地遵循苏维埃法律的规定，确保所有处理结果都是基于犯罪事实与法律条文的精确匹配，从而维护司法公正，保障公民权益，并促进苏维埃法治的健康发展。

在案件处理的各个阶段，包括立案、侦查、检察预审、公诉、审判及判决执行等，均需严格遵循既定的法律程序，旨在确保迅速且精确地揭露犯罪真相，明确适用的法律条款，并在法律规定的刑罚范围内作出公正裁决。这一过程不仅保障了司法程序的正当性，也体现了对犯罪行为的严肃处理及对法律尊严的维护。

坚持这一法律准绳原则，对于量刑具有决定性的意义。只有严格依法量刑，才能确保既不冤枉无辜，也不放纵罪犯，避免刑罚畸轻或畸重的情况。这

---

① 《中华苏维埃共和国中央执行委员会训令》（第六号），《红色中华》第3期，1931年12月28日。

② 《裁判部的暂行组织及裁判条例》，《红色中华》第39期，1932年9月20日。

不仅保障了苏维埃法律的正确实施，也维护了社会的公正与稳定。

二、依靠群众，调查研究

苏维埃共和国作为工农民主专政的新民主主义国家，其审判工作必须紧密依靠广大民众，这一点是由工农民主专政政权的性质所决定的。[①]苏维埃审判工作之所以能够有效运行，关键在于紧密依靠广大群众的支持和监督。通过深入调查研究、接受民众监督以及吸收民众参与审判活动，苏维埃审判机构树立了自身的权威，提高了在群众中的威信，为司法公正和社会稳定作出了积极贡献。

苏维埃审判工作依靠群众贯穿于审判活动的始终，主要体现在以下几个方面：

第一，强化群众调研基础。审判流程深度植根于群众调研之中，审判人员亲赴基层，广泛搜集证据，精准还原案件真相。鉴于反革命及刑事犯罪活动常隐匿于群众间，此举措依托群众力量，通过详尽调查与群众举报，有效网罗狡黠罪犯。

第二，构建多元监督体系。苏维埃审判体系开放透明，接受多维度监督，涵盖苏维埃代表大会及其执行机构、内部检察员、国家检察部门及广大民众。法庭作为人民之庭，运作于工农群众监督之下，此监督机制是预防冤假错案、确保司法公正的关键防线。

第三，民众直接参与审判：积极吸纳工农兵代表作为陪审员，融入合议庭机制，共同参与案件审议与裁决，增强了审判的民主性与公信力。同时，设立流动巡回法庭，灵活深入案发地或民众聚集地，开展现场审判，吸引群众旁听，直接接受基层监督，此举不仅深化了法制教育，还揭露了反革命势力的阴谋，激发了民众的法治意识与参与热情。

三、法律面前人人平等

法律面前人人平等原则在中央苏区法律体系中占据核心地位，《宪法大

[①] 吴锡超：《闽西苏区司法审判原则考》，《龙岩学院学报》2021年第3期。

纲》明确指出，"在苏维埃政权领域内，工人、农民、红色战士及一切劳苦民众和他们的家属，不分男女、种族（汉满蒙回藏苗黎和在中国的台湾、高丽、安南人等）、宗教，在苏维埃法律前一律平等。"①此原则在司法审判活动中尤为显著，要求审判机关在处理案件时，对苏区内的干部与群众一视同仁，无差别地适用苏区法律，摒弃身份与地位的考量，确保无人享有特权。

在苏区，民众的合法权益均受到法律的严格保护，任何侵犯公民合法利益的行为都将受到法律的严厉制裁。②同时，苏区法律对于违法犯罪行为的惩处也是公正无私的，无论违法者身份显赫、贡献卓越，一旦触犯法律，都将依据法定程序接受相应的法律后果。例如，1932年5月，瑞金县苏裁判部依据六号训令，对原中共党员、曾任瑞金县叶坪村主席的谢步陞作出第八号判决书，判处其死刑并执行枪决。③该判决基于谢步陞利用职务之便强奸妇女、诬陷报复、贪污公款、杀害军医抢夺财物及贩卖妻子等一系列严重违法犯罪行为，彰显了苏维埃政府对于干部违法犯罪行为的零容忍态度，以及维护法律公正与权威的坚定立场。此案例深刻体现了苏区法律面前人人平等的原则，以及法律对于维护社会秩序、保障公民权益的重要作用。

第四节　苏区审判制度

一、两审终审制度

《中华苏维埃共和国司法程序》规定：苏维埃法庭实行两级审判制度，明确划分为初审与终审两个阶段。具体而言，当区级法院作为初审机关时，其对应的终审机关为县级法院；若初审由县级法院进行，则终审权转至省级法

---

① 吴广：《中华苏维埃共和国文件选编》，江西人民出版社1984年版，第10—13页。
② 张馨文：《中央苏区审判制度研究》，硕士学位论文，广西师范大学，2021年。
③ 《瑞金县苏裁判部判决书 第八号》，《红色中华》第21期，1932年6月2日。

院；而当省级法院担任初审角色时，最高法院则成为终审的归宿。①在军事审判领域，这一制度同样适用，初级军事裁判所初审的案件，其终审由高级军事裁判所负责；若高级军事裁判所作为初审机构，则案件的终审将提交至最高法院。②此外，除最高法院及最高特别法庭直接作出的终审判决外，各级裁判部（科、所）所审理的初审案件，均享有向上一级审判机关提起上诉的权利，且上诉后的审判结果即为终审裁判，确保了司法程序的公正与严谨。

二、公开审判制度

公开审判是司法公正的重要体现，它要求裁判部在审理案件时必须公开进行。即使遇到涉及秘密关系的案件，虽然可以采用秘密审判的方式，但宣布判决时仍然必须公开。军事裁判所在审判案件时也同样遵循这一原则，采用公开的形式，允许士兵及军队工作人员旁听。只有在涉及军事秘密的情况下，才可以采用秘密审判的形式，但宣布判决时依然需要公开。

苏维埃政权在司法制度上的重要建树之一，便是确立了公开审判制度，并且这一制度在实践中得到了成功的实施。具体而言，1932年6月9日，中央执行委员会正式颁布了《裁判部的暂行组织及裁判条例》（执字第四号命令），其中条例的第十六条明确规定："审判案件，必须公开，倘有秘密关系时，可用秘密审判的方式，但宣布判决书时，仍须作公开。"③此规定不仅体现了苏维埃政权对司法公开原则的坚定承诺，也充分考虑到了特定情境下保密的必要性，展现了制度设计的平衡与灵活性。时任中央司法人民委员部委员的梁柏台同志，对司法公开原则秉持着极高的关注与重视。他针对会昌与石城两县在司法执行中的特定问题，提出了严肃的指正：这两地在处理包括死刑在内的部分案件时，未能恪守公开审判的基本原则，转而采取了非公开的审判形式，甚至将判决书的撰写过程局限在裁判部长办公室内，此举严重偏离了司法公正与透

---

① 厦门大学法律系、福建省档案馆：《中华苏维埃共和国法律文件选编》，江西人民出版社1984年版，第410页。

② 厦门大学法律系、福建省档案馆：《中华苏维埃共和国法律文件选编》，江西人民出版社1984年版，第410页。

③ 《裁判部的暂行组织及裁判条例》，《红色中华》第39期，1932年9月20日。

明的核心价值。梁柏台对此现象表达了强烈的批评态度,并再次重申了确保司法过程公开透明对于维护司法公正性的至关重要性。

(一)苏维埃公开审判原则的具体表现

首先,为了确保审判的公开透明,苏维埃政权设立了严格的开庭预告程序。根据中央执行委员会在《革命法庭的工作大纲》第三章第二项中的明确规定:"法庭开庭公审前三日必须将公审案件挂牌通告。"①公审时,允许所有苏维埃公民旁听(剥削阶级除外)。在原被告发表供词后,主审会首先征求陪审员的意见,此时旁听群众也有权发表对该案的看法。之后,主审和陪审员将讨论并作出判决。

这一规定意味着,每当有案件即将进入审判阶段,法庭都必须提前三日将相关信息公之于众,以便群众能够及时了解并参与到审判过程中来。同时,中央司法人民委员部发布的第十四号命令《对裁判工作的指示》也进一步强调了这一点,它指出:"解决任何案件,都要广泛听取多数群众的意见,因此在审判案件之前,必须广泛张贴审判日期,确保群众知晓何时何地审判何案,从而吸引广大群众前来旁听。"②这样的制度安排,不仅体现了苏维埃政权对群众知情权的尊重,也为群众参与司法监督提供了有力保障。

其次,在庭审过程中,苏维埃政权积极吸纳群众参与,将群众路线贯穿于审判始终。中央司法人民委员部明确指出:"允许广大人民群众旁听我们审判案件,这是我们中央苏区政权的本分。"这一立场不仅彰显了苏维埃政权的人民性,也鼓励了群众对司法审判的积极参与。在庭审现场,经过法庭的许可,旁听群众不仅可以静静聆听案件的审理过程,还可以发表自己的见解和看法。《对裁判工作的指示》中就有这样的规定:"审判案件时,如果旁听群众发言揭发被告人犯罪或者提供有助于案件审理的信息,法庭都应当予以允许。"这样的制度安排,不仅有助于法庭更全面地了解案情、更准确地做出判决,也增强了群众的法律意识和参与感,使得司法审判更加贴近群众、服务群

---

① 韩延龙、常兆儒:《中国新民主主义革命时期根据地法制文献选编》第3卷,中国社会科学出版社1981年版,第333页。

② 瑞金县人民法院:《中华苏维埃共和国审判资料选编》,人民出版社1991年版,第59页。

众。此外，《鄂豫皖区苏维埃政府革命法庭的组织与政治保卫局的关系及其区别》中也提到了征求群众意见的重要性。例如："法庭在审判案件时要通知当地各团体和群众前来参观。""在判决案件时，可以征求群众的意见。如果判决办法与群众意见不符，可以交由上级处理。"对于反革命及其他重要罪犯，必要时还需召集群众大会进行公开审判。这种做法不仅体现了司法的威严和公正，也是一次生动的法制教育课，让群众更加直观地了解司法程序和司法决策的过程。

值得一提的是，梁柏台同志曾对秘密解决案件的做法提出了尖锐的批评，他强调司法审判必须坚持群众路线、公开进行。他认为，只有让群众参与到审判过程中来，才能确保司法公正；只有让群众了解案件的真实情况，才能增强他们对司法制度的信任和支持。因此，他大力倡导公开审判制度，并身体力行地推动其在苏维埃政权中的落实。

实质上，苏维埃司法机关在立法正式确立公开审判原则之前，已通过实践中的积极探索，为其奠定了基础。一个显著例证是1932年临时最高法庭对曹叔祥、郭先达等反革命案件的公审，此举吸引了广泛的社会关注，尤其是众多机关人员的参与旁听。此次审判不仅彰显了苏维埃司法机关秉持的公正原则与权威形象，更为后续公开审判制度的构建与实施积累了宝贵的前瞻性经验与启示。

最后，苏维埃政权还高度重视判决结果的公开宣告。无论案件是否公开审理，其判决结果都必须向社会公开。《对裁判工作的指示》中明确要求："既审之后，应多贴布告、多作判决书，以宣布案件的经过和判决结果，使群众明了该案的内容。"[1]这样的做法不仅保障了当事人的合法权益和司法审判的权威性，也加深了群众对司法审判的认识和理解。同时，江西省工农兵苏维埃第一次全省大会的决议也进一步强调了这一点，它指出："建立裁判部时，必须确保裁判工作与肃反工作的公开透明；在公审反革命领袖等重大案件时，更要发动群众参加旁听；在判决后还要及时公布罪状和判决结果。"[2]这样的

---

[1] 瑞金县人民法院：《中华苏维埃共和国审判资料选编》，人民出版社1991年版，第58页。

[2] 瑞金县人民法院：《中华苏维埃共和国审判资料选编》，人民出版社1991年版，第215页。

制度安排不仅有利于维护社会秩序和稳定群众情绪,也推动了社会法治化进程的不断深入。根据该法规,司法机关在审理案件时必须坚持公开审判的原则,不得进行秘密审判。即便是在某些特殊情况下不能公开审理的案件,其判决结果也必须公开宣告。1933年6月1日,中央司法人民委员部发布了第十四号命令《对裁判工作的指示》,其中明确指出:"在审判案件之前,必须广泛地贴出审判日程,让群众了解某日将审判某某案件,从而吸引更多群众参与旁听审判。审判结束后,应多发布布告,多印制判决书,公布案件的经过,让群众了解案件的内情。除非涉及秘密性的某种案件,否则决不允许在房间内秘密审判或随意写一个判决书送上级批准。"[①]

(二)公开审判的典型案例介绍

1.临时最高法庭审理反革命及军事犯罪案件[②]

1932年2月25日临时最高法庭的首次开庭是一次里程碑式的司法实践。这次审判不仅是对重大反革命案件的公正裁决,更是苏维埃政权对审判公开原则的一次有力践行。

法庭设立于中央政府大会场,这一地点选择本身就体现了审判活动的高度透明与公众参与度。四周张贴的醒目标语及详尽的法庭规则,进一步向公众传达了审判的公正性、严肃性以及规则的明确性。

开庭之日,超过百名的各机关旁听人员涌入会场,他们的到来不仅见证了审判的全过程,也反映了社会各界对司法公正的关切与监督。法庭内气氛肃穆,每一环节都公开进行,从国家公诉人的举证、法官的质询到被告人的供述,再到判决书的宣读,每一个细节都展现在公众面前,没有任何暗箱操作或秘密审判的现象。

特别是对于曹叔祥、孔繁树、陈宗俊等反革命案件以及谭希林等军事犯的审理,法庭不仅公开了犯罪事实及证据,还允许被告人进行辩解,充分保障了他们的合法权益。在审判过程中,法庭依据中央政府训令及国家保卫局提供的确凿证据,逐一宣布罪状并作出明确判决,这一系列举动都彰显了苏维埃司

---

① 瑞金县人民法院:《中华苏维埃共和国审判资料选编》,人民出版社1991年版,第59页。

② 《临时中央政府临时最高法庭纪实》,《红色中华》第12期,1932年3月2日。

法机关对审判公开原则的严格遵守和坚定执行。

因此,从审判公开的角度来看,这次临时最高法庭的首次开庭不仅是一次成功的司法实践,更是苏维埃政权在推进司法公正、透明方面迈出的重要一步。

2.最高法院公开审判左祥云贪污工程款案①

1934年2月13日上午9时,中央政府总务厅"全苏大会工程处"的主任左祥云及其工作人员徐毅等人,因涉及勾结反动分子、贪污浪费及破坏苏维埃等严重犯罪行为,在经历群众大会的公审之后,案件被移交至最高法院进行进一步的公开审判。此次审判在全苏大会场举行,吸引了数百名民众前来旁听。审判过程中,法庭对案件进行了全面而深入的审理,历时四五个小时之久。

最终,最高法院根据案件事实及法律规定,作出了公正的判决:左祥云因罪行极其严重,被判处枪决;徐毅则被判处六年有期徒刑,并剥夺公民权利六年;同时,赵宝成被判处罚苦工一年,管永才、刘兆山则分别被判处半年监禁。判决宣布后,即于当天下午得到了迅速的执行,彰显了苏维埃法律的威严与公正。

3.闽西裁判部反革命案件公开审判纪实②

1932年2月,闽西政府裁判部正式设立刑事法庭,公开审理了两宗反革命案件。每日均有四五百名热心民众参与旁听,这显示了民众对于打击反革命活动的深切关注。在宣判的关键时刻,汀州的工农群众组织积极行动,发起了请愿活动,强烈要求政府对这些反革命分子给予严厉的法律制裁。

闽西政府的主席兼裁判部长张鼎丞同志,迅速而有力地回应了民众的呼声,展现了对民众意愿的重视。在广大工农群众的共同见证下,反革命分子不得不面对铁证如山,供认了他们策划的反革命阴谋以及实际实施的破坏苏维埃和红军工作的行为。

这一系列公开的审判活动,不仅加深了工农群众对反革命组织真实面目

---

① 《在苏维埃的法律下判决了反动贪污巨案》,《红色中华》第151期,1934年2月18日。
② 《闽西政府开法庭审判反革命派经过》,《红色中华》第10期,1932年2月17日。

的认识，也极大地坚定了他们彻底清除反革命分子的决心。同时，这些审判对苏维埃的肃反工作产生了积极的推动作用，为巩固苏维埃政权、维护社会稳定奠定了坚实的群众基础。

从以上三个典型案例来看，苏区审判的重要意义远不止于对犯罪行为的简单惩治。

首先，审判公开是对司法公正的坚定维护。通过公开审判，苏区法庭将审判过程置于公众监督之下，确保每一个案件都能依据事实和法律进行公正裁决，从而树立了司法权威，赢得了民众的广泛信任。这种信任是苏区社会稳定和革命事业顺利推进的重要基石。

其次，审判公开在苏区法治建设中发挥了关键作用。它不仅是法律实施的重要环节，更是法治精神传播和教育的重要途径。在公开审判的过程中，苏区法庭不仅是对犯罪分子进行惩罚，更是在向广大民众普及法律知识，提升他们的法治观念。旁听群众通过目睹审判过程，深刻理解了法律的严肃性和权威性，进而在日常生活中更加自觉地遵守法律，维护社会秩序。

再者，审判公开还促进了苏区社会的民主化进程。在公开透明的审判环境中，民众可以更加直接地参与司法活动，了解司法决策的过程和结果。这种参与不仅增强了民众的政治意识，也促进了他们对苏区政权合法性的认同和支持。同时，审判公开还为民众提供了表达意见和诉求的渠道，有助于缓解社会矛盾，维护社会稳定。

最后，从更深远的意义上说，苏区审判的公开性还体现了对人权和正义的尊重。在审判过程中，被告人享有充分的辩护权和申诉权，他们的合法权益得到了有效保障。这种对人权的尊重不仅体现了苏区司法的进步性，也为后来的司法制度建设提供了宝贵的经验和启示。

综上所述，苏区审判的公开性对于维护司法公正、推动法治建设、促进民主化进程以及尊重人权和正义等方面都具有重要意义。它不仅为苏区社会的稳定和发展提供了有力保障，也为后世的司法实践树立了可遵循的典范。

三、审判合议制度

审判合议制是司法体系中一项重要的审判制度。根据该制度，除简单且不重要的案件可由裁判部长或独任裁判员审理外，一般案件均需组成合议庭进行审理。合议庭由裁判部长或裁判员担任主审，并配备两名陪审员。审理完毕后，合议庭成员退庭进行短暂的讨论（通常为3至5分钟），以多数意见为准决定判决书内容。若遇争执不决的情况，主审的意见将起决定性作用。陪审员若持有特别意见并坚决保留，可将意见书面呈报上级裁判部，作为上级裁判部参考的依据。

在初级和高级军事裁判所中，审理初审案件时同样采用合议庭形式，由主审一人与两名陪审员共同组成合议庭。这种制度设计确保了审判的公正性和专业性，同时也为军事司法审判提供了明确的组织和程序保障。

值得一提的是，1933年5月30日司法人民委员部发布的《对裁判机关工作的指示》中明确指出："每个案件须先经裁判委员会讨论，讨论一个判决的原则，给审判该案的负责人以判决该案的标准，使判决上不致发生错误。[①]"这一规定强调了案件处理前必须经过委员会的讨论，确保审判的准确性和公正性。

四、人民陪审员制度

在中央苏区，自中国共产党建立红色政权之初，便积极借鉴苏联及西方的法制理念，致力于将这些外来法制思想本土化，创造性地应用于本地区的审判制度构建之中。这一过程中，吸纳人民群众参与审判活动不仅成为一项重要实践，更逐渐固化为一种优良传统。此举不仅体现了对先进法制经验的吸收与融合，也彰显了中国共产党在法制建设上的创新精神与本土化努力，确保了中央苏区审判制度的民主性、广泛性与实效性。

根据《裁判部的暂行组织及裁判条例》的明确规定，苏区的法庭构成采用三元制模式，即由一名专业的裁判人员与两名陪审员共同组成。这两名陪审员源自职工会、贫农团等工农及广泛的群众组织，通过民主选举程序产生，且每次审判结束后即实行轮换，以确保司法过程的广泛参与性和公正性。此外，

---

① 厦门大学法律系、福建省档案馆：《中华苏维埃共和国法律文件选编》，江西人民出版社1984年版，第403页。

该条例还详细指出，在苏维埃区域内，陪审员的选拔明确限定了范围，仅限于年满16周岁且依法享有公民选举权的公民。在担任陪审员期间，他们需暂时离开原有工作岗位，全心全意履行陪审职责。为了保障其基本生活需求，其原有的中等薪资水平将保持不变，作为对其临时职务调整的补偿。待陪审任务完成后，他们将重返原先的工作岗位，继续他们的工作。

同时，《军事裁判所暂行组织条例》针对军事领域的特殊情况，也作出了相应规定：军事裁判所的陪审员是从军队士兵中精心挑选而出，且实行每周轮换制度，以保持陪审制度的活力与效率。这些士兵陪审员在执行陪审任务期间，同样需要暂停其军事职责，待陪审活动圆满结束后，再回归原部队继续服役。

根据《革命法庭的工作大纲》的规定，公审时采用由群众团体代表组成的陪审制度。陪审员人数最低限度为五人，必要时可以扩大。这些陪审员是由职工会、雇农工会、贫农团及其他群众团体选举产生的，每次审判更换两人。陪审员在陪审期间可以暂时脱离原工作，保留其原有的中等工资，陪审结束后返回原岗位。值得注意的是，无选举权者（如未满16岁的人）不得当选为陪审员。

在军事裁判所中，陪审员由士兵选举产生，并每周更换一次。陪审员在陪审期间可以暂时摆脱士兵职务，陪审结束后返回原部队工作。这种制度设计确保了陪审员的广泛代表性和参与性，同时也提高了军事司法审判的公正性和透明度。

五、审判人员回避制

审判人员回避制不仅是司法实践中一项至关重要的制度，更是确保审判公正性和客观性的基石。《裁判部的暂行组织及裁判条例》第 19 条规定，"与被告人有家属和亲戚关系或私人关系的人，不得参加审判该被告人的案件（陪审、主审都一样）"[1]。第39条规定，"检察员是代表国家的原告人，开

---

[1] 厦门大学法律系、福建省档案馆：《中华苏维埃共和国法律文件选编》，江西人民出版社1984年版，第391页。

庭审案时，可以代表国家出庭告发。（附注）：检察员制度未建立以前，可由裁判员中抽出一人担任预审的工作，代执行检察员的职务，但进行预审的裁判员，法庭审判该案件时，他不得为法庭的主审和陪审。但关于反革命的案件，国家政治保卫局可以派代表，代表国家为原告人"①。

根据这一制度，无论是担任主审的法官还是陪审员，一旦与被告人存在家属、亲戚或私人关系，都必须主动回避，不得参与该被告人的案件审判。这一规定确保了审判过程的中立性和公正性，避免了任何可能因个人关系而产生的偏见和不公。在尚未建立检察制度的地方，裁判员有时需要代行检察员的职责，担任预审工作。然而，即使在这种情况下，该裁判员也必须严格遵守回避制度，不得同时担任该案件的主审或陪审员。这种安排进一步增强了审判的公正性和透明度，确保了审判结果的客观性和公信力。

中央苏区所采纳的审判回避机制，深刻体现了其对民众诉讼权益的深切关怀与坚决维护。此机制旨在预防法官及陪审员因审理与自身存在利益关联的案件而可能引发的偏见，从而确保审判结果的公正性，避免对案件当事人及广大民众的利益造成潜在损害。通过赋予当事人回避申请权，该机制在程序层面严格遵循了保护当事人权益的法律原则，彰显了程序正义的重要性，同时也凸显了中央苏区审判法律制度所蕴含的人本主义精神。因此，这一机制的确立，不仅是中央苏区审判法律制度对革命群众利益保护宗旨的明确体现，更是其在司法实践中对公平正义不懈追求的具体实践。

审判人员回避制的实施，不仅有效避免了审判过程中可能出现的偏见和不公，更是对司法公正性的有力保障。它确保了审判人员在审判过程中能够保持中立和客观，不受任何个人关系的干扰。同时，这一制度也增强了公众对司法体系的信任和支持，为社会的和谐稳定和法治建设奠定了坚实的基础。

六、巡回审判制度

巡回审判制度作为中央苏区司法审判体系中的一项创新性实践，深刻彰

---

① 厦门大学法律系、福建省档案馆：《中华苏维埃共和国法律文件选编》，江西人民出版社1984年版，第393页。

显了群众路线在司法领域的贯彻与应用,与公开审判并列为该时期司法实践的重要特征。该制度的核心在于,各级裁判部精心组织设立流动的巡回法庭,主动深入案发地现场或民众聚居之地,针对具有广泛社会影响或重大意义的案件进行就地审理。这种审判模式不仅新颖独特,更有效地拉近了司法与民众的距离,实现了司法审判工作对群众需求的积极响应与贴近服务。

（一）巡回法庭

第一,关于巡回法庭的设置及其特性。巡回法庭,作为巡回审判制度的执行主体,是各级裁判部下设的专项审判机构。其设立范围广泛,不仅涵盖了从城市、区、县到省各级苏维埃政府的裁判部门,还扩展至红军部队中的初级与高级军事裁判所。巡回法庭的设立,旨在专项处理各类特定案件。

巡回法庭的审判权限具有鲜明的层级关联性,直接受到其所属裁判部或军事裁判所等级制度的影响,从而展现出差异化的特点。其独特价值,根植于审判地点的灵活机动性和审判活动的主动出击策略。为了深入民众,有效揭露反革命行为与刑事犯罪的真相,增强审判工作的公众认知度,巡回法庭采取主动下沉的方式,直接前往案件发生地或人口密集区域开展审判活动。这些审判活动多以公开形式呈现,而巡回法庭本身的流动性特质尤为突出,它与传统审判模式中被动等待案件上门的情况形成鲜明对比,彰显了其积极主动、贴近民生的司法服务理念。这种流动性不仅为当地民众提供了便捷的旁听途径,还通过直接在案发地或群众中揭露犯罪,实现了对苏维埃法律及司法工作的深入宣传与教育,有效提升了民众的法律意识与对司法工作的认同感。

值得注意的是,临时最高法庭在成文法中虽未直接确立巡回法庭的制度框架,但在实践层面却实现了创新性拓展。具体而言,1933年9月6日,针对瑞金地区反革命分子的司法审判,该法庭采取了巡回审判这一非传统模式,体现了灵活应对与司法实践的深度融合。这一实践不仅彰显了司法审判与群众路线的紧密结合,也体现了在特定情况下,法律制度得以灵活运用以更好地服务群众、扩大司法影响力的智慧。

第二,巡回法庭的地位及其与其他法庭的关系。1933年3月28日,江西省苏维埃政府裁判部通过第12号命令,对各级巡回法庭的地位及其与裁判部内刑事、民事等法庭的相互关系进行了明确界定。

"巡回法庭可以审判刑事案件，也可以审判民事案件，不过他不在一个固定的地方，是流动地到各地去审判案件罢了，巡回法庭的权限与同级的刑事法庭和民事法庭是一样的，巡回法庭所审判的案件，断不要先经过裁判部刑事法庭审判，然后组织巡回法庭去审判。因为巡回法庭就是各级裁判部的法庭之一种，它完全有独立审判案件之权。为此：一、关于某一案件（无论刑事或民事）有比较重要意义的案件，可到出事地点组织巡回法庭去审判，吸收广大工农群众去参加旁听。二、巡回法庭的组织与权限，与各该级的刑事法庭和民事法庭相同。"[1]

分析这段资料，可以清晰地看出各级巡回法庭在苏维埃司法体系中的独特地位与重要作用。

第一，巡回法庭的审判权限与同级裁判部下的刑事和民事法庭完全一致，拥有独立审判案件的权力。这意味着，无论是涉及刑事还是民事的、具有重大社会影响力的案件，都可以通过组织巡回法庭进行审理，彰显了其审判范围的广泛性和独立性。

第二，巡回法庭的核心特征在于其审判地点的灵活性和流动性。与传统法庭固定地点的审判方式不同，巡回法庭能够主动前往案发地点或群众聚集的地方进行审判。这种"送法上门"的方式，不仅方便了当地群众参与旁听，更在案件发生地或群众中间直接揭露犯罪、宣传法律，从而最大限度地扩大了司法审判工作的社会影响力和教育效果。

第三，第12号命令明确指出，巡回法庭并非裁判部之外的独立组织，也非其他法庭的附属或执行机关。其审判活动无需先经裁判部刑事法庭审理后再行组织，这一规定确保了巡回法庭的独立性和直接性，避免了审判程序的冗余和形式化。巡回法庭的设立，旨在通过独立的巡回审判，让人民群众能够直接参与、见证司法过程，进而加深对苏维埃法律的认识和信任。

---

[1] 瑞金县人民法院：《中华苏维埃共和国审判资料选编》，人民出版社1991年版，第203页。

第四，苏维埃政权创立巡回审判体系并赋予其独立裁决的权力，其根本动因非形式主义或程序化操作，而是深深植根于群众路线的智慧之中。实施巡回审判至案发地或深入民众之中，苏维埃政权的真实意图在于达成司法工作的核心价值：便捷民众参与、启迪与凝聚群众力量、广泛传播司法公正理念。此举措不仅加速了司法公正与效率的双重优化，还在民众心目中铸就了苏维埃法律的庄严权威与高度信任，深化了法律的社会根基。

（二）巡回审判的具体案例

1.公略县胡崇奎反革命案件①

1934年5月间，公略县富田区发生了一起严重的反革命事件，地主胡崇奎等人秘密复活了AB团组织，不仅恶意构陷革命领导人及积极分子，还散播谣言，意图破坏经济建设公债的发行、红军的扩编进程以及婚姻自由政策的实施。为应对此恶劣行径，公略县迅速响应，动员群众力量，组建巡回法庭对胡崇奎等人进行公开审判。在确凿的事实证据与工农群众声势浩大的支持下，胡崇奎等反革命分子最终认罪伏法，被依法惩处，彰显了人民群众对反革命势力的坚决斗争与胜利。

2.福建省马辉标等人重大犯罪案件审理②

1934年4月，福建省苏裁判部于汀州市文庙巡回审判马辉标等五人窃内务部财物、埋藏枪支及伪造国币案，上千群众旁听。法庭判决五人死刑，帮凶马老玉等三人获刑一年以上，群众对判决普遍表示赞同和支持。

3.瑞金县杨嘉才故意杀人案审判③

1932年8月13日，瑞金县河背街发生了一起骇人听闻的故意杀人案。罪犯杨嘉才因企图对儿媳赵来开实施不轨行为未遂，竟残忍地将其杀害，并进行了分尸、烹煮等极端恶劣的毁尸行为，企图掩盖罪行。次日凌晨，杨嘉才在转移尸体途中被群众及时发现并抓获。鉴于案件的严重性，以及全县各区乡妇女代表的强烈呼吁，瑞金县裁判部迅速组织巡回法庭进行审理，最终依法判处杨嘉

---

① 《公略富田区破获AB团》，《红色中华》第192期，1934年5月23日。
② 《汀州市同时破获反革命案三起》，《红色中华》第180期，1934年4月26日。
③ 《杀媳烹羹的杨嘉才枪决了》，《红色中华》第34期，1932年9月20日。

才死刑，维护了社会正义与法律的尊严。

4.瑞金县陈景魁等反革命分子审判[①]

1933年9月6日，临时最高法庭特设巡回法庭，对瑞金县内社会民主党反革命分子陈景魁等人进行公开审判。各被告人认罪，证据确凿。在广泛监督下，巡回法庭依法判处杨家橡死刑，陈景魁等三人不同刑期有期徒刑，有效打击反革命，巩固了革命根据地秩序。

第五节　苏区审判程序

苏维埃审判工作程序，涵盖了多个环节。这包括了肃反机关和国家政治保卫局对案件的立案、侦查以及对犯罪嫌疑人的逮捕和预审；同时，也包括了审判机关的检察员以及军事检查所对案件的检查和对犯罪嫌疑人的预审工作。此外，该程序还包括了国家审判机关对案件的初审判决、终审判决以及判决的执行等环节。[②]这一系列的程序确保了苏维埃司法制度的公正与高效。

一、苏维埃预审程序

苏维埃司法程序规定，预审权归肃反委员会、政治保卫局、审判机关检察员及军事检查所，是审判的初期阶段。肃反委员会和政治保卫局负责反革命和其他刑事案件的立案、侦查、逮捕及初审。历史上，因机构重叠和事权分割，造成肃反工作混乱。1933年4月15日，中央执行委员会决议成立裁判部和国家政治保卫局，取消肃反委员会，以统一处理事务。在新发展的苏区和临时政权地区，设立县、区肃反委员会为临时肃反机关，负责镇压和审判反动派活动，肃清反革命势力。

肃反委员会在组织上隶属于当地革命委员会，受革命委员会的指导与监

---

① 《瑞金社党残余的破获》，《红色中华》第112期，1933年9月24日。

② 杨帅：《苏区司法体系述论》，硕士学位论文，山东师范大学，2011年。

督，同时在肃反工作上受国家政治保卫局的指导。①县肃反委员会有直接逮捕、审讯、判决反革命及一般罪犯的权力。通常，案件的处理流程会涵盖立案、侦查、逮捕，并在这些步骤之后进行预审。在此过程中，肃反委员会、政治保卫局以及裁判机关依据各自的职责范围，会细致审阅控告、检举或自首等相关材料。一旦确认存在犯罪事实，就会依序启动立案、侦查及逮捕程序。侦查是肃反委员会和政治保卫局依法进行的专门调查工作，包括讯问被告人、证人、检验、检查、搜查、扣押物证等，以收集证据，查明犯罪事实。侦查后，如案件事实查清，证据充分，即宣布逮捕，由肃反委员会或政治保卫局进行预审。

预审机关认真审查案件中的犯罪事实、情节、证据、罪名等，确保无误后决定是否起诉。如认为犯罪事实清楚，证据确凿，应追究刑事责任，则作出起诉决定，向审判机关提起公诉，移送案卷及被告人。审判机关接到案件后，除简单案件外，需由检察员或军事检查所进行预审，审查犯罪事实、情节、证据、罪名等，确保无误后转交法庭审判。这一预审程序确保了苏维埃司法制度的公正与高效。

二、苏维埃审判程序

审判是苏维埃审判过程中非常重要的阶段，要求法庭在多方参与下，以高度的专业性和严谨性，通过审查证据、听取控辩双方意见、组织法庭辩论和合议庭评议，来查明案件事实，判定被告人罪责。

依据1934年中央执行委员会颁布的《司法程序》，苏维埃法庭实行严格的两级审判制度。这一制度确保了案件经过充分的审理和审查，从而保障审判的公正性和准确性。具体而言，区裁判部作为初审机关，负责对案件进行初步审查和裁决；县裁判部则作为终审机关，对经过初审的案件进行最终审查和裁决。在更高层级的审判中，县裁判部若作为初审机关，而省裁判部则承担终审职责。对于军事案件，初级军事裁判所和高级军事裁判所分别作为初审和终审机关，对军事案件进行审理和裁决。若高级军事裁判所为初审机关，则最终裁

---

① 柯雯芳：《中华苏维埃共和国司法程序之历史分析》，硕士学位论文，福建师范大学，2020年。

决权归属于最高法院。

最高法院在苏维埃审判体系中占据至关重要的地位，其判决具有终局性和不可上诉性。这意味着一旦案件经过最高法院的终审，即产生法律效力，被告人不得再行上诉。然而，为了维护审判的公正性和准确性，检察员在认为案件经两审后仍有异议时，有权向司法机关提出抗诉，要求再次审理。

（一）初审程序

初审程序启动前，初审机关需精心筹备，确保审判的顺利进行。依据案件性质，组织相应的专业法庭，如刑事法庭、民事法庭、劳动法庭及军事法庭，确保审判的专业性和针对性。若案件需在事发地审理，则组织巡回法庭，以贴近民众，便于案件调查与审判。

法庭由裁判部部长或裁判员担任主审，辅以两名陪审员，确保审判的公正性。陪审员由群众团体选举产生，但需确保与被告人无家属、亲戚或私人关系，以保障审判的客观性。书记员负责庭审记录，检察员代表原告出庭。被告人有权派遣代表出庭辩护，以维护其合法权益。

公开审判的案件需广泛张贴公告，吸引群众旁听，增强审判的透明度和公信力。审判前，裁判委员会需讨论案件，确定判决原则，为审判员提供判决标准，减少判决错误的可能性。审判员需深入研究案件材料，准备法庭提问，确保审判的有序和高效。

法庭审判流程包括开庭、法庭调查、法庭辩论、被告人最后陈述、评议判决和宣判等几个阶段。

1. 开庭宣告

主审法官以庄重的声音宣布庭审开始，随后逐一介绍合议庭的构成，包括主审法官、陪审员以及合议庭其他成员，同时明确书记员的职责，并介绍公诉人及辩护人的身份，确保庭审各方角色清晰无误。随后，法官会详细核实被告人的到庭情况，确保庭审的完整性，并正式宣告案件的审理缘由，明确该案是采取公开审判还是秘密审判的方式。若为公开审判，则表明审判过程将接受公众监督，体现司法公正与透明；若为秘密审判，则强调审判的特定保密需求。此环节不仅是庭审程序的必要组成部分，更是确保后续审判流程规范有序进行的重要基石。

2.法庭调查

随着主审法官宣布法庭调查阶段的启动，公诉人依法在法庭上宣读起诉书，标志着案件审理进入实质性证据审查阶段。宣读完毕后，法庭审判人员随即展开对被告人的讯问程序，通过细致询问及要求被告人对证人证言、物证等逐一进行辨认，以核实案件细节。同时，法庭还会宣读未出庭证人的书面证言、鉴定意见、勘验报告及其他相关证据材料，确保所有证据均得到法庭的正式审查与记录。

在此环节中，审判人员秉持公正原则，充分保障被告人及其辩护人的陈述与辩护权利，认真听取并记录在案，旨在构建一个全面、无遗漏的案件事实框架。被告人的初步陈述为后续讯问提供了基础，而审判人员则通过精心设计的问题序列，从多维度、多层次对案件事实进行交叉验证，力求还原案件真相，明确犯罪事实。

此外，为增强法庭调查的广度和深度，公诉人、被害人及其辩护人，在获得主审法官的许可后，亦被赋予向被告人发问的权利，从而丰富了证据收集与事实查明的视角。

在询问证人时，法庭特别强调证人作证的严肃性与法律后果，明确告知其必须如实陈述，不得作伪证，否则将承担相应的法律责任。这一举措旨在维护证人证言的纯洁性与可信度，为法庭调查结果的准确性提供有力保障。

法庭调查环节作为审判程序的核心组成部分，其设计旨在通过全面、细致的证据审查与事实查明，为后续的法律适用、法庭辩论及最终判决奠定坚实的事实基础。

3. 法庭辩论

在完成法庭调查后，正式进入法庭辩论环节。这一环节是控辩双方就案件事实和法律适用问题进行专业交锋的核心阶段。控方与辩方将依据证据、法律条款和法理，就案件的核心问题展开逻辑严密、观点鲜明的辩论。双方需充分论证己方观点，并尝试驳斥对方论点，以争取法庭对己方立场的认同。

当控辩双方充分表达并论证己方立场，且无法提出新的论据或观点时，主审法官将宣布辩论终结。随后，被告人享有最后陈述权，可在此阶段提出自己的最后意见或辩解。

在整个辩论过程中，法庭书记员负责详细记录各方发言，确保所有观点和论据均得到完整、准确的记录。法庭辩论作为审判程序的重要组成部分，旨在为法官提供充分、全面的案件信息，辅助法官作出公正、专业的判决。

4.评议判决和宣判

在被告人进行完最后陈述后，法庭宣布暂时休庭，以便由主审法官与陪审员共同组成的合议庭进行闭门评议。评议过程中，主审法官负责主持会议，合议庭成员则根据已充分查明的案件事实、确凿的证据以及相关的法律规定，深入讨论并综合考量被告人的行为性质、犯罪的具体情节以及应适用的刑罚，力求在保障程序正义的同时，实现判决结果的公正与准确。

合议庭在决定判决书时，"以多数的意见为标准，倘若争执不决时，应当以主审的意见来决定判决书的内容，如陪审员之某一人有特别意见，而坚决保留自己的意见时，可以用信封封起，提到上级裁判部去，作为上级裁判部对于该案件的参考"。判决书的制作，中央执行委员会颁发的《裁判部的暂行组织及裁判条例》中有严格规定，要求对于被告人的重要犯法行为、犯法的经过、犯法的时间和地点及人证、物证等详细系统地写在判决书上。如在判决书的前面须写明审判的时间、主审、陪审及参加审判人的姓名，次写被告人的履历及罪状，再次则写所定之罪，最后须写明被告人的上诉期间。判决书须由主审和陪审盖印或签名。

（二）终审程序

苏维埃审判过程的终审程序包括上诉审、抗诉审程序。若上一级审判机构对下级审判机构审结案件的当事人的上诉或该审判机构检察员提出抗诉案件，由终审机关对未发生法律效力的初审机关的初审判决所认定的事实和适用的法律是否正确，进行全面的审查。终审机关对案件进行全面审查，不受上诉或抗诉范围的限制。

（三）执行

执行判决，是苏维埃审判程序的最后一个阶段，就是把已发生法律效力的判决和裁定付诸实施。地方及军事初审机关的判决，在法定期限内若被告人未上诉且检察员未抗诉，则判决即生效并执行；同时，各级终审机关及最高法院的终审判决与裁定，在检察员未提出抗诉的情况下，亦即发生法律效力并交付执行。对于各级各类初审机关作出的无罪判决、免除刑事处罚的判决和裁定，若被告人在押，则应在宣判后立即释放。

第六节　苏区审判工作的重要意义

审判体系在中华苏维埃共和国的构建中，扮演着将各类社会纷争导向法治化解决路径的关键角色，这一机制极大地促进了民众利益的保障，加深了新生政权的稳定性，并促进了党的政策与理念的广泛传播与认同。

一、促进政权根基的稳固

审判工作对于中华苏维埃共和国政权稳固的贡献不容忽视，这一观点在毛泽东的《中华苏维埃共和国中央执行委员会与人民委员会对第二次全国苏维埃代表大会的报告》中得到了深刻阐述："苏维埃法庭直接依靠于武装力量，依靠于国家政治保卫局的活动，依靠于广大民众的阶级斗争，使苏区中一切反革命企图受到了严厉的镇压……克服了他们的暴动阴谋，巩固了苏维埃政权。①"此处的审判机制，其运作原则鲜明地反映了政权的阶级特性，即坚决打击地主阶级与资产阶级的违法行为，同时对工农阶层内部的犯罪采取较为宽容的态度，这与国民党司法体系的偏向性形成了鲜明对比。

第一，新区与边区的审判工作的战略意义更加凸显。《江西省工农兵代表大会关于苏维埃建设的若干重要决议》及《福建省苏维埃第四次执委会扩大会议决议》等文件均明确指出，需在新区与边区加强区乡革命委员会及肃反组织的建设，运用最为严厉且高效的革命手段，迅速平息反革命活动，切实解决民众的实际问题。通过这些努力，审判工作不仅维护了社会秩序，也增强了民众对苏维埃政权的信任与支持。

第二，反腐斗争的深化与党的纯洁性维护。以熊仙璧案为代表的典型审

---

① 江西省档案馆、中共江西省委党校党史教研室：《中央革命根据地史料选编》下册，江西省人民出版社1982年版，第311页。

判案例，不仅展示了苏维埃司法体系的公正与高效，也体现了党对腐败行为零容忍的坚决态度。这一案例的处理过程，再次印证了苏维埃司法机构与国民党法院的本质区别——在苏维埃法庭内，无论地位高低，均须接受法律的公正审判。[①]通过此类反腐斗争的深入开展，苏维埃政权不仅清除了内部的腐败分子，也维护了党的纯洁性与先进性，为政权的长期稳固奠定了坚实的群众基础。只有党强大了、坚实了才能从根本上巩固中华苏维埃政权。"在强健苏维埃本身的工作上，必须向阻碍苏维埃工作改善的最凶恶的敌人—官僚主义做无情的斗争……任何脱离群众，命令群众，强迫群众的现象，必须给以严厉的打击。因此工农检查委员会应彻底深入地执行反官僚主义做战斗的中心任务……肃清存在着苏维埃内的浪费贪污分子、官僚主义分子以及阶级异己分子。"[②]

二、强化工农劳动人民权益保障的法律框架

在国民党控制区域，工人阶级的处境极为艰难，长时间劳作却收入微薄，待遇不公，且缺乏法律对其基本权益的有效保护。而在中华苏维埃共和国的疆域内，工人阶级被赋予了领导地位，承担着巩固和发展苏维埃政权的重要使命。为切实保障工人阶级的权益，苏维埃政府构建了以劳动法为核心的法律体系，明确规定了八小时工作制，并强制要求资本家与工人签订劳动合同，同时设立劳动法庭作为解决劳动纠纷的专门机构，确保工人薪酬的及时支付。这一系列措施显著改善了工人的生活状况，激发了其革命热情，为苏维埃政权的建设和巩固提供了强大动力。

此外，苏维埃政府还高度关注妇女权益的保护，通过制定和实施苏维埃婚姻法，实现了婚姻制度的重大变革，有效遏制了买卖婚姻、童养媳等旧习，推动了性别平等和社会进步。婚姻法的实施不仅赢得了广泛民众的支持，也促进了妇女在政治、经济和社会生活中的全面解放。"婚姻制度的实行使苏维埃取得了广大的群众的拥护，广泛群众不仅在政治上经济上得到解放，而且在男

---

① 瑞金县人民法院：《中华苏维埃共和国审判资料选编》，人民法院出版社1991年版，第178页。
② 江西省档案馆、中共江西省委党校党史教研室：《中国革命根据地史料选编》下册，江西省人民出版社1982年版，第311页。

女关系上也得到解放。"①

在维护人民正常生活秩序方面，苏维埃政府采取了一系列有力措施。针对国民党封锁导致的食盐短缺问题，政府通过司法审判手段严厉打击哄抬物价、囤积居奇等不法行为，有效保障了人民的基本生活需求。《为消灭食盐困难而斗争》中提道："奸商富农从中操纵，贱买贵卖，暗将食盐藏匿，食盐来源稍有困难，即故意高抬价格，在博生城市最近就检查不少的奸商富农私藏食盐不卖，甚至借此以破坏国币信用。"②同时，政府还颁布了一系列经济管理法令和税收法规，旨在促进经济发展、增加国家财政收入、引导民间资本向国家企业流动，为苏维埃政权的巩固和发展提供了坚实的经济基础。

三、深化中国共产党影响力

中国共产党自建党以来，始终将宣传作为扩大自身影响力的重要手段。其中，公开透明的司法审判体系成为连接党与民众的关键桥梁。通过允许公众旁听案件审理并发表见解，不仅增强了审判的民主性和透明度，还塑造了党贴近民众、倾听民意的良好形象。此外，巡回法庭的设立，更是将法律服务延伸至偏远地区，有效缓解了法律资源分布不均的问题，进一步加深了党在民众心中的地位。

面对复杂的政治环境，特别是国民党反动势力的渗透与破坏，中国共产党各级裁判机构不仅承担着维护法律尊严的任务，还肩负起揭露敌人阴谋、教育群众认清真相的职责。针对国民党散布的虚假宣传，党通过组织宣传队、利用审判平台等多种方式，及时澄清事实，稳定民心，有效削弱了敌人的舆论攻势。岩永杭一带的十九路军向群众宣传"耕者有其田""不杀土地委员以下的共党""抗日必先剿共"。③针对这一虚假宣传，中共闽粤赣省委认为："要

---

① 江西省档案馆、中共江西省委党校党史教研室：《中国革命根据地史料选编》下册，江西省人民出版社1982年版，第332页。

② 江西省档案馆、中共江西省委党校党史教研室：《中国革命根据地史料选编》下册，江西省人民出版社1982年版，第332页。

③ 江西省档案馆、中共江西省委党校党史教研室：《中央革命根据地史料选编》下册，江西人民出版社1982年版，第666页。

加紧在群众中进行广泛深入的思想斗争与阶级教育。各级党部不放松与反动派展开思想斗争，揭示反动派宣传口号的欺骗性。在全省特别是在岩永杭一带，针对十九路军的'耕者有其田'、'抗日必先剿共'以及改组派的'二五减租'等口号，及时做广大群众的思想工作，消灭他们对十九路军的幻想，鼓励他们坚决同这些不正确的思想作斗争。党应一致动员起来进行反击，应在各种群众团体中运用各种方法，包括利用审判公开、巡回法庭向群众揭露这些反动口号的迷惑性。"①

中华苏维埃共和国的司法审判实践，以其独特的公正性、人民性和教育性，深刻区别于封建政权及国民党政权。它不仅致力于清除危害社会的障碍，还致力于培养民众的法治意识，营造公平正义的社会氛围。在这一过程中，司法审判成为党与民众沟通的重要渠道，也是党扩大影响力的有效途径。

中华苏维埃共和国的司法审判制度在促进民众法律观念转变方面发挥了关键作用。它打破了封建诉讼制度的束缚，倡导"法律面前人人平等"的原则，鼓励民众通过法律手段维护自身权益。这一变革不仅推动了社会风气的进步，也为后来的革命斗争和新中国建设奠定了坚实的法治基础。

中国共产党通过多元化的制度设计深化了自身在民众中的影响力。其中，司法审判制度的创新与实践成为不可忽视的重要一环。它不仅彰显了党的执政理念和法治精神，也为当代中国的法治建设提供了宝贵的历史借鉴。

第七节　梁柏台的审判思想

一、坚持审判服务革命中心工作

土地革命战争时期，苏维埃政权面临严峻的环境，蒋介石组织了数十万的兵力进行围剿。梁柏台对于严峻的革命形势有清醒的认识，多次强调审判工

---

① 江西省档案馆、中共江西省委党校党史教研室：《中央革命根据地史料选编》下册，江西人民出版社1982年版，第669页。

第四章　梁柏台与中央苏区审判工作

作要为革命斗争服务。1932年10月，梁柏台在中央司法人民委员部的工作报告上提道："以适应革命战争为司法机关的工作重心任务"，"在猛烈发展革命战争的时候，一切工作应以发展革命战争为中心任务，一切都应服从于战争，司法机关也应当如此，各级司法机关就是在这个任务下进行工作的"①。随着蒋介石发动第五次"围剿"，革命根据地的形势更加严峻，反革命分子趁机破坏革命的现象频繁发生。②针对这种紧张的局面，梁柏台于1934年1月在《红色中华》发表了《裁判机关的主要工作方向——镇压反革命》一文，在分析了当时的形势后，指出摆在裁判机关面前的中心任务，就是坚决打击反革命的抬头，大力镇压反革命，巩固苏维埃政权。梁柏台进一步指出，法律应当随着革命形势的需要而发展，只要有利于革命可以对法律手续进行变通，不能因为程序问题而损害革命利益。这些内容，充分体现了梁柏台审判为革命服务的观点。

二、坚持为人民服务的审判理念

中央苏区的政权，作为工农兵联合体的红色政权基石，其制度构建的核心在于贯彻"服务人民"的深刻理念。在这一框架下，审判制度作为关键一环，同样紧密围绕"为民服务、便捷利民"的原则展开。为实现审判活动的亲民化，促进工农民主制度的稳固发展，并切实保障工农群众的根本福祉，中央苏区在审判制度的设计上，特别强调了人民性与群众路线的融合。

在具体实践中，中央苏区摒弃了封建官僚体系中的陈旧审判模式，即摒弃了官员坐等诉讼、远离群众的审理方式，转而创造性地实施了巡回审判制度。这一制度要求各级裁判机构走出法庭，深入田间地头、乡村街巷，将审判活动直接带到案件发生地和群众身边。此举不仅极大地便利了工农群众参与司法过程，促进了司法公开与透明，还通过现场审理的方式，增强了法律教育的实效性，使民众能够更直观地了解法律、学习法律，进而更好地运用法律武器

---

① 《司法人民委员部一年来工作》，《红色中华》第39期，1932年11月7日。
② 李凤凤、刘魁：《从中央苏区的立法及司法实践看梁柏台的法制思想》，《赣南师范学院学报》2015年第2期。

维护自身权益。

巡回审判制度的实施，不仅是对传统诉讼程序的一次重大革新，更是对诉讼便民思想的一次深刻践行。它有效简化了诉讼流程，减轻了当事人的诉讼成本，使得司法资源得以更加高效、合理的配置。这一制度的成功推行，不仅赢得了广大工农群众的热烈欢迎与高度评价，也为后续司法制度的改革与发展提供了宝贵的经验与启示。

梁柏台倡导的巡回审判制度，生动体现了他审判要依靠群众、服务群众的观点。巡回审判是苏维埃法院特别是基层的法院，基于方便群众诉讼的考虑，根据本地区的实际情况，主动深入农村以及一些交通不便的偏远地区，就地立案，就地开庭，当庭调解，当庭结案。1932年，梁柏台主持制定了《中华苏维埃共和国裁判部暂行组织及裁判条例》，规定各级裁判部可以根据需要，自行组织巡回法庭，到事发地进行开庭审判。这一规定得到不断发扬光大，陕甘宁边区的高等法院庭长马锡五将进一步群众路线运用于审判工作，就地开庭，简化程序，创立了"马锡五审判方式"，在国际司法界享有盛誉，被称为"东方审判经验"。

三、坚持公开审判，鼓励群众参与

审判案件必须在公开场合进行，当庭宣判，严禁秘密操作。对于重大案件，可组织巡回法庭，前往事发地点进行公开审判。[①]梁柏台强调公开审判、走群众路线，让群众参与司法活动。在开庭审判前广泛张贴告示公布审判日起吸引和组织广大群众旁听在判决案件时"可征求群众意见，若判决办法与群众意见不同，可交上级处理"[②]。梁柏台曾经对会昌、石城两县的审判工作提出批评，指出审判不在法庭公开进行，而是由个别裁判部长在房间里写个判决书就算完成，甚至连死刑都是这种方式进行，"这样解决案件，不是经过群众路线，而是秘密路线；不是要使群众知道案件的内容，而是恐怕群众知道"。为

---

① 黄喆：《中央苏区巡回法庭制度的历史意蕴与现实承继古田干部学院学报》，《古田干部学院学报》2023年第3期。

② 韩延龙、常兆儒：《中国新民主主义革命时期根据地法制文献选编》第3卷，中国社会科学出版社1981年版，第306页。

此，梁柏台多次强调，各地在进行审理案件之前，就要多方听取群众的意见，并且将审批的具体时间、地点向社会公布，鼓励人民群众前来旁听；梁柏台反复强调审判的公开性，即使是少数需要保密的审判环节，宣判也必须公开进行，并允许公众旁听。"犯案当事人如系劳动分子，应给予相当时期的上诉期间，过了上诉期间方执行法庭判决，对一切剥削分子无上诉期。"[①]在判决结果出来之后，要及时向群众公布整个案件的审理过程和判决结果，判决书应一律公开张贴，以体现审判的公开性和透明度，主动接受社会的监督，减少冤假错案。

基于公开审判的理念，梁柏台制定了公审制度和人民陪审员制度，让群众可以充分参与到法庭审判过程中。在梁柏台的领导下，苏维埃政府出台了《革命法庭的工作大纲》，明确规定革命法庭在进行公审时，允许苏维埃的所有公民来旁听，而且公审还要有群众团体的代表来陪审，代表人数最低限度是五人，如果案件复杂、影响较大也可以适当增加人数。在案件审理的过程中，主审要主动征求陪审代表的意见，并且旁听的群众也可以针对案件发表自己的意见。[②]梁柏台倡导的公开审判思想，在中央苏区得到了较好的执行。比如，1932年8月，临时最高法院公审了季黄反革命案，吸引了大量群众的参与。[③]

四、坚持实事求是原则

由于当时苏维埃政府法律人才短缺，许多司法人员都没有接受过专门的教育培训，而且工作经验不足，在案件审理过程中时常发生不区分阶级成分，不区分首犯和从犯，不重视证据的收集，偏听偏信，主观判断，出现了不少错审误判的问题。为了改变这种现状，梁柏台多次强调审判案件要以事实为依据，"对于每个案件的材料，要尽量搜集，不得再有事实还未明了，又不经预

---

① 韩延龙、常兆儒编：《中国新民主主义革命时期根据地法制文献选编》第3卷，中国社会科学出版社1981年版，第330页。
② 范佑先主编：《中华苏维埃共和国司法行政史料选》，江西省司法厅1993年，第13页。
③ 李凤凤、刘魁：《从中央苏区的立法及司法实践看梁柏台的法制思想》，《赣南师范学院学报》2015年第2期。

审，就拿到法庭来判决的情形"①。他还要求，在审判过程中，需要注意不同的阶级成分，正确区分主犯和附和的责任，坚决废除肉刑，不能偏听偏信犯人的口供，要注意去收集各方面的证据和材料。梁柏台亲自起草了《处理反革命案件和建立司法机关的暂行程序》，明确在审判中必须注重证据的搜集，而不能轻易根据口供来定罪。梁柏台还一再告诫各级司法干部，"只有实事求是的干部才是好干部，弄虚作假不仅仅是一般的作风问题，也是一种祸国殃民的腐败作为，一定要坚决制止。"

为了减少错误审判，临时最高法院经常纠正各地法院出现的不当判决。比如，1932年5月，瑞金裁判部判处劣绅朱多伸死刑，罪行包括经常欺压群众、欺骗别人的田地、冒充宁瑞金三县的巡视员、私扣公家子弹，等等。临时最高法庭在对瑞金县裁判部的判决结果进行审核时，将枪毙改为监禁两年，原因在于朱多伸所犯的是普通刑事案件，并不是反革命罪，而且朱多伸参加过革命。梁柏台注意在行动中为其他司法工作者作出表率。他在担任苏维埃中央政府临时最高法院主审人或陪审人时，开庭前都会逐一核对证据，分析案情，确保案件的审理做到实事求是。

五、坚持依法独立审判

中央苏区政府在设计诉讼制度时就注重保障审判机关独立行使审判权。②在中央，梁柏台在其负责拟定的《中央苏维埃组织法》中，确立了最高法院与人民委员会（即中央政府）在法律上具有平行的地位，两者在政权机构中处于一个层次，相互之间没有隶属关系，各自对中央执行委员会负责，分别行使司法权和行政权。各类审判组织均作为苏维埃政权的民主专政机关，拥有高度权威性，其在执行司法审判职能时，享有依法自主裁判的权力，这一权力是独立的，不受任何层级行政机关或个人的干涉与影响。同时，规定了中央审判机构对于地方的指导、纠错作用。中央司法委员部在《对裁判工作的指示》中强调，"不应再发生裁判部成为预审机关的附属机关的不规则现象，不要忘了裁判部本身的独立作

---

① 中央档案馆：《中共中央文件选集》，中共中央党校出版社1983年版，第8页。
② 彭光华、杨木生、宁群：《中央苏区法制建设》，中央文献出版社2009年版，第151—154页。

用"①。1931年12月13日,中央执行委员会颁布了《处理反革命案件和建立司法机关的暂行程序》,进一步明确了审判机关的独立性,指出一切反革命案件及一切刑事、民事案件均由审判机关审判,地方各级审判机构在行使职权时,应当接受临时最高法院的节制。军事裁判所则更是具有独立审判的权力,《对于〈军事裁判所暂行组织条例〉的解答》中指出在中央苏区的军事裁判所中裁判人员是独立于指挥员的,军事指挥人员在执行指挥工作时不得同时担任裁判员工作,不得参与审判工作。②由此可见,中央苏区在军队中建立了军、审分立制度,军事指挥人员无权参与审判和干涉审判,确保了审判的独立。

在地方,1932年1月,司法人民委员部发出通令,要求各级苏维埃政府都要成立临时的司法机构——裁判部,以履行其司法职能。1932年6月9日颁布《裁判部的暂行组织及裁判条例》,具体规定了各级裁判部的性质、职责、组织方式、审判程序、相应的权限等。这样,就在苏维埃政权逐步建立起独立于行政之外的审判体系。

在中央苏区的司法架构中,审判机关的独立性得到了充分保障,不仅专任审判员拥有独立的审判权,陪审员制度同样体现了高度的独立性原则。在案件审理过程中,陪审员被赋予与裁判员相等的职权,共同参与合议庭的决策过程,确保判决结果基于多数意见形成。针对存在争议且无法形成一致意见的案件,审判长将承担最终判决书内容的裁定责任。值得注意的是,若陪审员持有独到见解并坚决保留,其意见将被密封提交,作为上级审判部门在审理相关案件时的参考依据,这一机制彰显了陪审员意见的独立性和价值。

因此,在中央苏区的司法实践中,陪审员在执行职务时享有充分的自主权,他们并非专任裁判员的附属品,而是基于自身的专业素养和内心确信独立参与案件审理。这种制度安排确保了司法审判的独立性和公正性,尽管外界因素,包括群众意志,可能对审判活动产生一定影响,但审判制度本身在保障陪审员与法官独立性的方面已经达到了相当高的水平,有效抵御了其他政府部门及人员的不当干预。

---

① 杨木生:《论苏区的司法制度》,《求实》2001年第1期。
② 《对于军事裁判所组织条例解释和运用》,《红色中华》第16期,1932年4月6日。

第五章　梁柏台与中央苏区检察工作

1931年11月，中国共产党在江西省瑞金市成功创建了具有里程碑意义的红色政权，标志着其治国理政实践的伟大序幕正式拉开。作为这一新兴苏维埃政权架构中的关键一环，工农检察人民委员部及其他苏区检察机构相继成立，标志着人民检察制度的诞生。自此以后，人民检察制度与中央苏区政权的建设进程紧密相连，同步发展，并深深植根于苏区的革命斗争实践之中。

苏维埃检察制度核心目的在于强化法律执行力，维护权力运行体系的流畅性，进而稳固革命胜利果实。为实现此目标，中华苏维埃共和国政府，根植于马克思主义民主监督思想的深厚基础，紧密贴合苏区独特的社会经济环境，创造性地构建了一套具有鲜明本土特色的检察制度，以此推动法治建设与政治监督的深度融合。成立了包括苏维埃工农检察部在内的"九部一局"，并通过了《工农检察部的组织条例》①，此举标志着检察制度在中央苏区的正式确立。

中华苏维埃共和国检察制度的诞生，紧密伴随着临时中央政府的成立，其构建不仅标志着苏区法治建设的新篇章，也体现了对司法公正与严明的不懈追求。该制度框架内，各级工农检察机关、最高法院（临时最高法庭）、地方各级裁判部检察长与检察员，以及军事检察所与国家政治保卫局检察科等多元主体紧密协作，共同织就了一张严密的司法监督网。

在这一体系中，中央苏区的检察机关展现出非凡的开拓精神，积极履行检察职责，通过加强对苏维埃法律法令执行情况的监督，对政府及其工作人员的合法性进行严密审查，有效发挥了司法监督的职能。此举不仅为苏区人民的

---

① 最高人民检察院：《人民检察史》，中国检察出版社2009年版，第19页。

权益提供了坚实的法律保障，也为苏区的经济发展营造了一个公平、公正、透明的法治环境，极大地促进了苏区社会的和谐稳定。

更为重要的是，这一检察制度的实施，极大地推动了中央苏区廉政建设的深入发展，为革命战争提供了坚实的法治后盾。通过打击腐败、维护司法公正，检察机关为革命事业的胜利作出了不可磨灭的贡献，彰显了其在支援革命战争中的关键作用。

梁柏台是中华苏维埃共和国司法体制的开创者，他在中央苏区主持司法工作期间，确立了检察地位和职能的检察制度，创设了以法律监督为目的监所检察制度，构建了以中华苏维埃为特色的检察法律体系，至今还为我国检察体系创新发展树立坚定的中国特色社会主义检察制度自信、检察理论自信和检察文化自信。

第一节　检察机构、群众职能组织的设置及职能

在中华苏维埃政权建立之后，为完善司法体系，确保政权的稳固与法治的推行，各级工农检察机关得以从中央至地方逐级设立。同时，审判机关中亦融入了检察职能，以适应司法实践的需求。此外，军事检察所和政治保卫局检察科的设立，亦彰显了检察机关在特殊领域的重要作用。这四类具有检察职能的机构，共同构成了中央苏区的检察机关体系。

此外，为了强化民众对政府、国企及其工作人员监督检举违法行为的参与度，中央苏区独创性地设立了工农检察部领导下的突击队、轻骑队以及工农通讯员等监督网络。这些组织在工农检察部门的精心指导下运作，旨在精准打击潜藏于社会各阶层的异己与腐化势力，确保革命队伍的纯洁性与社会的公正性。

一、各级工农检察机关的构成与职权

（一）中央工农检察人民委员部

在中华苏维埃共和国诞生之前，苏维埃检察体系的雏形已在若干革命根

据地悄然形成。具体而言，1931年9月23日至10月4日期间，湘鄂赣地区成功召开了第一次苏维埃代表大会，这一事件宣告了湘鄂赣省苏维埃政府及工农检察所的正式诞生。此举不仅显著强化了苏维埃政权的法制化进程，更为日后中央层面工农检察人民委员部的构建铺设了稳固的基石，确保了检察制度在革命根据地内的逐步完善与发展。在中华苏维埃共和国成立之后，自中央至地方层面，均设立了工农检察人民委员部，这标志着革命根据地检察制度的初步构建。1931年11月7日，中华苏维埃共和国全国代表大会选举产生了中央执行委员会，该委员会在代表大会休会期间承担起最高决策权力的角色。作为行政运作的核心，人民委员会在中央执行委员会的架构下应运而生。尤为关键的是，人民委员会内部专门设立了中央工农检察人民委员部，此机构被确立为中华苏维埃共和国检察体系的最高层次，由何叔衡先生出任工农检察人民委员，他肩负起了引领和监督检察工作的重要使命。工农检察人民委员部的建立，不仅丰富了红色政权的职能范畴，使其从单纯侧重于军事和政治，逐步发展至以军事、政治工作为核心，同时推动政权建设和经济建设共同发展的新时代。各级检察机关作为新民主主义国家行政机关的重要组成部分，隶属于同级苏维埃政府，其设置与运作对维护革命政权的稳定与发展具有重要意义。

在组织架构上，中央苏区与鄂豫皖苏区在工农监察委员会的构建上展现出显著的差异性。各级工农检察机关在双重领导体系下运作，既紧密依托于本级执行委员会及其主席团的指导，又需严格遵循上级工农检察机关的指令，确保了检察体系的垂直管理与横向协调的有机结合。为强化职能履行，中央苏区独具匠心地设立了与工农检察机构相匹配的控告局，并组建了突击队作为检察任务的执行先锋，这一创新举措极大地提升了检察工作的灵活性与效率。

然而，鉴于当时动荡不安的战争背景，根据地建设面临着诸多不确定性与挑战，中央苏区检察机构的全面铺开并非一帆风顺，而是遵循了一条逐步深入、循序渐进的发展轨迹。尽管中央工农检察人民委员部已初步展开工作蓝图，并相继颁布了《工农检察部的组织条例》《突击队的组织和工作》及《工农检察部控告局的组织纲要》等一系列规范性文件，旨在构建完善的检察制度体系，但战争的残酷现实仍对检察工作的推进构成了严峻考验。部分地区的工农检察机构建设尚显滞后，人员流动频繁，核心领导层往往需兼任多职，这无疑对检察工作的连续性和专业性构成了不利影响，削弱了其应有的稳定性与效能。

此外，在动员群众参与苏维埃工作人员监督方面，亦存在显著的不足与局限，这不仅限制了检察工作社会基础的拓宽，也影响了其监督效能的充分发挥，成为制约检察工作深入发展的又一重要因素。因此，如何在战争环境下克服重重困难，加强检察机构建设，提升检察工作效能，同时激发群众参与监督的热情，成为中央苏区检察事业亟待解决的重要课题。

针对这种情况，毛泽东在《中华苏维埃临时中央政府一周年纪念向全体选民工作报告书》中提出了批评，并强调了加强工农检察工作的重要性。他指出，虽然设立了各级控告局并规定了突击队的组织与工作，但未能有效地吸引群众团体和工农积极分子的参与，因而未能充分发挥其实际效能。[①]为了改变这一状况，中华苏维埃共和国临时中央政府提出了一系列健全各级工农检察机关的原则和措施，旨在提升检察工作的质量和效率，进一步巩固和发展革命根据地。

1934年2月，中华苏维埃共和国第二次全国代表大会的胜利召开，会议正式成立了中央工农检察委员会，标志着检察体系的一次重大转型。自此，原中央工农检察人民委员部正式易名为中央工农检察委员会，以崭新面貌承担起检察职责，所有检察活动均以其名义展开。这一更名举措，不仅彰显了中央对检察机构领导力的强化决心，更为根据地检察制度的深化构筑了坚实的基石，有力推动了其全面建设与持续优化。

随着检察制度的持续深化与拓展，革命根据地的政权建设亦步入了一个更加稳健成熟的阶段。在这一进程中，工农检察机构作为国家政权体系中不可或缺的一环，其重要性日益凸显，成为维护司法公正、保障人民权益、促进革命秩序稳定的中流砥柱。它们不仅在法律监督、案件查办等方面发挥着关键作用，更在推动社会法治意识提升、增强民众对革命政权的信任与支持方面，展现出了不可替代的价值与力量。

---

① 江西省档案馆、中共江西省委党校党史教研室：《中央革命根据地史料选编》下册，江西人民出版社1982年版，第227页。

（二）地方各级政府工农检察机构

依据苏维埃临时中央政府于1932年颁布的《工农检察部的组织条例》的明文规定，省、县、区三级苏维埃政府均相应设立了工农检察部，而在城市则设立工农检察科。《工农检察部的组织条例》还明确指出，各级工农检察部或科作为各级政府机关的重要组成部分，既接受所在级政府的直接领导和指挥，又须遵循上级工农检察机关的指令，由此形成了独特的双重领导体制。在这种体制下，工农检察部的组织体系得以清晰构建：中央政府层面设立工农检察人民委员部，省、县、区三级则设立工农检察部，而在较大城市则设立工农检察科。[①]

至1933年年底，为了进一步提升工农检察工作的效能，各级工农检察部（科）进行了组织调整，转型为工农检察委员会，并且这一机构也延伸至乡苏维埃和市区苏维埃，从而实现了工农检察体系在地域上的全面覆盖。中华苏维埃共和国展现出了非凡的治理能力与建设效率，它不仅从零开始，更实现了规模的迅速扩张，构建起一套自中央至地方、层级分明且完善的工农检察制度框架。这一成就标志着专业化的工农检察队伍得以组建并壮大，其成员具备高度的专业素养，共同支撑起这一新兴而重要的国家检察机制。

（三）控告局

根据《工农检察部的组织条例》和《工农检察部控告局的组织纲要》的明确规定，各级工农检察部或科之下应设立控告局。控告局直接隶属于各该级工农检察部或科，受其指导与监督，且控告局之间并无上下级隶属关系，确保了其在处理控告案件时的独立性和公正性。

控告局设局长一人，调查员的人数则根据各局工作的实际需要来确定。控告局的核心任务在于"接收工农劳苦群众对苏维埃机关或国家经济机关的控告，并深入调查控告的事实"[②]。调查结束后，控告局向工农检察部提交调查报告，以便后者根据这些材料做出相应的处理决定。为进一步拓宽民意收集渠道，增强民众参与度，控告局特在人口稠密区域张贴公告，并设立控告箱，此

---

① 庞振宇：《中华苏维埃共和国国家监察制度的政治功能与时代意蕴》，《江西社会科学》2020年第7期。
② 《工农检察部控告局的组织纲要》，《红色中华》第32期，1932年9月6日。

举旨在为工农群众提供便捷途径,使其能够自由投递控告书,不仅促进了控告局工作效率的显著提升,也极大地增强了群众满意度,确保了司法公正与民主监督的深度融合。

(四)检举委员会

举报制度的实施主要由控告局和检举委员会两大机构共同承担。检举委员会作为各级工农检察机关为推进检举与检察工作而设立的临时性机构,在苏维埃政权建设中发挥着不可或缺的作用。

依据1932年12月1日中华苏维埃中央工农检察人民委员部颁布的第2号训令之精神,各级检举委员会的组建工作均交由对应层级的工农检察部统筹负责,并由该部部长担任委员会主席一职。具体而言,在省级层面,检举委员会汇聚了来自省工农检察部、省职工工会、省雇农工会、省少先队部、军区指挥部及军区政治部的杰出代表各一名,另由省苏维埃政府主席团特别指派一名成员加入,共同构成七人精英团队,以彰显其成员的广泛性与代表性。① 此模式亦被县、区两级检举委员会所采纳,确保各级机构在人员构成上的统一性与合理性。

二、检察职能及其在审判机关中的体现

在战争的特殊时代背景下,中华苏维埃共和国为有效应对复杂多变的局势,创造性地采纳了审检合一的法律制度架构。此制度不仅在中央层面得到深入贯彻,亦广泛延伸至地方各级及军队司法体系之中,展现了其全面性与适应性。在该制度框架下,苏维埃的审判与检察两大职能实现了高度的融合而非分立状态。这种设计在司法机关内部嵌入并强化了检察功能,确保了司法活动的连贯性与效率性。

通过设立直接隶属于审判机关的检察长及检察员职位,检察职能得以在审判过程中无缝对接并有效实施,进一步丰富了司法机关的职能维度,提升了司法实践的全面性与公正性。具体而言,《中华苏维埃共和国中央苏维埃组织法》明确规定,最高法院内设有正副检察长及检察员。同时,《中华苏维埃共

---

① 岳文钊:《略述中央革命根据地的监察机构及反腐败斗争》,《中共党史研究》1992年第2期。

和国地方苏维埃暂行组织法（草案）》及《裁判部的暂行组织及裁判条例》也分别指出，地方各级审判机关均设有检察员，负责案件的侦查、预审、起诉、公诉及抗诉等任务。这种设置使得审判与检察工作得以在中央及地方各级审判机关内部集中进行，从而形成了审检合一的组织架构。通过这一制度设计，中华苏维埃共和国在特殊时期有效地整合了审判与检察资源，提高了司法效率，为战争环境下的法律实施提供了有力保障。

（一）中央审判机构与检察长、检察员的设置

在中华苏维埃共和国的司法体系中，中央审判机构扮演着至关重要的角色。这一机构经历了从临时最高法庭到最高法院，再到最高特别法庭的演变过程。其中，临时最高法庭的设立尤为关键，它标志着苏维埃共和国在保障国家法律实施、建立革命新秩序以及组织与领导审判工作上的重大举措。临时最高法庭为了强化检察职能，特设检察长及若干检察员，检察长同样由中央执行委员会委任。[①]

1.临时最高法庭的检察权

临时最高法庭的检察长与检察员肩负着举足轻重的职责。他们不仅主导着案件的预审流程，确保每一宗案件在正式审判之前，经检察官预审，以此奠定案件审理的坚实基础。庭审时，检察员更以国家公诉人的身份，代表国家意志与正义，向法庭提起公诉，展现了法律监督者的庄严形象。

此外，案件一经判决，当检察员对中央直属县裁判部、中央直属市裁判部、各省裁判部乃至高级军事裁判所的判决结果存有质疑时，他们被赋予了一项重要的权力——提起抗诉。这一制度的设立，彰显了司法体系内部的纠错机制与公正追求。

2.最高法院的检察权

最高法院之设立，系严格遵循1934年2月由中央执行委员会颁布的《中央苏维埃组织法》之精神与条款。最高法院的检察长、副检察长及其属下的检察员，其职权界定清晰且肩负重大使命。他们专司案件预审之责，确保每一桩提交至最高法院的案件，均在正式庭审之前经过检察员审查，以此保障司法程序

---

① 曾维才主编：《中央苏区审判工作研究》，江西高校出版社1999年版，第89页。

的严谨性与公正性。

于庭审之际,检察长或指定之检察员将身着国家公诉人的身份,代表国家出庭,依法提起公诉,展现法律之威严与公正。尤为值得一提的是,当检察员对中央直属县裁判部、中央直属市裁判部、省裁判部乃至高级军事裁判所所作出的判决结果持有不同见解或质疑时,他们被赋予了神圣的抗诉权利,有权依法提出抗诉,以此维护法律适用的统一性与正确性,确保司法公正的最后一道防线坚不可摧。

3.最高特别法庭的检察权

苏维埃共和国最高特别法庭的设立,旨在应对中央执行委员犯法的特殊案件。这一临时性最高特别审判机关由中央执行委员会及中央执行委员会主席团授权最高法院组织。最高特别法庭内设检察长1人。负责案件的检查工作,确保所有案件在开庭前均经过其审查。开庭时,检察长将作为国家的原告人,代表国家出庭提起公诉。①

1934年3月25日,根据中央执行委员会的命令,最高法院组织了最高特别法庭。此次审判以最高法院院长董必武为主审,何叔衡、罗梓铭为陪审,李澄湘、邹沛甘为书记。②同时,梁柏台被任命为最高特别法庭的临时检察长。该法庭依法定程序开庭审判了熊仙璧的贪污渎职犯罪案件,判处其监禁1年,并在期满后剥夺其公权1年;同日,还审判了原中央执行委员、工农剧社社长兼中央教育部艺术局副局长洪水的贪污案,判处其强迫劳动3个月。③

(二)地方各级审判机构的检察员及其职权

根据中央执行委员会颁布的《地方苏维埃暂行组织法(草案)》及《裁判部的暂行组织及裁判条例》的相关规定,苏维埃共和国的地方审判机构体系包括省裁判部、县裁判部、区裁判部以及城市裁判部(科)。

1.省裁判部检察员的职权

在省裁判部中,检察员的职权涵盖了案件的调查管理、预审以及法庭起

---

① 闵钐:《董必武与新民主主义革命时期的检察工作》,载《董必武法学思想研究文集(第十辑)》,人民法院出版社2011年版。

② 《中华苏维埃共和国最高特别法庭判决书》,《红色中华》第168期,1934年3月29日。

③ 胡晏诚:《中华苏维埃共和国最高法院刍议》,《党史文苑》2007年第6期。

诉的协助工作。检察员作为国家利益的代表，在法庭审理案件时，有权代表国家出庭进行起诉。对于需要预先逮捕犯罪嫌疑人以便进行进一步检察的案件，检察员拥有先行逮捕犯罪嫌疑人的权力。

2.县裁判部及其检察员的职权

县裁判部设有检察员2至3人。裁判部的检察员同样负责案件的调查管理、预审工作，并在开庭审判时代表国家出庭进行起诉。对于需要预先逮捕以便进行检察的案件，检察员拥有先行逮捕犯罪嫌疑人的权力。此外，检察员还拥有抗诉的权力，对于经过抗诉的终审案件，应再次进行审判。在案件调查过程中，检察员有权使用传票、拘票和搜查票等法律文书。

3.区裁判部内的检察权

区裁判部，作为区级临时审判机构，设立于区苏维埃执行委员会之下，于区级法院成立前代行其职权。根据《裁判部的暂行组织及裁判条例》的规定，区裁判部不设立检察员职位。然而，区裁判委员会由工农检察委员会的代表，区裁判部部长、副部长，国家政治保卫局特派员，劳动部的代表，职工会的代表等7至9人组成，负责讨论和提出关于区裁判部司法行政、案件检察与审判等方面的意见和建议。

4.市裁判部

各级市裁判部，作为市级临时审判机构，设立于各级市苏维埃执行委员会之下，于市级法院成立前代行其职权。市裁判部设有检察员1至3人，负责检察管理案件预审事宜。所有送至裁判部的案件，除非简单明了、无需预审外，均须经过检察员的预审。检察员对一切犯罪行为拥有检察权，并在必要时可预先逮捕犯罪人。在检察案件过程中，检察员有权随时传唤与案件相关的人员进行审问，并制作预审记录作为案件证据。

检察员工作任务和职权：检察员负责案件预审，除明确无需预审外，所有案件均须经其预审并有权检察犯罪。对需先逮捕后检察的嫌疑人，检察员有逮捕权。检察员可传唤案件相关人员审问，并记录预审过程，签字盖章作证据。作为国家原告人，检察员预审后认定犯罪并转交法庭。在审判中，检察员以公诉人身份出庭指控，对判决不服可向上级裁判部抗诉，要求再审。①

三、军事检察机关的设置及其职能

在中华苏维埃共和国的司法体系中，军事审判工作遵循检审分立的原则。军事检察机关，即军事检察所，是与军事裁判所平行的法律机构，专职负责军事犯罪案件的侦查、预审和公诉，构成了完整的检察体系。

（一）初级军事检查所

初级军事检查所设立于初级军事裁判所及阵地初级军事裁判所所在地，专门负责检查涉及军事犯罪的案件。该机构由所长1人、副所长1人及若干检查员组成，其他工作人员根据军队实际情况进行增减。

初级军事检查所概括拥有以下权利：对所有需审理的军事案件进行预审（除非简单明了无需进一步审查），预审红军指挥员、政治委员依法逮捕的犯罪嫌疑人，作为国家对军事犯罪案件的起诉机关，向法庭提起公诉并代表国家进行指控。在案件审查中，有权传唤相关人员询问，并使用传票、拘票等法律文书。同时，根据案件需要，有权调用相关军事资源以支持案件工作。

（二）高级军事检查所

高级军事检查所设立于高级军事裁判所所在地，负责检查涉及军人犯罪的案件。该机构由所长1人、副所长2人及若干检查员组成，并可根据需要配备书记、文书等技术工作人员。工作人员数量根据军队实际情况进行增减。

高级军事检查所职权广泛，涵盖案件预审、犯罪嫌疑人预审、军事犯罪案件起诉等，与初级所相似但范围更广。其负责所有需高级裁判所审理案件的预审，审查各级指挥员、政治委员逮捕的嫌疑人，并作为起诉机关提起公诉。检查员有权传唤相关人员审问，使用法律文书，并调用特定部队资源。所长总揽所务，副所长在所长缺位时代行职权。②

---

① 张友南、罗志坚：《独具特色的中华苏维埃共和国司法机关》，《党史文苑》2010年第18期。
② 曾维才主编：《中央苏区审判工作研究》，江西高校出版社1999年版，第104—106页。

四、政治保卫局检查科的设置及其职能

国家政治保卫局是专门负责镇压反革命的机关,拥有侦查、逮捕和预审反革命案件的权力。其组织体系如下:中央设立国家政治保卫局;省、县设国家政治保卫局分局;区设特派员。同时,在红军中设有相应的政治保卫机构,例如,在方面军和军团下设立分局,在师、团及独立营设立特派员及干事。必要时,在某些机关中也可直接设立特派员。①

在省级和方面军军团的各分局内,设置执行部、侦察部和总务处。其中,执行部下设执行科和预审科;侦察部下设侦察科和检查科。

县级分局则设置执行科、侦察科和总务科。各部(处)科的具体职能如下:执行部(科)负责管理拘捕、审问及处理犯人,并领导保卫队,监督护照、通行证、路条的发放;侦察部(科)负责组织工作网,指导侦察工作,查阅邮件与白区书报;总务处(科)负责管理局内事务工作。②

国家政治保卫局实行高度集权与委任制管理,确保下级对上级的绝对服从。各级机关下设委员会,由局长(委员会主席)领导,成员包括同级共产党代表及检查员,共同负责材料审查与讨论。该局所有行动严格遵循法律规制,案件处理须经相应法院或(在法院未成立时)临时最高法庭及裁判部检查员的法律监督,其中检查科及其检查员依法行使检查权。此架构与职能分配彰显了政治保卫局在处理反革命案件时的缜密性、系统性及法治原则下的运作要求。

五、其他监督组织

在中华苏维埃共和国这一深受马列主义思想启迪而构建的无产阶级专政体系中,人民群众的民主权利与监督权能得到了前所未有的广泛确认与保障,这一显著特征构成了其与南京国民政府之间本质差异的关键标识。苏维埃政权坚定不移地遵循马列主义基本原理,于《宪法大纲》中清晰界定了人民群众对国家机关、各级苏维埃代表及公职人员所享有的监督权与罢免权,彰显了人民

---

① 谢卢明:《论中华苏维埃共和国检察机构的设置及其职能》,《赣南师范学院学报》2002年第1期。
② 马于强:《中央苏区司法机关及其法规综述》,《井冈山师范学院学报》1999年第4期。

主权的至高无上。

为切实保障上述权利的有效落实，苏维埃共和国政府积极动员广大工农群众，创造性地构建了一系列群众性的监督组织体系，这些组织在工农检察部的有力领导与科学指导下，紧密协作，共同织就了一张覆盖苏维埃政府工作全过程的监督网络。此举不仅强化了人民群众对政府行为的直接参与和监督，也极大地促进了苏维埃政府工作的透明度与效率，确保了政权运作始终在人民监督的阳光下进行，体现了社会主义法治理念的深刻实践。

（一）突击队

突击队，这一承载着群众性监督职能的特殊组织，其核心成员根植于苏区深厚的群众基础之中，专为履行对中华苏维埃共和国各级政权机构的监督使命而生。《突击队的组织和工作》中明确界定了突击队接受工农检察机关的领导与专业指导，为苏区民众开辟了一条直达苏维埃政府内部的监督与批评的直通车，极大地丰富了人民参与政权监督的渠道与形式。①

加入突击队之门槛，设定为拥有选举权的苏区民众，这一设置确保了监督力量的广泛代表性与合法性。突击队成员通过面对面交流、深入调研等多种灵活手段，细致入微地审视苏维埃机关及国有企业在政策执行、任务完成等方面的表现，同时利剑高悬，严查官僚作风、贪污腐败等不正之风，为苏维埃政府的清廉高效筑起了一道坚实的群众防线。

值得注意的是，突击队并不隶属于任何固定的政府编制体系，其成员间保持着一种扁平化的协作关系，摒弃了传统官僚体系中的层级束缚，这种独特的组织形态赋予了突击队更高的灵活性与更强的应变能力。而其在执行监督任务时，则需紧密依托工农检察部的战略导向与具体指示，确保每一项监督活动都能够在法治框架内有序开展，既不失锐利锋芒，又不失规范严谨。

（二）轻骑队

轻骑队，这一由苏维埃共青团中央精心培育的青年监督力量，通过公正公开的选拔机制，汇聚了苏区内的杰出青年才俊，共同肩负起苏区监督的重要使命。在组织架构上，轻骑队与苏维埃共青团保持着紧密的垂直领导关系，同

---

① 张希坡：《革命根据地法律文献选辑（第二辑）上卷》，中国人民大学出版社2017年版，第415页。

时，在工农检察部的专业引领下，其监督活动更加精准高效。

轻骑队以其工作方式的公开透明为特色，灵活采用多样化的监督策略。一方面，他们能够迅速集结，实施突击式的"突然袭击"检查，直击问题核心，揭露潜在的不正之风；另一方面，他们也注重常态化的"经常性监督检查"，以细水长流之姿，确保监督的连续性与深入性。无论是针对国家机关的行政行为，还是国有企业的运营管理，轻骑队都以其敏锐的洞察力和坚定的执行力，为苏区的廉洁高效筑起了一道坚实的屏障。其主要任务包括监督政府机关、企业等的运行情况，检查产品质量，监督生产计划执行情况等，并将行动及检查结果向群众报告，通过媒体等渠道进行曝光。轻骑队有权进行检查和控告，但案件处理权归苏维埃法庭和检查机构所有。

（三）工农通信员

工农通信员，作为《地方苏维埃暂行组织法（草案）》匠心独运的群众监督制度之体现，其成员均经过严格审查与考核，从广大工农革命群众中脱颖而出，遍布国家各机关、国有企业及基层社会组织。这一群体虽无固定编制之束缚，却能在不影响日常工作与生产活动的前提下，履行其神圣的监督职责。

工农通信员的主要使命，在于与工农检察部携手，共同织就一张覆盖广泛、深入细致的监督网络。他们不仅协助进行对国家机关、企业的全面调查与监督，还承担起搜集、整理违法犯罪线索的重任，成为揭露腐败、维护正义的锐利武器。对于公职人员中的渎职、违法等行为，他们深入调查取证，确保每一份证据都经得起法律的检验。

在完成上述任务后，工农通信员还需将整理的材料提交审查。一旦获得批准，这些材料便成为工农检察机关严惩腐败、净化政治生态的重要依据。如此，工农通信员以其独特的身份与不懈的努力，为苏维埃政府各国家机关、国有企业及机构的健康运行提供了坚实的监督保障。

第二节　苏区检察机关的职权梳理

随着中华苏维埃共和国临时中央政府的正式成立，一系列重要法规条例相继出台，包括但不限于《苏维埃地方政府的暂行组织条例》《中华苏维埃共和国地方苏维埃暂行组织法（草案）》及《中华苏维埃共和国中央苏维埃组织法》等法律文件。这些法规明确规定了工农检察机关的法定职责，主要包括：对行政机关及其公职人员实施全面监督，以维护工农群众的根本利益；确保苏维埃政纲及所有法律、法令得到严格遵循与执行；积极受理并处理工农群众针对政府机关、国有企业及公职人员的申诉与控告；同时，领导并协调人民群众与苏维埃机关中官僚主义现象的斗争，以法律手段促进政权内部的廉洁与高效。

具体而言，各级工农检察委员会的核心职责涵盖以下几个方面：监督苏维埃机关，确保其站在工人、雇农、贫农和中农的利益立场上，依法进行土地的没收与分配工作；监督各级苏维埃机关在特定革命阶段内，正确执行苏维埃的政纲和策略，以巩固苏维埃区域和政权，并推动其向外拓展；对苏维埃机关执行苏维埃经济政策的情况进行监督，特别是财政与租税政策的执行情况，对于发现的违法乱纪行为迅速进行举报并采取相应的制裁措施。[①]

为实现建设革命政权、巩固和扩大革命根据地的目标，苏维埃共和国赋予工农检察机构以下权力：

第一，是调查权。依据法定程序，各级工农检察机关之控告部门，于接获民众针对苏维埃行政机关、国家经济管理部门及其公职人员所提之控告后，即拥有启动调查程序之权限。一般而言，控告部门将指派具备调查许可证之专员，实施现场勘查与取证工作。面对紧急情况，控告部门可行使紧急措施，直接指令相关机构代为执行调查任务，并严令该机构即时呈报详尽之调查结果至

---

① 厦门大学法律系、福建省档案馆：《中华苏维埃共和国法律文件选编》，江西人民出版社1984年版，第412页。

工农检察机关，以确保调查工作的时效性与准确性。

第二，检举权。在1932年12月，中央工农检察人民委员部发布了第二号训令，明确指示各级工农检察部组织检举委员会，旨在通过大规模的检举运动，对各种腐败分子进行彻底的清查。自此，检举制度作为革命根据地检察制度的核心内容得以确立，并在实践中不断完善。

为确保检举的广泛性和合理性，检举委员会的人员构成被要求具有多样性，不仅涵盖工农检察机关的专业人员，还纳入军事机关、工会、农会、少先队等组织的人员。[①]特别强调了检举委员中需包含具有长期革命斗争历史的工农分子，尤其是工人，以确保检举工作的公正性和权威性。

检举委员会的职责广泛，具备法定权限，对各级苏维埃政府、各类群众组织、军事单位、地方武装等机构内潜藏的阶级异己个体、涉嫌官僚腐化行为者及展现动摇消极态度之成员，实施检举行为。此举旨在及时甄别并清除上述不良因素，以维护革命队伍的纪律严明与革命政权的绝对纯洁性，确保国家机器的稳定运行与革命事业的蓬勃发展。检举的范围覆盖中华苏维埃共和国的所有工作人员，旨在全面遏制贪污腐败等不正之风。

在行使检举权时，各级工农检察机关首先会向群众征求意见，通过召开讨论会和发放检举表，汇集群众智慧，形成处理意见。随后，这些意见将被提交至上级政府机关及军事机关进行核准和执行。这一流程不仅体现了民主监督的原则，也确保了检举工作的透明度和公正性。

工农检察委员会还积极发动群众参与检举工作，这在1934年中央苏区开展的反贪污、反浪费运动中发挥了至关重要的作用。中央工农检察委员会遵照中央训令，率先在中央各机关开展检举贪污的行动。经过深入调查，成功揭露了包括中央互济总会财务部部长谢开松、中央印刷厂会计杨其兹、造币厂会计科科长凌全香、军委印刷所会计路克勤在内的多名贪污分子。在查清事实后，中央工农检察委员会组织群众公审会，对这些贪污分子进行了公审，并将他们送交法庭，依法进行了制裁。这一系列行动有力地震慑了腐败分子，为革命根

---

① 张曙光、王义正：《党的群众路线对中华苏维埃检察制度的塑造——"人民检察"制度之缘起》，《山东理工大学学报（社会科学版）》2013年第6期。

据地的廉洁建设奠定了坚实基础。

第三，检查督促权。凡是苏维埃政府的中心任务，同样也是工农检察委员会的中心任务，只不过他们是以检查督促的方式，确保这些中心任务能够迅速且正确地得到执行和完成。"在苏维埃政权前面的一切战斗任务，也就是我们工农检察委员会的任务，不过我们工农检察委员会是在用检查这些任务的执行的特殊的工作方式，来帮助这些任务迅速地与正确地实现。"①各级工农检察委员会在监督苏维埃行政机关及其公职人员遵循苏维埃法令与政策实施的过程中，积极履行了广泛的检查与督促职能。此类委员会紧密契合苏维埃政府各阶段的核心工作部署，诸如"扩大红军、推销公债、查田运动"等关键任务，通过其不懈努力，有效保障了各级苏维埃行政机关对上述任务能够精准无误地执行与落实。"比如扩大红军现在是苏维埃政权前面的一个中心工作。但是，有些苏维埃政府完全没有执行这一任务，或者在执行的时候发生强迫命令的现象以至于使群众登山或者逃到白区，或者优待红军家属的工作不注意，发生红军大批开小差的现象，我们工农检察委员就应该立即注意这一问题，检查这一工作。对于查田运动、推销公债等等，都是这样。"②

工农检察委员会依法行使检查督促职权，对各级苏维埃行政机关及其公职人员执行苏维埃政府方针政策的情况实施了严密的监督与审查，同时，坚决抵制并纠正了脱离群众根基的官僚主义与命令主义倾向。此系列行动显著优化了苏维埃机关的工作风貌，深化了苏维埃政府与广大人民群众之间的紧密联系，促进了政民关系的和谐共进。

第三节　苏区检察工作的领导体制

（一）党对检察工作的领导

中央苏区的检察制度，如同红色政权本身，深受苏俄（联）模式的影

---

① 洛甫：《苏维埃工作的改善与工农检察委员会》（1933年11月21日），《斗争》第37期，1933年12月5日。
② 洛甫：《苏维埃工作的改善与工农检察委员会》（1933年11月21日），《斗争》第37期，1933年12月5日。

响，显著地体现了对苏俄（联）检察制度的模仿与借鉴。这一制度的核心特点在于，从中央到地方均设立了专门的工农检察委员会，并辅以突击队、轻骑队等组织，赋予其对苏维埃干部的监督职权。同时，这一制度实行党委领导。

追溯苏俄（联）检察制度的演进历程，列宁时代对检察机关的重视程度前所未有。1918年，作为国家行政体系中最高检察机关的"国家检察人民委员部"正式确立，标志着检察机关在国家治理结构中占据了重要位置。随后，1920年的改革将其更名为"工农检察人民委员会"，国家检察人民委员部只对全俄苏维埃人民委员会和全俄中央执行委员会负责，确保了检察机关的独立性与广泛性监督职能，覆盖至包括苏维埃高层在内的所有国家机关及公职人员。

然而，历史进程中的转折不容忽视。斯大林时期，检察体制经历了显著变化，工农检察院的撤销及苏维埃检察委员会并入人民委员会体系，虽在特定历史背景下有其合理性，但客观上导致了检察机关独立性与监督效能的削弱，尤其是对高层权力监督的效能显著下降。

脱胎于苏俄（联）模式的中华苏维埃检察制度，对中国共产党和红色政权产生了深远的影响，特别是在领导体制上表现得尤为明显。作为红色政权的缔造者和领导者，中国共产党自然承担起领导苏维埃检察机关的职责。在共和国临时中央政府的框架下，实行党政双轨的检察制度，即各级党的监察委员会与各级苏维埃政府的工农检察委员会共同发挥作用。

为确保双方的紧密合作与高效运作，省、县、区、市各级工农检察委员会与中国共产党相应级别的监察委员会被要求在同一机关内办公，实现紧密的沟通与协作。[①]工农检察委员会的成员名单由党的监察委员会提出，并在苏维埃代表大会上获得通过，以确保人员的合适性与权威性。工农检察委员会主席同时担任党的监察委员会委员，确保党的监督政策在检察机关中得到贯彻与落实。此外，工农检察员与党的监察委员一样，被禁止兼任其他工作，以确保他们能够全身心地投入到检察工作中，为苏维埃的其他部门树立榜样与典范。[②]

---

① 《中华苏维埃共和国地方苏维埃暂行组织法（草案）》，载韩延龙、常兆儒：《中国新民主主义革命时期根据地法制文献选编》（第2卷），中国社会科学出版社1981年版，第69页。

② 洛甫：《苏维埃工作的改善与工农检察委员会》（1933年11月21日），《斗争》第37期，1933年12月5日。

这些规定无疑加强了党对检察工作的领导，确保了检察工作的正确方向与高效执行。

（二）苏维埃检察机关内的双重领导体制

苏维埃检察机关采用双重领导体制，各级工农检察部门既受同级苏维埃行政机关的领导，同时也接受上级工农检察机关的领导。①《工农检察部的组织条例》明确指出："工农检察机关受各该级执行委员会及其主席团的指挥，同时受它上级工农检察机关的命令。"②这种双重领导体制的实施，既保证了地方工农检察机关在同级政府的大力支持下顺利开展工作，又确保了中央检察机关的方针政策能够及时贯彻执行，使地方检察机关能够按照统一的法规和标准对各级行政机关进行监督。

然而，双重领导体制也存在一些问题。首先，这种体制难以对苏维埃的最高领导机构及其主要负责人进行有效监督。中国共产党自成立以来，一直以马克思列宁主义为指导思想，并采用民主集中制作为组织原则。红色政权建立后，民主集中制同样被用于苏维埃的政权建设。在战争环境的影响下，以及由于党政领导人缺乏经验，民主集中制在实践中往往过于强调集中，特别是在20世纪30年代初期的王明"左"倾错误统治时期，苏区党政主要领导形成了个人专断的作风，损害了民主集中制，导致高度集权的弊病。《中华苏维埃共和国地方苏维埃暂行组织法（草案）》规定："下级绝对服从上级。"③在这种情况下，检察工作受到很大限制，难以有效监督高级领导人。

此外，红色政权实行"议行合一"制，避免了"三权分立"制下常见的互相推诿现象，虽然提高了行政效率，但也容易导致权力集中和专擅。为防止专擅和干部的滥权，需要加强社会和人民的监督。然而，当时苏维埃政权在人民委员会下设立的工农检察部及其下属的控告局，并未充分发挥监督作用。这揭示了在红色政权下，社会和人民的监督作用尚未得到充分发挥的问题，值得

---

① 刘建国：《鄂豫皖革命根据地与中央苏区检察制度的比较研究》，《河南社会科学》2013年第7期。

② 《工农检察部的组织条例》，载《中华苏维埃共和国法律文件选编》，江西人民出版社1984年版，第411页。

③ 韩延龙、常兆儒：《中国新民主主义革命时期根据地法制文献选编》（第2卷），中国社会科学出版社1981年版，第50页。

引起重视。

苏维埃代表大会及其闭会期间的常设机关——中央执行委员会，是最高权力机关，实行"议行合一"制，选举产生苏维埃的最高行政机关——人民委员会。①人民委员会下设的工农检察委员会，无权对最高权力机关和最高行政机关进行监督。工农检察机关的职责之一是监督。②

工农检察机关的监督是事后监督，无法在决策过程中进行事前监督，从而防止决策失误。由于苏维埃代表大会及其常设机构——中央执行委员会和人民委员会是最高权力机关和行政机关，工农检察委员会无法对其决策进行监督，一旦决策失误，便会带来严重后果。苏区时期由于"左"倾错误被第二次全国苏维埃代表大会全盘接受并在全境贯彻，特别是"左"倾教条主义军事路线，导致第五次反"围剿"的失败，给中华苏维埃共和国政权带来了重创。苏维埃检察机关未能有效监督最高权力机关和最高行政机关，造成了无法挽回的损失，这一惨痛教训应引以为戒。

在探讨地方检察机关的运行情况时，我们需正视其面临的独立性挑战。地方检察机关在体制上受到地方行政机关的领导，这在一定程度上限制了其监督职能的充分发挥。

首先，地方保护主义是地方检察工作中的一个显著问题。由于地方检察机关与行政机关存在紧密的联系，其在执行检察任务时，不可避免地受到地方行政机关的影响，这在一定程度上削弱了其独立行使监督职权的能力。特别是在涉及地方行政机关及其领导人的案件查处中，如果相关领导不能正确对待，可能会利用职权对案件查处设置障碍。此外，各级检察机关作为政府的下属单位，受到同级执行委员会及其主席团的指导和节制，当同级行政领导干预案件查处时，受其领导的工农检察委员会可能会受到制约，难以公正执法。

其次，从双重领导体制下的检察机关职责来看，地方检察机关仅拥有建议权。这种建议权并不具有强制效力，若其建议未被采纳，仅能通过向上级检

---

① 秦正为：《中央苏区的制度体系建设》，《井冈山大学学报（社会科学版）》2018年第6期。
② 《工农检察部的组织条例》（1933年11月），载《中华苏维埃共和国法律文件选编》，江西人民出版社1984年版，第411—412页。

察机关反映,再由上级检察机关向同级行政机关提出处理建议。这种流程中的不确定性,加之各级行政机关对检察机关干部享有任免权,进一步制约了检察机关的独立性。当检察机关坚决查处案件,触及某些行政领导利益时,检察干部可能会面临被排挤、打击甚至调离岗位的风险。

列宁曾深刻指出地方保护主义对法制和文明建设的阻碍。在苏区时期,地方苏维埃检察机关因受地方保护主义影响,难以独立行使职权,许多大案、要案的查处往往不是地方检察机关的成果,而是源于群众举报或上级机关的介入。例如,瑞金县苏维埃财政部长的贪污案就是中央工农检察部查出的,而非瑞金县工农检察部。类似的情况在其他地区也有发生,如于都事件等。

在这种双重领导体制下,省、县、区、市各级检察机关均受到地方保护主义及其他因素的制约,未能充分发挥其应有的检察作用。有时,检察机关的主要负责人甚至成为被检举的对象。董必武在总结中指出,虽然部分省份的检委工作较为积极,但仍存在诸多不足,如检举工作主要由突击队发动,许多检委自己成为被检举对象等。[①]这一状况凸显了地方检察机关在双重领导体制下的困境。

第四节　苏区检察工作的历史意义

一、维护了红色政权稳定与强化革命根据地建设

在反"围剿"、颠覆、封锁及腐败的艰巨斗争中,苏区检察机关及其工作人员坚决履行工农民主专政之职责,对各类反革命组织及其活动施以重拳,同时严厉惩治刑事与经济领域的违法犯罪行为,尤其聚焦于贪污、奢侈浪费、受贿、玩忽职守、徇私枉法等职务性违法及官僚作风问题,以强有力的法律手段支持革命军事行动,稳固土地革命成果,维护国家法制体系的统一性与政令的有效执行。此举旨在确保革命队伍的纯洁性,捍卫革命群众的生命安全及其

---

① 董必武:《把检举运动更广大的开展起来》,《斗争》第61期,1934年5月26日。

在法律框架内应享有的各项权益,为新生红色政权的稳固与革命根据地的深化拓展,贡献了不可估量的积极力量。

(一)支援了革命战争

检察机关深入监督红军及其家属优待政策的落实情况,严格督促各级苏维埃政府依法准确执行优待红军相关法律法规,旨在提升红军指战员的社会地位,切实消除其后方忧虑,稳固军心。同时,检察机关积极参与反逃兵专项工作,依法严厉打击那些组织、煽动逃兵行为的首要分子及直接实施拖枪逃跑的违法者,通过法律手段与思想教育相结合,积极动员因觉悟不足而逃离或长期未归的战士重返部队,确保军队纪律严明与人员稳定。检察机关还检查扩红工作,并派驻工作团直接参与扩红突击,为前线红军提供新战士。与此同时,检察机关还监督征集粮食等参战工作,为红军提供可靠的后勤保障。这一系列措施最大限度地稳定了军心,保障了红军的战斗力。1934年9月,正值第五次反"围剿"及主力红军坚守中央革命根据地的关键时刻,兴国工农检察机关派出的五人工作团在高兴区(战区)仅5天内就扭转了局势,将逃离的群众召回并积极参与战地运输、粮食运输、游击队组建和工事修筑工作,实现了从"全民逃跑"到"全民动员"的转变。

(二)严厉打击了各种反革命组织和违法犯罪活动

各级政治保卫局检察科,作为反革命案件预审与公诉的法定机关,依法审结并提起了众多重大反革命案件的公诉,涵盖范围广泛,诸如汀州市省内务部失窃案、埋藏非法枪支案、伪造国家货币案、瑞金钟同焕故意杀人案、罗宏接杀人抢劫案及钟天灿抢劫案等,均彰显了其严厉打击反革命势力的坚定立场。与此同时,各级工农检察委员会聚焦党、红军、苏维埃政权机关内部,对反革命分子与阶级异己力量实施重点打击,通过法律手段将其清除出党与苏维埃各级组织,确保公共权力回归人民手中,维护了组织的纯洁性与正当性。

检察机关在严惩严重刑事犯罪方面也发挥了关键作用,特别是对杀人、抢劫等恶性案件采取零容忍态度,严格依法查办。针对苏维埃机关工作人员侵犯红军指战员、红军家属、女性公民及广大革命群众合法权益的违法行为,检察机关更是从严查处,有效保护了人民群众的生命安全与财产权益,促进了社会的和谐稳定。例如,在瑞金城河背街发生的杨嘉才强迫儿媳与其发生不正当关系未遂后残忍杀害并分解尸体的恶性案件中，瑞金县裁判部检察员依法提起公诉，最终杨嘉才被判处死刑并立即执行，此判决赢得了人民群众的广泛赞誉，尤其是广大妇女群体深感欣慰，认为苏维埃政府切实维护了她们的合法权益，彰显了法律的公正与威严。

（三）推进了苏区经济建设

检察机关监督中央政府各项经济政策，打击各种经济犯罪，维护苏区正常的经济秩序和安全，促进苏区经济发展。各级工农检察机关检察的内容包括春耕问题、统一财政问题等。1932年8月，江西、福建两省及瑞金直属县工农检察部联席会议部署各级工农检察部（科）立即突击检查"发展苏区经济"问题，严格检查财政贪污浪费和税收问题。1933年6月，中央工农检察人民委员部《中央及地方各级工农检察部六个月工作计划》中第三项和第六项即为检查经济建设和财政政策问题，要求"切实监督苏维埃机关坚决领导经济建设运动"，"检查各级经济部与主席团倡办粮食和消费合作社，建立谷仓，增设粮食调剂局等情况"，以及"检查土地税执行情况，有无强迫命令及徇私舞弊包庇富农"等。

检察机关还严厉查处制售假钞、走私等破坏苏维埃经济秩序的犯罪行为，例如汀州阙渭川伪造假币案，于都刘洪清和袁成文等走私谷、盐投机倒把案等。此外，检察机关严厉查处发生在国家企业和合作社中的贪污浪费犯罪，为经济建设提供良好的司法环境。例如，中央印刷厂、造币厂、军委印刷所的贪污大案，为经济建设提供了有力支持。

二、筑基新中国检察制度

苏区的检察机关由各级工农检察部（会）、军事检察（所）、国家政治保卫局检察科以及法院裁判部内设的检察机构构成，其中工农检察人民委员部（会）占据了核心地位。苏区检察制度，包括公诉、职务犯罪检察、军事检察、行政检察和侦查监督等多个方面，它是以列宁的法律监督与法制统一理论为基石的人民民主检察制度。这一制度与我国历史上的封建监察御史制度和民国时期的检察制度在理论基础和根本性质上迥然不同，它成功实现了中国共产党建立社会主义检察制度的理想，成为新中国检察制度的雏形和原始基础。苏区检察工作是列宁法律监督与法制统一理论在中国的首次系统性实践，是新中国检察工作的伟大预演，因此在中国检察史乃至中国法制史上占据了独特且重要的地位，开启了中国检察史的新篇章和新道路。

提及苏区检察机关，人们往往仅关注法院裁判部内设的检察机构和军事检察所，从而忽视了独立的检察机关的存在。然而，实际上，苏区的检察职能主要由各级工农检察部和政治保卫局检察科承担，特别是工农检察部，作为反腐败的专门机构，它负责自组织检举运动、接受举报控告、侦查以及起诉等完整的反腐败和查办职务犯罪流程。这一制度实行"审检分立"，是名副其实的检察机关，并且是当时检察机关的主体。

从名称演变来看，"工农检察部"与"人民检察署"（1949～1954年）以及"人民检察院"之间，机构名称显然有着清晰的传承脉络；同时，这一名称与苏联的"工农检查院"也是一脉相承，但又有所创新和发展。在苏联模式的影响下，苏区国家机关的设置，包括新中国成立初期，都沿用了这一模式。值得注意的是，在1932年苏联统一的检察机关建立健全之前，"工农检查院"就已经是一个检察机关，这一点在列宁的论著如《论"双重"领导与法制》中有所体现。

工农检察部的"检察"职能与审判机关内设的"检察"职能在性质上是相同的。在当时的语境中，"检查"与"检察"常常通用，如"军事检察所"与"军事检查所"通用，检察员与检查员也通用。最高法院内设的检察人员称为"检查长""副检查长"和"检查员"，而在各级裁判部则称为"检察员"。例如，在《中华苏维埃共和国最高特别法庭判决书》（特字第一号）中，最高法院检察长梁柏台也改称为检察长，这进一步证实了两者在职能上的一致性。

根据《工农检察部的组织条例》第二章第5条规定，"工农检察部的任务是：监督国家企业和机关，以及有国家资本的企业和合作社，确保这些企业和机关坚定地站在工人、雇农、贫农、中农、城市贫困劳动民众的利益上，执行苏维埃的劳动法令、土地法令及其他一切革命法令。"与之相对，1954年《中华人民共和国宪法》第二章第81条规定："中华人民共和国最高人民检察院对国务院所属各部门、地方各级国家机关、国家机关工作人员和公民是否遵守法律行使检察权。地方各级人民检察院和专门人民检察院依照法律规定的范围行使检察权。"这里的"检察权"即法律监督权,将其动词化并前置,即为监督国务院所属各部门、地方各级国家机关、国家机关工作人员和公民遵守法律。显然,这两者在本质上是一致的,区别在于前者行文较为粗糙、具体,而后者更为精练、规范。

《工农检察部的组织条例》明确了该部门的四项核心职权:即检察权,涵盖国家企业、机关及含国家资本的经济实体的执法与运营监督;建议权,可向同级执行委员会提议调整或惩戒公职人员,并就机构运营提出改进意见;侦查权,特指对涉嫌职务犯罪的案件进行刑事调查;起诉权,则在发现如行贿、贪污、公款浪费等犯罪行为时,依法向法院呈报并启动诉讼程序。

1932年9月30日,《红色中华》报载江西、福建两省及瑞金直属县、中央政府附近的会昌、寻邬、安远、宁都、南广、宁化等县工农检察部联席会议决定的《各级工农检察部在目前的中心任务》第3条规定:"……各级工农检察部如发现插腰包打埋伏及各种浪费财政的现象,应严格检举,提起公诉,从严惩办,乃至枪毙其罪犯为止。"其中,提起公诉显然不是行政监察职能,而是检察职能。因此,工农检察部是检察机关,而不仅仅是行政监察机关。

苏区检察机关体系还包含军事检察所、政治保卫局检察科及审判机关内设检察机构,因战争环境特殊,政治保卫机关内设检察科实施侦诉合一,审判机关则审检合一,均映现"检察机构不健全"之态。然,军事检察所作为独立检察机关,与军事裁判所并行,专司军事犯罪侦查、预审及公诉,其架构与当代军事检察院相仿,彰显了党对新中国社会主义检察机关模式的构想。

依据《中华苏维埃共和国军事裁判所暂行组织条例》第五章,军事检察所分初、高级,配置所长、副所长及检察员,作为国家代表,检察军事及相关违法案件,并行使公诉权,参与审判。其正副所长兼任同级军事裁判所检察员,强化司法联动。军事检察所系统垂直领导,内部集权管理,确保独立行使职权,不受军政机关干涉,决策机制明确,展现了高度组织化与专业化,其检察职能与领导体系的完备性,与现行检察机关设置高度契合,预示了检察制度发展的前瞻性。

三、马列主义法制思想的中国性实践

经过三年具有深远意义的实践"预演",苏区检察工作在党和红军中,以及苏区人民群众之间,成功地进行了一次全面而深刻的社会主义法制启蒙实践。这一实践不仅广泛传播了马克思主义法制思想,特别是列宁的法律监督与法制统一理论,更为新中国检察制度的构建和检察工作的深入开展,奠定了坚实的思想基石,积累了宝贵的实践经验。

社会主义检察机关,作为法定的法律监督机关,其理论基础深厚,直接源自列宁的法律监督理论,而非仅仅局限于公诉机关的角色定位。列宁所定义的"法律监督",其核心在于确保全国范围内对法制的统一理解和执行,无论面临何种地域差异或外部影响。他明确指出:"检察长的唯一职权是把案件提交法院判决",这里的"案件"是一个广义的概念,包括了所有违反国家法律的情形,甚至涵盖了各地方政权机关所作出的与法律相抵触的决定。

进一步的,列宁强调了检察长的另一项重要职责,即确保地方政权的决策与国家法律保持一致性。对于那些违法的决策,检察长虽然不能直接停止其执行,但有权提出抗议,并通过促进全社会对法制的一致理解来间接实现监督的目的。

值得注意的是,在列宁的法律监督理论中,"法律"一词具有广泛的含义,它涵盖了国家所有的法律规范。而"法律监督"则是指对所有这些法律实施情况的全面监督,其范围远远超出了对刑事法律单一领域的监督,更不是仅仅局限在提起公诉这一环节。列宁深刻指出:"如果没有一个能够迫使人们遵守法规的机关,权力也就等于零。"这句话深刻揭示了检察机关在维护法律权威和尊严方面的核心作用。

在苏区的检察制度中,特别是在工农检察人民委员部的相关制度中,列宁的这一理论得到了充分的体现。从制度设计来看,党期望建立的检察机关是一个全面、统一的法律监督机关,其职能远超过当前检察机关的范畴。然而,由于战争环境和特定的社会政治经济条件,这一制度未能完全建立,仅形成了初步框架。

军事检察(查)所的职能和体制设置,以及审判机关内设检察人员的

第五章　梁柏台与中央苏区检察工作

"再预审"职能，均体现了党建立社会主义检察机关的理想模式。在苏区，不同类型的刑事案件由不同机关侦查公诉，但均受到法院和裁判部内设检察机构的监督。《裁判部的暂行组织及裁判条例》明确规定，除特殊情况外，所有案件必须经过检察员的预审，并赋予检察员对一切犯法行为的检察权。这种制度模式，与当前我国检察机关在侦查监督和公诉审查方面的职能有着高度的相似性。

无论是职能设置还是机构建制，苏区的检察制度都与中国此前各个时期以及当时国民党统治区的检察制度存在显著差异。苏区的检察工作是列宁法律监督与法制统一理论在中国的首次系统性实践，为新中国检察工作的发展奠定了坚实基础。

中国作为一个长期缺乏法治传统的国家，旧社会深受封建人治思想的束缚，民众权利与保障缺失，当权者滥用权力。即便在苏区干部队伍中，这种现象也时有体现。苏区检察工作面临的一大挑战即在于此，诸如苏维埃法律立法、执法的障碍，以及苏维埃机关中的贪污浪费现象，其根源多源于此。

面对这些挑战，工农检察机关在检察工作中采取了多种措施。首先，他们运用国家强制力，通过严格的检查监督，查处违法行为，确保苏维埃各项法律法令的贯彻执行。这一过程中，党员、干部和广大民众在法律法令的实际运行中逐渐树立起法制观念。例如，通过监督检查劳动法和婚姻法的执行情况，促进了《劳动法》的正确统一实施，确立了新型的劳动关系，同时也保障了妇女的合法权益，建立了新型的平等婚姻家庭关系。这些措施的效果显著，如临时中央政府成立不到一年，就有妇女为争取婚姻自由而诉诸苏维埃，这充分显示了苏区妇女法制意识的提高和"普法"工作的力度。

其次，中央苏区检察机关在办案过程中，不仅注重打击犯罪，还注重教育和预防。他们设立了突击队、轻骑队，吸引工农群众参与办案和对苏维埃机关的监督，这不仅对被检查被监督者，而且对参与监督者都是一次深刻的法制教育和民主思想教育。同时，他们还通过设立群众法庭，审判"不涉及犯法"的案件，或通报犯法者的罪行，以教育当事人和广大干部群众。对于执法犯法、破坏法制统一者，检察机关更是予以严厉查处，这些举措从不同角度彰显了苏维埃法制的基本原则，使人们深切体会到苏维埃法制的精神实质，即一切权力属于人民，法律面前人人平等，苏维埃法律政策必须正确统一地贯彻实施。

正因为中央苏区检察机关是建立在列宁法律监督与法制统一理论基础上的法律监督机关，当新中国成立后，依据这一理论建立的法律监督机关，得到了人民群众的广泛认同和接受。中央苏区检察机关三年的工作实践，为之后革命根据地，特别是新中国检察制度的构建和检察工作的开展，提供了宝贵的思想基础和实践经验。

四、孕育和锤炼了一批检察人才

中华苏维埃共和国作为今天中华人民共和国的雏形和前身，其检察制度亦为我国现行检察制度奠定了坚实基础。中国共产党人在中央苏区和红都瑞金所经历的艰苦革命斗争，不仅是夺取全国政权的伟大预演，同时也是新中国检察工作的深刻预演。正如毛泽东在《〈共产党人〉发刊词》中所指出的："党开辟了人民政权的道路，因此也学会了治国安民的艺术；党创造了坚强的武装部队，因此也就学会了战争的艺术。"这些历史经验标志着党的重大进步和重大成功。

在中国共产党领导中央苏区的历程中，不仅积累了治党、治政、治军、治国的丰富经验，还形成了"苏区干部好作风"的优良传统和作风，以及以开拓创新、艰苦奋斗、前仆后继、浴血拼搏、勇于奉献、坚守信念为核心的"苏区精神"。这些精神与作风，对于检察事业、法制建设以及治国安邦具有深远影响。

在这一光辉历程中，梁柏台作为杰出代表，与何叔衡、项英、董必武、高自立等并肩，共同铸就了苏区检察事业的辉煌篇章。梁柏台以其卓越的贡献，不仅成为检察机关与检察工作的重要奠基人之一，更以其深邃的法治理念与实践，为党和国家输送了治党、治国、治军的宝贵人才。其非凡的业绩与时代精神深度融合，构筑了苏区检察事业不可或缺的基石，更为新中国检察事业的蓬勃发展奠定了坚实而深远的基础。

第五章 梁柏台与中央苏区检察工作

第五节 梁柏台的检察思想

一、坚持中国共产党对检察工作的领导

中华苏维埃共和国的检察制度以马列主义为指导，在政治上始终坚持中国共产党的领导。这种新型检察制度以人民大众的根本利益和要求为检察法规制定的标准和检察权行使的准则。坚持党对检察工作的领导和指导，是中央苏区检察工作的一项基本原则，也是一个显著特色。在中华苏维埃共和国检察制度的构建与实践中，梁柏台作为关键人物，发挥了不可替代的作用，特别是在坚持中国共产党对检察工作领导这一核心原则上。他深刻理解并坚决贯彻马列主义理论，确保检察工作始终在政治上与中国共产党保持高度一致，将人民大众的根本利益作为检察法规制定与检察权行使的根本出发点和落脚点。

为了确保监督的全面、公平、公正，中国共产党在监督运行机制上将党内监督与党外监督相结合。各级党组织和监察委员会以及各级工农检察委员会作为党政监察机构共同发挥作用。一方面，两者保持密切联系，合署办公，工农检察委员会成员由党的监察委员会提名并在苏维埃大会上通过，工农检察委员会主席为党的监察委员会委员。另一方面，两者有明确分工，苏区的大量行政检察工作由工农检察委员会主持实施。

检察工作服从和服务于党和国家的工作大局，说到底，是坚持党对检察工作的领导的集中体现，是检察工作"讲政治"的集中体现，是社会主义检察机关与其他性质检察机关的一个本质区别。

中央苏区检察工作的历史告诉我们，检察工作必须自觉地接受党的领导，中国共产党是苏区检察工作的领导者和组织者，也是今天新时期检察工作的领导者和组织者。苏区时期，我们党领导人民进行立法，领导国家机关执行法律法令，重视和善于运用法律工具，实现党的路线方针和政策，领导苏区检察机关不断推进反贪污浪费、反官僚主义斗争。没有中国共产党，就没有苏区检察制度；没有中国共产党的领导，就没有新民主主义法制的产生和发

展。中国共产党是包括检察工作在内的苏区法制建设的领导者和组织者，这是被历史证明了的事实。苏区检察的历史还告诉我们，检察工作在坚持党的领导的前提条件下，必须坚持检察机关依法独立行使检察权，避免"以党代检"，这是无数先烈用鲜血换来的教训。由于受历史时代的局限，加上"左"倾错误的影响，在苏区时期，存在"以党治国的方法""以党代国"的现象，在检察工作中，由于党的各级监察委员会与同级工农检察委员会"合在一处办公"、交叉任职，也存在"以党代检"的问题，制约了检察工作的开展。如中央在给江西省委的指示信中，曾尖锐地批评道："江西过去几个失败的苏维埃最大的原因，是工作方式的错误，尤其是党与苏维埃的关系不正确，大都是党即苏维埃，以致白色恐怖一来，整个的工作就又指出：党必须和苏维埃分开，'以党治国'的方法，应属大错误。"

二、检察工作要以国家的政治需要为导向

如何处理法律与政治的关系，是法理学的一个重要课题，也是各个时代法学家都在思考的问题。梁柏台的法律思想也体现出鲜明的政治性，他学习的苏维埃社会主义法，认为法律要以马克思主义学说的意识形态为指导，国家政党通过法律的形式实现国家权力和政治统治。[①]梁柏台将司法建设与国家的政治需求联系起来，让法律思想和政党的治理思路相统一，将革命战争需求作为司法工作的重心。梁柏台认为革命战争时期的中心任务就是开展革命战争，一切工作都应该以如何有利于革命为中心，特别是革命战争发展猛烈时期，一切都应该服从于战争，也包括司法机关，各级的司法机关也要在这个任务下开展工作。[②]梁柏台将国家的政治需要作为指导政法工作这一重要思想，既符合了当时开展革命斗争的时代要求，也是新时代中国特色社会主义法治建设的历史使命。

在第二次全国苏维埃代表大会上，革命战争和土地革命成为核心主题。动员所有民众力量投入革命战争、发展革命战争，是苏维埃政府的首要任务。

---

① 王志华：《苏维埃社会主义法系法系的兴衰》，《北方法学》2018年第2期。
② 韩伟：《梁柏台及其新民主主义司法观》，《人民法院报》2014年8月1日。

第五章 梁柏台与中央苏区检察工作

毛泽东同志在《第二次全国苏维埃代表大会的报告》中指出："他的任务，就是他必须用全部力量去动员民众，组织民众与武装民众，必须一刻不停地去进攻他的敌人，去粉碎敌人对于他的'围剿'；他的任务是革命战争，是集中一切力量去开展革命战争，用革命战争去打倒敌人的那一个专政，并且还要打倒强大的帝国主义统治，因为帝国主义是敌人那一个专政的拥护者与指挥者。他打倒帝国主义与国民党的目的，是要统一中国，实现资产阶级性的民主革命，并且要使这个革命在将来能够转变到社会主义的革命中去。"

因此，苏维埃政府的一切工作都应当以发展革命战争为中心任务，一切服从于战争。检察机关和检察工作也必须遵循这一原则，全力服务于革命战争的大局。检察工作要与党和政府的重大决策保持高度一致，并对这些决策的贯彻落实起到保障作用。革命战争和土地革命是中华苏维埃共和国的两大主题，苏维埃的一切工作都应以发展革命战争为中心任务，一切服从战争。①各级工农检察机关的刑事检察工作主要是严厉打击各种反革命活动，维护苏维埃区域内的政治稳定、社会安定和经济发展。当时国家的政治需要就是革命战争和土地革命，检察工作也要以革命战争和土地革命需要为导向，梁柏台的工作中也体现了这个观点：

第一，检察工作要服务革命战争。在维护阶级统治上，在对反革命案件的检举惩罚中，梁柏台主张应当以保护无产阶级和农民的利益、巩固中华苏维埃统治为中心。他将这一主张深刻贯穿于检察工作的实践中，坚决肃清中华苏维埃地区的反动势力，为中华苏维埃统治营造良好的政治环境，保证革命的胜利。梁柏台专门组织制定了《中华苏维埃共和国惩治反革命条例》《处理反革命案件和建立司法机关的暂行程序》（以下简称《反革命暂行程序》）等法令，为打击反革命分子，维护中华苏维埃统治作出了重要贡献。梁柏台认为，裁判机关的工作的一个重要任务，就是镇压反革命，要保障裁判机关的工作就要把镇压反革命作为裁判机关的主要任务。②

梁柏台主张以革命战争为导向开展检察工作，一切服务于革命斗争这一

---

① 刘建国：《鄂豫皖革命根据地与中央苏区检察制度的比较研究》，《河南社会科学》2013年第7期。
② 《裁判机关的主要工作方向》，《红色中华》第156期，1934年3月1日。

时代主题。在当时，由于审判制度和检察制度正处于建立中，许多规定还不完善，在此之前常有由于羁押期限和审理期限不当延长，导致出现"用国家的钱养罪犯"的情况，浪费了国家资产和司法资源。梁柏台担任裁判部的领导后，明确规定了审理期限最多不超过半个月。其目的是为国家节省司法开支，来充裕革命战争经费。

就各级工农检察部门而言，其在反腐败、查办职务犯罪及行政检察方面的工作重心聚焦于：监督并促进苏维埃政府各项政策、法规及训令的忠实执行；坚决反对贪污浪费与官僚主义现象，以此"优化并加固苏维埃的运作机制，确保政令畅通无阻，促进经济节约以支持战争，从而使各级苏维埃组织能够更加坚实有效地动员与领导群众，圆满完成所有战争任务"。

特别的，那些直接服务于战争需要的检察活动，如参战备战工作的监督、红军队伍的扩充（扩红）与红军家属的优待（优红）等，均依据工农检察部联席会议的决议及中央工农检察人民委员部发布的第一号训令，明确了其检察范围，涵盖了"军事兵员的征召与扩充""交通线路的维护与军事交通设施的安全检查""战争经费的筹措与管理""苏区经济的发展与保障""加强赤色区域的安全警戒与反奸肃特工作""对财政领域贪污浪费行为的严厉查处"，以及"红军优待政策的执行情况及其配套措施的监督"等多个方面。若在此过程中发现任何"忽视职责、敷衍了事"的行为，工农检察部门将立即予以检举，迅速采取纠正措施，并有权向法庭提起诉讼，依法对相关责任人进行惩处。

对各类反革命犯罪行为的坚决严惩之上，其核心目的在于彻底清除反革命颠覆活动的隐患，并同步强化对重大刑事犯罪的惩治力度，进而捍卫苏维埃地区内的政治安宁、社会秩序的平稳运行及经济安全体系。此举战略性地构筑了革命战争坚实的后方支撑，确保党的领导与苏区民众能够无后顾之忧，集中全部力量投身于波澜壮阔的革命斗争事业之中，共同推进革命事业向前发展。

据中央政府司法部代部长、最高法庭检察长梁柏台的不完全统计（注："各县未报告来的也未列入"），仅1932年第二季度，全苏维埃范围内共执行了包括枪决271人、徒刑399人、监禁349人、罚款141人以及无罪释放481人在内的多项司法裁决。值得注意的是，此批受审者中，政治犯占据了70%的比例，而普通刑事犯则占30%。①

第二，工作执行要支持土地革命。在检察工作的执行中，梁柏台也极力为土地革命提供支持。他主张将长期监禁的犯人们编成队伍参加劳动，承担起为前线提供给养的运输工作，或是参加其他劳动来辅助革命战争，将犯人作为劳动力参加劳动生产，为国家创造了一定的财富。

为确保土地革命顺利推进，苏区检察机关的核心职责涵盖了对妨害土地革命行为的严厉惩治，以及对各级行政机关执行土地相关法规情况的严密监督。此外，积极响应并高效完成党和政府在不同历史阶段的中心任务，同时在党的领导与协调下，与其他职能部门紧密合作，共同行动，这构成了中华苏维埃共和国检察制度中一个鲜明的特征。

苏区检察机关一是严厉打击针对土地革命的各种破坏活动；二是督察各级政府正确统一地执行土地法规。"必须打击那些阻碍分田查田的反革命分子，在群众的同意下用最严厉的办法处治他们，从逮捕到监禁群众公审，直到枪决，这是完全必要的。如果不是这样做，那么土地斗争就要受到极大的障碍。"②因此，"责成各级土地部，工农检察部，裁判部，国家政治保卫局及其特派人员用他们的全力去检察指导查田运动，彻底解决土地问题，改造地方苏维埃，肃清农村中的反革命。应全力指导各下级机关，切实完成这些任务"③。工农检察部积极督导各级土地部门迅速重启土地详查工作，一旦查实地主仍非法持有土地及大量房产，或富农占据优质耕地之情形，应立即依据土地法之规定，实施没收并重新进行公正合理的土地分配。针对既有土地分配存在瑕疵或不符合法律规范的地区，需动员农村阶层间的正当斗争机制，以促成土地资源的再分配与调整。对于新近发展的区域，则必须严格遵循土地法的指引，不容拖延地一次性完成土地没收与分配的全部程序，确保土地改革的彻底性与时效性。

---

① 《司法人民委员部一年来工作》，《红色中华》第39期，1932年11月7日。
② 《中华苏维埃共和国中央执行委员会与人民委员会对第二次全国苏维埃代表大会的报告》，《红色中华》（第二次全苏大会特刊）第3期，1934年1月26日。
③ 《中央政府关于查田运动的训令》，载江西省档案馆、中共江西省委党校党史教研室：《中央革命根据地史料选编》下册，江西人民出版社1982年版，第477页。

三、检察工作要以人民为中心

梁柏台在日常工作中贯彻了检察机关应当服务人民的法律思想。为了更好地服务群众,梁柏台提倡法律语言多使用白话文,这样有利于普通民众也能听懂理解法律。梁柏台以人民为中心的情怀一直深深镌刻在他的检察思想当中,始终将一般民众作为关注的对象,保护工人农民的切身利益。他在检察工作中也体现了这一点:

第一,倡导废除肉刑的人道主义检察思想。1931年12月,中华苏维埃政府发布了第六号训令,其最主要的目的就是废止肉刑。当时中央苏区政权刚刚建立,急需一个能够代表苏维埃、改造旧社会的历史使命的检察理论作为支撑。他提出的新检察思想区别于封建法西斯的政治立场,不是将所有的犯罪者都划归为反革命反动派的阵营,对于一般的暴力、财产等犯罪者则持一种引导改造、宽严相济的检察工作态度;他提出的新检察思想区别于封建制度的惩戒主义,他借鉴西方资本主义国家所倡导的尊重人权的理念,将其积极吸纳到检察工作。梁柏台主张的第六号训令,明令禁止一切滥用私刑、刑讯逼供等非法取证的行为,废除肉刑,尊重和保障人权,这些也是现代刑事诉讼法的重要理念,也是现代检察机关最为重要的职责之一。他提出的新检察思想也区别于国民党资产阶级压制反抗、野蛮虐杀的狱政思想,而是将感化主义和人道主义作为主要的狱政思想。

第二,在起草制定组织法中明确了检察机关维护人民利益的法律地位。在梁柏台组织起草的《宪法大纲》和《裁判条例》中,明确了检察机关为工农群众服务的本质要求,指出工人农民具有监督权,在组织法上保障了人民的基本权利和群众参与。在法院系统下的检察工作人员也是本着为服务工农,检察为民的基本理念,通过检察员预先审查,防止对人民进行错判误判,排除一些事实不清证据不足,不构成犯罪的案件;同时,检察员如果认为法院审判结果有误,也可以提出抗诉,保护人民的合法活动不被国家法律所追究,同时也不放过一个罪犯,保障每一个工农都能在苏维埃政权下安全幸福地生活。

第三,在检察机关的组织构成上明确了工农群众参与工作的方式。中华苏维埃时期的检察机关正是通过人民监督和检察机关监督并举这一工作方式对国家机关及其工作人员开展法律监督的。在检察机关内部构成上，吸纳了很多革命经验丰富、政治觉悟强的工人农民进入检察体系。当时，在检察机关内部中，工人至少能占到40%，剩下的由农民或其他革命分子构成。①

中华苏维埃共和国检察工作秉承群众路线与民主原则，紧密依托群众力量，激发群众对苏维埃机关工作的批评监督热情，鼓励检举揭发公职人员的不当行为与缺陷，实现了民众监督与专门检察监督的有效融合。各级检察机关积极践行此理念，勇于探索，开辟出一条适应苏区实际的检察工作新路径，积累了宝贵的实践经验。

工农检察委员会尤为注重群众基础，通过设立控告局、悬挂控告箱、组建突击队、轻骑队、工农通讯员及群众法庭等多种形式的群众监察组织，广泛发动群众参与检举活动。各级工农检察部的工作架构中，高度强调并践行了依托群众力量的原则。为有效实现这一目标，机构内特设控告局，旨在集中受理来自广大群众的举报与控告，确保民意畅通无阻。同时，广泛部署工农检察通讯员，作为连接群众与检察工作的桥梁，他们能够及时传递民众的声音与实际情况，增强了工作的针对性和实效性。此外，还积极组织突击队与轻骑队等专项力量，针对群众检举揭发的问题进行迅速而有效的初步核查，彰显了检察工作对群众意见的高度重视与积极响应。这一系列举措，不仅强化了工农检察部与人民群众之间的紧密联系，也进一步提升了检察工作的透明度和公信力。

在公诉案件司法实践中，除检察员作为法定原告出庭外，相关群众团体亦派遣代表参与庭审，直接代表团体利益主张权益，彰显了中华苏维埃共和国检察制度深厚的群众性与民主性。各级工农检察机关不仅重视民众监督的效用，还致力于培养工农群众参与政权监督的能力，从而拉近党群关系，为全面推行民主政治构筑了坚实的基石。

第四，秉持检务公开，取信于民、取支持于民的思想。苏区检务公开突出地表现为报告检察结果、组织群众法庭以及与舆论监督紧密结合三个方面。根据规定，工农检察机关对于机关或企业检察活动结束之后，应向该机关或企业的全体工作人员报告检察结果，并须将检察结果和对于机关或企业的建议

---

① 孙谦主编：《人民检察制度的历史变迁》，中国检察出版社2009年版，第40页。

随时在报上公布。工农检察机关，如发现各机关内的官僚主义者和腐化分子，有必要时，可以组织群众法庭以审理不涉及违法行为的案件，该项法庭有权判决开除工作人员，登报宣布其官僚腐化的罪状等。组织群众法庭，是工农检察机关处分违纪违法人员的一种办法。所谓"群众法庭"，实际上是"群众大会"，对于违法违纪情节显著轻微的，以群众大会的方式予以批评教育；对于需要追究党纪政纪处分的，公开宣布其处分；对贪污浪费等构成犯罪的，在群众法庭上，先宣布处分，随后逮捕并移送审判机关。依据相关规定，工农检察机关在完成对机关或企业的检察活动后，应当向该单位全体人员通报检察结论，并需将检察结果及针对该机关或企业的建议适时通过公开媒体予以发布。在履职过程中，若发现机关内部存在官僚主义行为者或腐化分子，且情节适宜时，工农检察机关可召集群众法庭，专门处理不涉及刑事犯罪的案件，此法庭具备对工作人员实施开除处分及公开通报其官僚腐化行为的权力。"群众法庭"作为工农检察机关针对违纪违法人员的一种特殊处理机制，其实质可视为一种"群众大会"的形式运用。具体而言，对于违法违纪情节较为轻微者，采取群众大会的方式进行批评教育；针对需追究党纪政纪责任者，则在大会上公开宣布处分决定；而对于贪污浪费等已触犯刑法的行为，首先在群众法庭上宣布处分，随后依法实施逮捕并移送至司法审判机关进行后续处理。

　　苏区检察工作十分重视同舆论监督的紧密结合。与中央政府机关报《红色中华》报合作开辟相关栏目："黑板""铁槌"，主要批评那些消极怠工、立场不坚定的工作人员，如"包庇贪污的特派员""又高又大的官僚主义"等；"反贪污浪费"专栏则披露那些贪污浪费案件报道对有关人员的处理结果，如"吞没公物的互济会主任""贪污公款的县苏主席""判决了反动贪污巨案"等。检察工作与新闻舆论监督的结合，不仅扩大了办案的社会影响，也进一步调动起了广大人民群众投身反腐败斗争的热情，同时，也争取了人民群众的支持。在特定案件中，还是与"左"倾教条主义、与各种干扰阻力作斗争的有效策略。如在瑞金县苏唐仁达等贪污案的侦查中，通过《红色中华》报，将瑞金县苏贪污的一笔笔账目公布于众，并在《轻骑队的袭击》标题下揭露了瑞金县苏领导人互相包庇、设置障碍、阻拦调查的事实。文章写道："瑞金县苏发生这种严重的贪污腐化现象，县苏主席团完全在梦里面，这样的腐朽的领导是不能胜任的,我们向人民委员会提议应当解散","财政部的蓝文勋、杨连财、唐仁达应交法庭审判。我们准备在最近组织群众性大会来报告县苏的贪污真相,要求各方面还要给我们更多的帮助。"①

苏区检察工作的辉煌成就,根植于人民群众的广泛参与和深切关怀之中,这一历史经验深刻揭示了检察事业与人民群众紧密相连的本质。苏区检察实践明确昭示,检察工作的有效开展,离不开人民群众作为坚实后盾的支持与积极参与。检察机关的执法根基深深扎根于民众土壤,其违法犯罪事实的调查清晰度、查办工作所达成的法律、社会及政治效应的显著性,均直接关联于检察人员深入群众、动员群众的程度,以及人民群众对此的积极响应与全面参与程度。

因此,检察机关必须坚定不移地践行群众路线,既要确保这一路线的核心地位不动摇,又要避免陷入盲目群众运动的误区。具体而言,应坚持将检察工作的专业性与群众路线的广泛性有机结合,既体现检察机关的专业素养,又充分反映并代表最广大人民群众的根本利益与诉求,以此确保检察工作既符合法律规范,又贴近民情民意,实现法律效果、社会效果与政治效果的和谐统一。

四、检察工作要坚守事实,做到客观公正

在"左"倾教条主义的统治下,忠实于法律和事实,需要非凡的勇气。1932年5月,瑞金县裁判部以反革命罪名判处朱多伸死刑。经审查,朱并非反革命罪,且组织过游击队,参加过革命,又年已72岁,属于一般的刑事犯罪,不足以判处枪决,遂由死刑改为"监禁2年"。②朱多伸在枪口下捡回来一条老命,却惹恼了"左"倾教条主义者们。他们认为:"只有那些有意曲解苏维埃法律的阶级异己分子,或者那些崇拜资产阶级'司法神圣'的书呆子或俘虏,才会把苏维埃法律用来替反革命辩护或减轻罪行。"③

---

① 《瑞金县的浪费与贪污揭发了》,《红色中华》第138期,1933年12月26日。
② 《批示 法字第十七号》,《红色中华》第21期,1932年6月2日。
③ 何实山、何实嗣:《赤胆忠心无比伦——深切怀念父亲何叔衡烈士》,载湖南省委党史研究室编:《长沙革命烈士传》。

纠正当时上纲上线的错误需要勇气，查处披着"左"倾外衣的恶霸地主，更要有胆有识，要有无私奉献的精神。1932年秋，瑞金县黄柏区干部群众，揭发该县县委组织部部长陈景魁有严重问题。而陈此时因为紧跟王明"左"倾教条主义有"功"，正在"走红"，炙手可热。中央工农检察部克服阻力，证实陈是个隐藏的大恶霸地主，当过民团团长，混入革命队伍后，又利用职权，打击陷害好人、强奸妇女，罪行严重，民愤极大。终于，陈景魁被依法判处死刑执行枪决。①

1933年夏，中央工农检察部查处瑞金县苏财政部蓝文勋、杨连财、唐仁达贪污案，正值中央苏区"内外交困"之时。内部，"左"倾教条主义掀起的反"罗明路线"斗争正进入高潮；外部，蒋介石正步步推进第五次反革命"围剿"。对此，"左"倾教条主义者大为恼火，认为这是有意与他们作对，认为的反贪肃腐势必影响和搅乱反"罗明路线"的斗争，因此责令立即停止侦查。与此同时，县苏的部分人及一些不明真相的人也乘机活跃起来。有人说检察部无中生有造假诬陷苏区干部。办案组深入侦查，查清了有关犯罪事实，对唐仁达等的逮捕令，并将他们送上了法庭。法庭判决原县苏会计科科长唐仁达死刑，立即执行；财政部部长蓝文勋监禁10年，没收一切财产杨连财监禁5年，退赔贪污款项。

苏区检察工作的历史告诉我们，检察人员必须具有高度的正义感、责任感，必须具有昂扬的斗志和坚定的信念，必须具有艰苦奋斗、奋不顾身的奉献精神，敢于坚持真理，维护正义，忠实于事实和法律，敢于排除一切干扰和阻力。这是检察人员必备的政治素质。

我国检察官客观公正义务是源于苏维埃联邦刑事诉讼法中的客观真实原则②，所谓客观真实原则，是指侦查、检察、审判三大机关在进行司法活动时，都应当积极发现各个方面的证据来确定客观真实。梁柏台所建立健全的司法程序是当时苏维埃司法和检察体系一项伟大的创举，他在工作中贯彻了这一

---

① 何实山、何实嗣：《何叔衡同志在中央苏区》，载《革命回忆录(5)》，人民出版社1982年版；刘良：《反腐倡廉的先驱——记红都"黑脸"何叔衡》，《党史文苑》1998年第6期
② 陈炜：《检察官客观公正义务研究》，硕士学位论文，中国政法大学，2007年。

立场：

第一，梁柏台主张侦查、检察工作应当坚持程序正义来实现客观公正。在梁柏台组织颁布的《处理反革命案件和建立司法机关的暂行程序》（以下简称《暂行程序》）中，明确了侦查、检察工作的正确程序。当时的司法建设还处于起步阶段，很多执法工作无法可依，有法不依的现象十分普遍，比如在进行肃清反革命势力的工作中，有很多革命组织或当地政府直接逮捕、审讯，甚至就地处决[①]，在进行肃清反革命势力的工作中，出现只凭借口供，没有足以定罪的证据就被逮捕羁押，在审讯中也存在暴力取证、屈打成招的现象。《暂行程序》也对此种现象加以规范，在检察、审判过程中对此类非法所得证据进行排除，避免造成冤假错案；同时，更加重视证据本身而不是轻信口供，运用证据来还原客观真实。

第二，梁柏台主张检察工作人员应当运用预先审查等职权来实现客观公正。当时的检察工作人员会对四类案件进行预先审查：案件是否存在事实不清证据不足、据以定罪主要证据仅为口供的情况；是否存在能证明嫌疑人无罪或罪轻的证据；革命组织或当地政府是否存在动用私刑、是否存在非法取得证据；对于其他非司法机关是否存在私自逮捕等情况。梁柏台根据当时的司法数据进行过统计，1932年4—6月，经过检察员预先审查后排除犯罪嫌疑而后释放的高达400余件。[②]

五、司法活动必须受到法律监督

梁柏台坚持司法活动必须伴随着法律监督的检察思想。权力制约表现在法学领域里，就是分权与监督，分权体现在法律上是司法权被分为多个机关行使，监督的体现则是专门的监督机关和监督制度。这种权力与监督的一致性深深镌刻在梁柏台的思想之中。在他所起草的法律文件中无疑都有着监督的影子：

---

① 朱顺佐：《简论梁柏台对苏区司法建设的贡献》，《绍兴师专学报（社会科学版）》1985年第4期。
② 《红井——中央工农检察委员部旧址》，瑞金市红色文化培训中心官网网站，http://www.hswhpx.com/20151014/67pnIZAJi5.html/。

首先，《宪法大纲》中明确写出了工人的监督生产之权：《宪法大纲》第五条中规定了工人有监督生产之权。这是第一部规定了工人即人民群众监督权的红色宪法，可谓是检察权的重要宪法渊源之一。

其次，《裁判条例》设立了审判机关中行使监督权的检察长、检察员等职位。凡是涉及公权力的地方，都伴随有相应的监督机制，这样一种公权力必须受到监督和制约的法律思想，也深深影响了现代的法治建设，新中国成立后，国家设立了专门的监督机关——检察机关，还扩大了监督者的范围，包括内部监督、社会监督等等；为了制约和监督审判机关的相应的权力，检察机关也相应提出了"四大检察"的重要理念与格局等，这些都是继承和发扬了梁柏台所倡导的监督思想。

苏区时期，环境极端恶劣，战争阴霾笼罩，即便是中央机关所在地瑞金，也时常遭受敌军的轰炸与暗杀威胁。新区与边区的检察人员，特别是军事检察（查）所的工作人员，与红军战士并肩作战，坚守在战斗最前沿，展现了非凡的勇气与毅力。

在这一艰苦卓绝的斗争中，包括梁柏台、何叔衡在内的众多先烈，以无畏的牺牲精神，为检察事业及中国人民的解放事业献出了宝贵生命。他们用生命铸就的红色检察精神，成为激励后人严格执法、服务大局、艰苦奋斗、勇于开拓的不竭动力。这种精神将指引我们不断前行，在新世纪检察工作中开创崭新局面，为推进依法治国战略贡献持续的力量。

第六章　梁柏台与中央苏区劳动感化工作

中国监狱体系中的劳动改造与教育矫治制度，其渊源深远，牢固奠基于中华苏维埃政权时期的劳动感化实践之上。该制度的形成与发展，深刻烙印着我国革命法制奠基人、人民司法建设先驱梁柏台的高瞻远瞩与持之以恒的奋斗精神。在此框架内，劳动改造与教育改造并行不悖，共同构成了中国特色监狱治理的重要组成部分，彰显了法律文化中的红色基因与人文关怀。

1932年，正值中华苏维埃共和国初建之际，梁柏台作为司法人民委员会委员，深刻认识到监狱工作在新政权建设中的重要性。他洞察到，传统的惩罚性监狱模式已难以满足新时代的需求，必须探索一种既能惩罚犯罪，又能教育改造罪犯的新型监狱制度。于是，他提出了创办劳动感化院的创新构想，中央政府人民委员会，于同年2月19日通过了这一重要决议。

梁柏台主持起草了《中华苏维埃共和国劳动感化院暂行章程》（下简称《劳动感化院暂行章程》），该章程详细规定了劳动感化院的宗旨、组织架构、运作机制及教育改造方法，为劳动感化制度的实施提供了坚实的法制保障。同年6月，他又主导制定了《中华苏维埃共和国裁判部暂行组织及裁判条例》，明确要求在县、省两级裁判部设立劳动感化院，进一步推动了劳动感化制度在全国范围内的推广与实施。

随着一系列政策法规的颁布与实施，劳动感化院在福建省长汀县及江西省的兴国、宁都、于都、瑞金直属县等地迅速建立起来。这些劳动感化院不仅成为罪犯接受惩罚的场所，更成为他们重新做人、回归社会的桥梁。在这里，罪犯们通过参与劳动，学会了技能，培养了劳动观念；同时，通过接受思想教育，他们的思想得到了净化，灵魂得到了升华。

梁柏台所倡导的劳动感化制度，不仅是对中国传统监狱制度的一次深刻变革，更是对新民主主义政权监狱工作的一次重大创新。他深刻认识到，监狱不仅仅是惩罚罪犯的工具，更是教育改造罪犯、预防犯罪的重要阵地。因此，他强调感化教育与劳动改造并重，力求通过这两种手段，实现罪犯的彻底转化和社会的长治久安。

梁柏台的这一创举得到了毛泽东同志及中央领导集体的高度评价，他们认为劳动感化制度是新民主主义政权监狱工作的一大亮点，对于巩固新生政权、维护社会稳定具有重要意义。①同时，这一制度也为后来的新中国监狱工作提供了宝贵的经验和启示。

第一节　劳动感化院的创立

劳动感化院作为苏维埃工农民主政权实施徒刑、融合劳动改造与感化教育双重功能的特殊监所机构形成于第二次国内革命战争。这一制度的诞生，是中国共产党与苏维埃政府，在革命战争的严峻背景下，秉持马克思主义理论精髓，汲取苏联法制建设的宝贵经验，同时根植于中华优秀传统文化的深厚土壤，并紧密结合苏区法制实践的具体需求，所开创的具有鲜明中国特色的新型监所制度

1932年10月，时任中央苏区司法人民委员会委员的梁柏台，在其撰写的《中央司法人民委员部一年以来工作》报告中深刻指出："司法机关过去在苏区是没有的，是中央政府成立后的创举。在司法上，每种工作都是新的创造和新的建设，所以特别困难。"②这一论述，恰如其分地揭示了苏区劳动感化院从创立之初到其制度化体系逐步形成的曲折历程，它并非一夜之间成就的壮举，而是历经了初步尝试、不断深化、逐步完善乃至最终转型蜕变的漫长过程。这一过程，不仅见证了中国共产党及苏维埃政府在法制建设领域的勇于创新与不懈追求，也深刻体现了革命战争年代下，对人性关怀与改造教育并重的

---

① 张希坡：《革命根据地法制史》，法律出版社1994年版，第309页。
② 瑞金县人民法院：《中华苏维埃共和国审判资料选编》，人民法院出版社1991年版，第248页。

先进司法理念。

1931年11月，中华苏维埃共和国宣告成立后，中央政府敏锐地认识到"苏区中有一件急于要做的事，就是建立革命秩序，保障群众的权利"[1]。鉴于此，政府迅速启动了系统性的法制建设进程，其中，苏区监所的组织架构与管理制度被提升至重要议事日程。次年2月19日，中华苏维埃共和国中央人民委员会第七次常会审议并批准了中央司法人民委员部代表梁柏台关于筹建劳动感化院的提案，并授权其负责起草"感化院组织法"。[2]

1932年6月9日，梁柏台起草的《裁判部的暂行组织及裁判条例》经中央执行委员会主席毛泽东，副主席项英、张国焘联名签署后正式颁布，标志着该条例成为中央苏区司法审判的基石性法律文件。该"条例"明确规定："在各级裁判部下可设立看守所，以监禁未审判的犯人，或判决短期监禁的犯人。县省两级裁判部，除设立看守所外，还须设立劳动感化院，以备监闭判决长期监禁的犯人。"[3]这一条款首次在法律层面确立了劳动感化院的地位及其监禁职能。

随后，中央苏区下辖的江西、福建两省以及瑞金直属县相继建立了劳动感化院。同年8月10日，司法人民委员部发布了由梁柏台草拟的《劳动感化院暂行章程》，该"章程"以"命令"形式颁布，作为劳动感化院运作的暂行规范、规定，"劳动感化院暂行章程，为劳动感化院进行工作的暂行规则，每个劳动感化院必须按照该暂行章程去组织和进行劳动感化院的工作"[4]。作为红色政权首部较为全面的监狱管理法规，《劳动感化院暂行章程》详尽规定了感化院的目标任务、设立标准、组织架构及各项管理制度，其适用范围不仅限于中央苏区直接管辖的区域，还明确要求"其他未与中央苏区打成一片的苏区，自文到之日起发生效力"[5]。

此后，劳动感化制度在其他苏区亦得到不同程度的推广与实践。1933年

---

[1] 瑞金县人民法院：《中华苏维埃共和国审判资料选编》，人民法院出版社1991年版，第37页。
[2] 瑞金县人民法院：《中华苏维埃共和国审判资料选编》，人民法院出版社1991年版，第17页。
[3] 瑞金县人民法院：《中华苏维埃共和国审判资料选编》，人民法院出版社1991年版，第52页。
[4] 瑞金县人民法院：《中华苏维埃共和国审判资料选编》，人民法院出版社1991年版，第18页。
[5] 瑞金县人民法院：《中华苏维埃共和国审判资料选编》，人民法院出版社1991年版，第18页。

初，闽浙苏区通过召开各县裁判部长联席会议，强调了建立劳动感化院的重要性，并发布了《关于劳动感化院工作决议》，进一步细化了感化院的组织架构、职能定位及工作制度。①

为持续强化和完善劳动感化制度，中央司法人民委员部、革命法庭以及省、县各级裁判部等司法机构，通过发布报告、命令、指示、条例及开展巡视等多种方式，对各级劳动感化院的工作进行了全面指导、监督与检查。例如，1932年的《中央司法人民委员部一年来工作报告》指出，"劳动感化院目前对于教育工作还很缺乏，因为工作人员少，不能按时替犯人上政治课，大都由犯人自己看书报，这是劳动感化工作上的一个大缺点，以后当极力设法去补救"②，提出了感化院在教育工作上的不足，并提出了改进建议；而1933年的《中央司法人民委员部命令第十四号——对裁判机关工作的指示》（下简称《指示》）则对感化院工作人员的专业能力、犯人的隔离措施、生产管理与感化教育等方面提出了具体要求，要求"劳动感化院的工作人员，应经常研究看守的技术"，加强"文化和政治水平"，"同案的犯人应该分开禁闭"，"免得他们商量口供"，"组织'劳动感化院企业管理委员会'，来管理和监督生产"，"感化犯人的工作，是劳动感化院的主要部分，应当特别注意"。③

1936年，中华苏维埃共和国执行委员会颁布的《革命法庭条例（草案）》中，再次明确了革命法庭内部感化院的配置、地位及职责，规定"劳动感化院：设院长一人、管理员二人、看守队一排，一切事宜直属于革命法庭"④。

随着《裁判部的暂行组织及裁判条例》《劳动感化院暂行章程》及《关于劳动感化院工作决议》等一系列法律法规的深入实施，苏区各地劳动感化院相继建立，逐步构建起中央、省、县三级劳动感化院体系。例如，中央司法人民委员部在瑞金、兴国、宁都、长汀、于都等地设立了中央第一至五劳动感化院；江西省在兴国、宁都建立了江西省第一、二劳动感化院；福建省在永定设

---

① 横峰县法院：《闽浙赣苏区法治文化建设展厅资料》，内部资料，2014年，第81页。
② 瑞金县人民法院：中华苏维埃共和国审判资料选编》，人民法院出版社1991年版，第250页。
③ 瑞金县人民法院：《中华苏维埃共和国审判资料选编》，人民法院出版社1991年版，第62页。
④ 瑞金县人民法院：《中华苏维埃共和国审判资料选编》，人民法院出版社1991年版，第31页。

第六章　梁柏台与中央苏区劳动感化工作

立了福建省劳动感化院；赣东北省则在葛源成立了赣东北省劳动感化总院，并下设考坑、烈桥、湖塘分院。至此，以长期监禁犯人的监闭管理为基础，融合劳动改造与教育感化双重手段的苏区监所制度——劳动感化制度，已初步成型并付诸实践。

第二节　劳动感化院的职能

依据《劳动感化院暂行章程》《裁判部暂行组织及裁判条例》以及《革命法庭条例（草案）》等法律法规文件，劳动感化院作为苏区省、县及以上级别审判机关裁判部直接管辖下的监禁与改造机构，其设立初衷"专为判决长期监禁的犯人而设立"。该机构的职能核心可归纳为三大方面：首要职能为监禁与看守，确保被判决者的安全管理与隔离；其次，通过组织劳动活动，实施劳动改造，旨在促使犯人通过劳动实践进行自我反省与社会价值重塑；最后，强调教育感化，通过系统教育与心理辅导，力求在思想上对犯人进行正面引导与感化，促进其重新融入社会。

劳动感化院，作为司法体系中的监禁与监管机构，其核心职能在于对违反苏维埃法令者的监禁看守与感化教育。《劳动感化院暂行章程》第一条规定："劳动感化院是裁判部下的一个附属机关，其目的是看守、教育及感化违反苏维埃法令的一切犯人，使这些犯人，在监禁期满之后不再违反苏维埃的法令。"[1]闽浙省颁布的《关于劳动感化院工作决议》进一步强调了看守工作的重要性，提出："看守的工作要加紧，使他们得到看守犯人许多办法与经验。"[2]

这一职能在劳动感化院的机构设置与规章制度中得到了全面体现。具体而言，机构内部设有管理科与看守队，两者共同承担犯人的监管职责。管理科

---

[1] 瑞金县人民法院：《中华苏维埃共和国审判资料选编》，人民法院出版社1991年版，第18页。
[2] 横峰县法院：《闽浙赣苏区法治文化建设展厅资料》，内部资料，2014年，第81页

专注于"管理各种工场，监督和指导犯人的工作等事宜"①；而看守队则由专业的警卫人员构成，如中央苏区劳动感化院设立的"看守队一排"，其主要职责为"负责看押案犯与担任警戒"②；闽浙赣苏区劳动感化院分院则"有省裁判部派来的一个警卫班监管犯人。总院有一个警卫排，警卫人员都由共产党员组成"③。

为确保犯人监管的严密性，劳动感化院制定了一系列详尽且严格的规章制度："犯人的进出，必须有很好的登记，没有裁判部的条子不能放人""每天早晚须点名两次"④以及"看守人员必须日夜分班看守，以免发生意外，如有外人与犯人会面，必须得裁判部的许可，送来给犯人的东西，及犯人写出去的信，必须经过严格的检查"⑤。劳动感化院实施严格的日常监管流程，包括每日清晨起床后与夜晚就寝前的两次例行点名及训话制度，旨在强化纪律意识。为确保管理效率，犯人居所门外均悬挂名牌，便于身份识别与监管。犯人的会见活动需预先获得裁判部门的正式批准，体现了对会见管理的严谨性。此外，犯人的通信内容及接收物品均需经过严格审查程序，以保障监管安全。劳动感化院高度重视犯人的个人卫生与健康状况，实施定期的身体清洁措施，如安排犯人按时沐浴、洁面，并定期组织剃发服务，以维护良好的个人卫生习惯。同时，实施定期的卫生检查，确保生活环境的清洁与卫生标准。针对患病犯人，劳动感化院会及时请医生进行诊断治疗，但对于罹患重病或治疗费用高昂的情况，则依据规定通知其家属承担相应医疗费用。在整个管理过程中，劳动感化院坚决禁止对犯人实施任何形式的体罚或肉刑，体现了对犯人基本人权的尊重与保护。这些措施共同构成了劳动感化院高效、严谨的犯人管理体系。

劳动生产作为一种惩戒与改造手段，被广泛应用于古今中外的各类监所之中，成为其普遍且核心的职能之一。苏区劳动感化院，在这一传统职能的继承上亦不例外，通过组织犯人参与劳动生产，旨在实现对其的惩戒与积极改

---

① 瑞金县人民法院：中华苏维埃共和国审判资料选编》，人民法院出版社1991年版，第19页。
② 瑞金县人民法院：《中华苏维埃共和国审判资料选编》，人民法院出版社1991年版，第31页。
③ 横峰县法院：《闽浙赣苏区法治文化建设展厅资料》，内部资料，2014年，第7页。
④ 瑞金县人民法院：《中华苏维埃共和国审判资料选编》，人民法院出版社1991年版，第62页。
⑤ 瑞金县人民法院：《中华苏维埃共和国审判资料选编》，人民法院出版社1991年版，第62页。

造。然而，值得注意的是，苏区劳动感化院在实施劳动改造时，其目标与方式相较于以往的旧式监所存在显著差异，这种差异深刻体现了工农民主政权下"苏区"的独特性。苏区劳动感化院不仅设立了工场，用以组织犯人进行劳动生产，而且其核心目的并非仅仅为了体罚，而是致力于将犯人转变为能够自给自足的劳动者。这一转变不仅促进了监所的自给自足，更为苏区的整体经济建设提供了有力支持。苏区各级政府和司法部门都明令禁止体罚和"肉刑"，"对于一切已经就逮的犯人，却是禁止一切不人道的待遇"①，"如再有用肉刑的事情，当以违反苏维埃法令治罪"②。劳动感化院设置劳动管理科，负责"建设及管理各种工场，监督和指导犯人的工作等事宜"，严格规定作息时间，"每日的工作时间规定为八小时，上午自八时至十二时，下午一时至五时，其余为教育和休息时间"③。在劳动生产方式上，劳动感化院"按照各犯人的专长而分配其工作"④，赣东北苏区劳动感化院一般都设有木工部、铁工部、缝衣部、石工部等，木工部生产桌椅、道具，铁工部生产镰刀、锄头，缝衣部缝制衣裤，石工部垒建房舍等，"对于无特长的犯人，感化院则组织他们上山砍柴、种烟叶、蔬菜或给烈军属打短工"。⑤劳动感化院还根据需要开设有工厂和店铺，生产销售硝盐、油墨、毛笔、墨汁、信纸、信封等苏区紧缺物资。随着生产经营规模的扩大，劳动感化院与国民经济部共同组织"劳动感化院企业管理委员会"，"来管理和监督生产与发行的事宜，有计划地进行生产和发行"。⑥

通过文化教育的方式感化犯人是苏区劳动感化院"最重要而中心的工作"⑦。中央司法人民委员部命令明确指出："感化犯人的工作，是劳动感化

---

① 中国现代史资料编辑委员会：《苏维埃中国》（翻印），1957年，第265页。
② 瑞金县人民法院：《中华苏维埃共和国审判资料选编》，人民法院出版社1991年版，第132页。
③ 瑞金县人民法院：《中华苏维埃共和国审判资料选编》，人民法院出版社1991年版，第19页。
④ 瑞金县人民法院：《中华苏维埃共和国审判资料选编》，人民法院出版社1991年版，第19页。
⑤ 横峰县法院：《闽浙赣苏区法治文化建设展厅资料》，内部资料，2014年，第9页。
⑥ 瑞金县人民法院：《中华苏维埃共和国审判资料选编》，人民法院出版社1991年版，第62页。
⑦ 横峰县法院：《闽浙赣苏区法治文化建设展厅资料》，内部资料，2014年，第78页。

院的主要部分，应当特别注意。"①劳动感化院的教育感化工作主要表现在如下方面：一是专门设立文化科，"组织和管理犯人的教育事宜"；二是开展各种"以犯人为前提"的文化教育活动，如识字班、政治课、俱乐部、列宁室、墙报编辑游艺晚会、音乐、弈棋、编剧本等，赣东北省裁判部还专门编纂感化读本印发给犯人，要求人手一本，"每晚教读"②；三是不断充实文化教育工作人员。中央司法人民委员部在《对裁判部工作的指示》中强调"感化方面，充实文化工作人员，要有计划地来教育犯人"。③闽浙赣省裁判部长联席会议要求"裁判部或其负责同志，要在每星期去劳动感化院和犯人讨论一次"并"请求当地共产党部苏维埃负责同志，向犯人演讲，取得感化犯人的最大作用"④。

显然，在监所职能的定位上，苏区劳动感化院并不以刑罚惩戒为中心，而是将教育感化视为其主要目的，力求"使这些犯人在监禁期满后，不再违反苏维埃的法令"⑤。正如毛泽东在"二苏大会"的报告中所强调的："苏维埃的监狱，对于死刑以外的罪犯，是采取感化主义的，即用共产主义的精神与劳动纪律去教育犯人，改变犯人犯罪的本质。"⑥

第三节　梁柏台劳动感化思想的内涵及实践

梁柏台不仅在法制建设方面有卓越贡献，而且开创了中国新型的监狱工作。由他倡导并推动建立的以感化教育和劳动改造为宗旨的新民主主义新型监狱——劳动感化院，不啻为我国监狱史上的一次深刻变革。中华苏维埃共和国的监狱工作也曾得到毛泽东同志的高度评价，中华苏维埃共和国的监狱类型主

---

① 横峰县法院：《闽浙赣苏区法治文化建设展厅资料》，内部资料，2014年，第78页。
② 横峰县法院：《闽浙赣苏区法治文化建设展厅资料》，内部资料，2014年，第79页。
③ 横峰县法院：《闽浙赣苏区法治文化建设展厅资料》，内部资料，2014年，第78页。
④ 横峰县法院：《闽浙赣苏区法治文化建设展厅资料》，内部资料，2014年，第79页。
⑤ 瑞金县人民法院：《中华苏维埃共和国审判资料选编》，人民法院出版社1991年版，第18页。
⑥ 中国现代史资料编辑委员会：《苏维埃中国》（翻印），1957年，第265页。

要是看守所和劳动感化院①。梁柏台作为劳动感化制度的创始人,他创立劳动感化院、实施劳动感化改造政策,其劳动感化的思想内涵主要包括以下内容。

一、提出设立专门的改造机构

立志"以身付诸国,竭力以担国事,以保国家,不以私而忘公"的"许国大文夫",梁柏台从1921年到1931年,就一直待在苏联,他在莫斯科东方大学潜心研究马列主义,毕业后在苏联远东地区从事华工革命运动,他学习和研究过苏联法律,做过法院审判员等,一系列丰富的阅历,使梁柏台在回国后开始创新苏区监狱制度。他认为,苏联的监狱制度是马克思劳动价值观和劳动教育观两者的结合,对罪犯要进行教育和感化,而不是惩罚,劳动是实现这种目的的重要手段。

在《中华苏维埃惩治反革命条例》的规定中,监禁是中华苏维埃共和国的刑罚中主刑的一种,其法定刑期为半年以上和10年以下。梁柏台充分吸收和借鉴苏联的监狱制度,以马克思主义劳动价值观和劳动教育观作为指导,再结合苏区的革命情势,他于1932年2月19日的中央人民委员会第七次常会上,时任司法人民委员会会员的梁柏台提议创办劳动感化院,所谓的劳动感化院,是指通过对犯人实施教育改造感化,通过参加生产劳动改造犯人,对犯人实行人道主义,采取感化主义,即废除了"司法范围内一切野蛮封建的遗迹"。用共产主义精神与劳动纪律教育犯人,改变犯人犯罪的本质,使其监禁期间后,成为遵守法律、具有劳动技能,可以自食其力。同年6月9日,梁柏台起草的《裁判部的暂行组织及裁判条例》经毛泽东、项英等签署颁布。条例中明确规定:"在各级裁判部下设立看守所,以监禁未审判的犯人,或判决短期监禁的犯人。县省两级裁判部,除设立看守所外,还须设立劳动感化院,以备判决长期监禁的犯人"。条例的实施,基本上以法律形式明确了劳动感化院在中央苏区司法体系中的地位。

1932年6月20日,梁柏台在瑞金主持召开的裁判部长联席会上,探讨看守所和劳动感化的工作,并形成了《关于看守所及劳动感化院的决议》。决议初

---

① 张希坡:《革命根据地法制史》,法律出版社1994年版,第309页。

步勾画了劳动感化院的面貌，比如设立劳动感化院的原因，它是一个什么机构，拥有什么具体职能。得益于梁柏台的大力推动和积极倡导下，他很快起草了革命根据地民主政权第一部监狱法规——《中华苏维埃共和国劳动感化院暂行章程》，于1932年8月10日由司法人民委员会以第二号命令的形式颁布，1932年8月15日在江西、福建和瑞金县开始实施，这是革命根据地民主政权第一部监狱法规，也是最重要的一次监狱立法。①

在劳动感化院设立、运作的全过程，梁柏台都十分重视各项组织机构和管理制度的建设和完善。《劳动感化院暂行章程》有16条，对劳动感化院设立的条件、目的、隶属关系，内部设置机构和职能方面都作了具体明确的规定，其中劳动感化院的任务是看守、教育及感化违反苏维埃法令的一切犯人，使其在监禁期满后，不再违反苏维埃法令。②《劳动感化院暂行章程》实施后，司法人民委员部先后在江西、福建和瑞金直属县设立5个劳动感化院。作为司法部的一项重要工作，梁柏台在部内设立劳动感化处，他经常深入裁判部、劳动感化院检查工作合作具体指导。③

二、犯罪改造要坚持生产和感化同步抓

劳动感化院是工厂也是学校。《劳动感化院暂行章程》具体规定了劳动感化院的任务、设立条件、组织机构以及各项管理制度等内容。劳动感化院内部设有总务、劳动、管理、文化等，具体负责财产经费的管理、原料的购置、产品的出卖、罪犯的劳动及教育等事情。比如《章程》中规定：劳动感化院可以开设店铺、出卖劳动感化院的一切生产品，并可兼卖别的商品。

梁柏台主张罪犯应该参加生产劳动，凭借劳动创造物质资料。他认为这样做，一方面可以减少国家开支，另一方面，犯人的生活可以得到改善。比如瑞金的劳动感化院能制造信纸、草鞋等。江西宁都和福建长汀开设了印刷所，印刷了《共产党儿童读本》《国语课本》等。

---

① 刘世恩：《梁柏台教育改造罪犯的思想及其影响》，《河南司法警官职业学院学报》2008年第1期。
② 陈刚：《人民司法开拓者梁柏台传》，中共党史出版社2012年版，第34页。
③ 马卫国：《第一位红色司法部长梁柏台》，《犯罪与改造研究》2012年第8期。

《劳动感化院暂行章程》由十六条构成，其中五条核心条款聚焦于犯人劳动教育的具体实施细节，包括明确劳动生产的教育目标、制定犯人合理的工作时间表及详尽的工作计划等，这深刻体现了梁柏台先生对于通过劳动改造方式促进犯人教育转化的深刻理解和高度重视。苏维埃政府裁判部在《关于组织劳动感化院犯人从事劳动生产问题》的官方文件中，明确指出："犯人在院从事劳动生产，以生产所得，改善他们自己的生活，减少国家开支，并增加国家收入。""犯人在院劳动，从劳动锻炼体格，保障健康，同时在院学习从事生产上的技能。"[1]

从管理视角来看，劳动作为一种教育兼惩罚的方式，既有助于加强对犯人的管控，引导他们摒弃懒惰恶习，学会自给自足的劳动技能；同时也促进了劳动感化院自身的经济独立，显著减轻了政府的财政压力，甚至在一定程度上支持了苏维埃的整体建设与发展。

在劳动组织模式的具体实施上，劳动感化院采取了多元化的策略架构：[2]首先，推行内部手工艺品制作，诸如缝纫、编织等，尤以女性囚犯为主要劳动力群体；其次，开展外部生产性作业，广泛涉及土地开垦、石灰烧制、临时劳务输出及专业技术岗位（木工、兽医等）；再者，构建专门的农业与工业基地，诸如赣东北省劳动感化院设立的榨油厂实例，以及在江西宁都、福建长汀感化院内兴办的印刷厂等。此类规模化运营的农场、工厂与修理厂，在生产领域内取得了卓越成效，产品种类拓展至二十余种，其中油墨制品更是广泛覆盖全苏区，不仅直接促进了感化院经济收益的增长，显著提升了囚犯的生活水准，还将其盈余部分上缴至苏维埃政府，有效补充了政府财政资源，为政府财政体系注入了新的动力源泉。

除了组织罪犯发展生产，梁柏台还重视"教育改造"，通过各种形式对罪文化教育，通话设定计划给罪犯上识字课、政治课，劳动感化院内设有娱乐场所，配备图书馆、列宁室等。根据鄂豫皖区的有关规定，劳动的罪犯也应当

---

[1] 江西财经学院经济研究所、江西省档案馆、福建省档案馆：《闽浙赣革命根据地财政经济史料选编》，厦门大学出版社1988年版，第313页。

[2] 殷导忠、高亭：《梁柏台劳动感化思想研究》，《中国监狱学刊》2022年第2期。

享有宪法规定的劳动权（八小时工作制）；罪犯住宿的地方应当要整洁卫生；应当给罪犯提供一定的医疗条件；罪犯在劳动感化院中的劳动生产所得，可以留出一小部分自用等。①犯人日常的生活是有组织地劳动与学习。每月有一定的计划，每周有一定的时间分配。参加运动的以五人一组、十人一班，三班一队组成。识字小组由文化程度较高的组长负责。

在《劳动感化院暂行章程》的明确规范中，第4条具体规定："劳动感化院设立总务、劳动管理、文化等科，每科设科长一人。"而第7条则详细阐述了："文化科是组织和管理犯人的教育事宜，如识字班、政治课、俱乐部、列宁室、图书馆、墙报编辑、游艺晚会、音乐、弈棋、编辑剧本等事宜。"②这些规定旨在通过多样化的文化活动，以感化犯人为核心目标，进行文化教育。

梁柏台在远东工作期间，积累了丰富的文化革命实践经验，他成功创办了华工俱乐部、华工补习学校，组织新剧团，并创办了《工人之路》报刊，展现了他善于运用文化活动和文化载体来凝聚人心、传播新思想的能力。在他的领导下，劳动感化院的文化活动得以丰富多样的开展，主要包括以下三类：

第一，实施扫盲教育计划。鉴于大量文盲及半文盲在押人员的存在，劳动感化院积极推行识字教育项目，特别编纂了《工农读本》作为专用教材，通过专业师资指导与犯人间的互助教学模式，显著提升其文化素养基础。

第二，构建文化阅读空间。秉承梁柏台先生"强化俱乐部、列宁室、图书馆等文化阵地，利用闲暇时间以文化力量感化犯人"的理念③，设立阅览室并订阅《红旗报》《红色中华》《工农报》等富含共产主义理念与苏区动态的报刊，定期组织犯人集体阅读，旨在拓宽其认知边界，促进思想观念的积极转变。

第三，推行话剧创作与表演活动。劳动感化院依据犯人教育转化与劳动改造的真实案例，精心创作剧本，并引导犯人参与排练与公演，使他们在角色

---

① 转引自雷晟生：《我国劳改制度的开端——第二次国内革命战争时期根据地的劳动感化院》，《西北政法学院报》1985年第1期。

② 江西财经学院经济研究所、江西省档案馆、福建省档案馆：《闽浙赣革命根据地财政经济史料选编》，厦门大学出版社1988年版，第313页。

③ 陈刚：《人民司法开拓者 梁柏台传》，中共党史出版社2012年版，第200、209页。

扮演中深刻体会苏区宽待政策及人民政府的深切关怀，增强改造动力。

此外，各地劳动感化院还积极探索多元化教育感化途径，如引入弈棋、音乐欣赏、球类运动及院内墙报编辑等活动形式，采取寓教于乐的策略，有效促进了犯人教育感化目标的达成。

劳动感化院在犯人改造领域的探索与实践，不仅是对传统惩罚性监狱管理模式的革新，更是对人性深刻洞察与尊重的体现。其成功的关键在于，通过一系列精心设计的感化措施，深入挖掘罪犯的内在潜能，激发他们的自我反省与自我改变的动力。

在教育改造方面，劳动感化院注重因材施教，根据罪犯的不同背景、性格及犯罪原因，量身定制教育方案。除了基础的识字课程外，还引入了法律教育、道德教育、职业技能培训等多元化内容，旨在全面提升罪犯的文化素养、法律意识及就业能力。同时，通过组织丰富多彩的文体活动，如话剧排演、棋类比赛、音乐欣赏等，营造积极向上的改造氛围，让罪犯在轻松愉快的氛围中接受教育与感化。

在劳动改造方面，劳动感化院充分利用劳动的教育功能，组织罪犯参与各种生产劳动。通过劳动实践，罪犯不仅学会了劳动技能，更重要的是体验到了劳动的艰辛与价值，培养了勤劳、自律、团结等优秀品质。此外，劳动成果的创造也为他们带来了成就感与自信心，进一步激发了他们回归社会、重新做人的愿望。

值得注意的是，劳动感化院在改造过程中始终秉持人道主义精神，尊重罪犯的人格尊严与合法权益。在战争等特殊时期，监狱管理部门更是展现了高度的责任感与担当精神，通过灵活的政策调整与人性化的管理措施，确保了罪犯的安全与权益不受侵犯。毛泽东同志曾赞扬说："苏维埃的监狱对于死刑以外的罪犯采取感化主义，即是用共产主义精神与劳动纪律教育犯人，改变犯人犯罪的本质。"

综上所述，劳动感化院在犯人改造领域的成功实践，为我国监狱工作提供了宝贵的经验与启示。其"惩罚与改造并重，以改造人为中心"的原则不仅符合时代发展的需要与法治精神的要求，更是对人性深度关怀与尊重的体现。在未来的发展中，当前应继续坚持这一原则不动摇，不断优化改造措施与方法，努力推动监狱工作向更高水平迈进。

三、感化与预防并重

《劳动感化院暂行章程》开篇即在其第一条中，清晰界定了劳动感化院的宗旨，强调出"其目的是看守、教育及感化违犯苏维埃法令的一切犯人，使这些犯人在监禁期满之后，不再违犯苏维埃的法令。"[①]这一表述深刻揭示了"教育感化罪犯，促使其出狱后远离犯罪道路"作为劳动感化院的核心特色，同时也凸显了它与过往封建旧制监狱及国民党政权监狱之间的根本性差异。

传统上，监狱体系长期聚焦于惩罚与隔离的功能，根植于威权与重刑的土壤，体现的是一种基于报应与威慑的刑罚哲学。尽管在清末监狱改革浪潮中，如沈家本等先驱曾倡导感化教育的理念，然而受限于当时的社会环境与后续民国政府的实践局限，这一理念未能得到有效实施，更未触及预防再犯罪的价值层面。

梁柏台则在此基础上，独具匠心地提出了以教育感化为核心，旨在预防罪犯再犯罪的监狱工作目标。这一创举不仅体现惩罚与教育并重，更彰显了中国共产党领导下的新民主主义监狱制度所蕴含的先进理念与人文关怀。它不仅是对传统刑罚观念的深刻反思与超越，也为后续社会主义监狱体系的建立与发展奠定了坚实的思想基石。

四、突出思想政治教育功能

在探讨劳动感化院的感化教育策略时，其显著特点之一便是突出了思想政治教育的深厚传统，这一传统作为中国共产党独有的政治优势，是塑造人心、凝聚力量的关键途径。感化教育实践中，政治教育被置于首要地位，成为转化罪犯思想、促进其改造的强有力工具。《指示》文件明确指出，需系统性地规划并执行政治教育计划，定期为犯人开设政治课程，旨在运用马克思列宁

---

① 江西省地方志编纂委员会：《江西省志 81：江西省劳改劳教志》，江西省新闻出版局1994年，第517页。

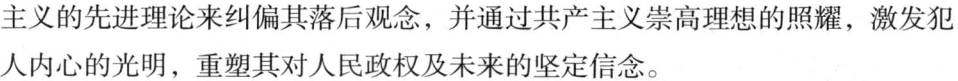

主义的先进理论来纠偏其落后观念，并通过共产主义崇高理想的照耀，激发犯人内心的光明，重塑其对人民政权及未来的坚定信念。

此外，《指示》还强调了教育感化干部在日常管理中的重要作用，要求他们充分利用每日的集合点名时段及休息时间，开展灵活多样的政治宣讲活动。这些活动包括但不限于组织犯人间的政治生活会议、政治议题研讨会，以及编撰政治学习讨论提纲等，旨在通过丰富多彩、深入浅出的方式，于无声处实现思想的深刻转变。这一系列举措，旨在从根本上净化犯人的心灵，促使他们彻底改造自我，最终拥护苏维埃、积极参与人民政权建设。

劳动感化院内部的教育事务由专门的文化科统筹管理，该科室核心聚焦于通过多样化文化活动促进犯人感化。其策划的系列教育活动紧密围绕感化目标展开，涵盖识字教育、政治学习、文化阅读及艺术创作等多个维度。具体而言，识字班作为扫盲教育的主阵地，采用《工农读本》作为核心教材，由院内专业人员主导授课，并创新性地引入有文化基础的犯人担任助教角色，形成互助学习模式，加速扫盲进程。

同时，劳动感化院内设图书室，作为犯人获取知识与信息的重要窗口，藏书包括《红旗报》《红军报》《工农报》等权威报刊，旨在拓宽犯人视野，增进其对时事政治的理解。院方定期举办读报会，结合时事热点进行深度解读，强化犯人的政治认知与判断力，使其深刻认识到国民党统治的腐朽性，进而坚定对苏维埃政权的信念与支持。

此外，政治教育在劳动感化院中占据举足轻重的地位，通过系统规划的政治课程，引导犯人深入剖析国际国内形势，增强其对历史潮流的把握能力，明确自身改造方向，为重返社会后成为守法公民并积极参与国家建设奠定坚实的思想基础。

除了定期的政治讨论会议外，劳动感化院还利用每日的点名和休息时间对犯人进行训话，以及通过"生活会"的形式，鼓励犯人之间相互提出意见和建议，进行自我反省和批评。这一做法在后来的实践中取得了显著成效，如在改造国民党战犯的过程中，战犯管理所便借鉴了这一做法，每周举行一次生活检讨会，并明确规定："不管犯人犯了什么错，都只能批评，严重的也是用斗一斗的方法,绝对禁止打人或侮辱性的骂人。"①这一规定充分体现了教育感化与人道主义在犯人改造工作中的重要性。

五、坚持人道主义原则

在工农民主政权架构下,监狱体系实现了对传统封建狱制及国民党反动监禁模式的根本性超越,树立了文明治理的新标杆。1931年12月12日,《处理反革命案件和建立司法机关的暂行程序》由中华苏维埃共和国中央执行委员会颁布,其中"坚决废除肉刑"的原则性宣告,旨在根除早期受王明"左"倾机会主义遗毒所生的刑讯恶习与司法不公,标志着司法文明的重大进步。

此体系严禁对囚犯实施任何形式的侮辱、虐待及非人道措施,并明确取消了旧国民政府监狱中盛行的五种酷刑工具——窄衣、手铐、脚镣、捕绳与联锁,彰显了新政权对人权保障的高度重视。

劳动制度层面,监狱遵循八小时工作制,严格控制加班时长上限为十小时,确保囚犯劳动权益的合法性与合理性。同时,依据囚犯的技能特长与身体状况,实施个性化、科学化的劳动分配,体现了人文关怀与劳动效率的统一。

生活管理方面,监狱构建了精细化的作息安排,明确了囚犯劳动、教育、休息及文化活动的具体时间框架,维护了监狱内部的正常秩序。通过劳动区与居住区的物理分隔,为囚犯创造了更加安全、宜人的生活环境。

医疗卫生政策方面,明确规定需按时为囚犯提供个人卫生服务,如洗浴、通风等,并强调"犯人的劳动收入用于其生活维持"②,确保基本生活需求得到满足。针对病患,实施分类治疗策略,对传染病患者实行隔离,轻症由内部医疗人员辅助,重症则转送专业医疗机构,全面保障了囚犯的健康福祉。

此外,监狱还积极促进文化体育活动的繁荣,通过乐器演奏、棋艺交流、文化演出等形式,丰富囚犯的精神世界,促进其心理康复与社会适应能力的提升,展现了工农民主政权在人道主义与文明治理方面的卓越追求与实践成果。

---

① 沈醉:《沈醉"狱"中趣闻》,中国文史出版社2002年版,第29、31页。
② 中共浙江省新昌县委党史办公室:《梁柏台》,当代中国出版社1994年版,第109页。

第六章　梁柏台与中央苏区劳动感化工作

第四节　梁柏台劳动感化思想的积极意义

一、监狱管理制度的革新与引领：塑造现代监狱治理的典范

梁柏台在中华苏维埃共和国的监狱管理领域，以其独到的劳动感化思想为指引，进行了一场前所未有的制度创新。他深刻洞察到传统监狱模式的弊端，于是创造性地设立了看守所与劳动感化院两大机构，分别针对短期与长期服刑人员进行差异化管理与教育。这一创新不仅体现在物理空间的分隔上，更在于教育理念与手段的革新。通过综合运用思想政治教育、劳动技能培训、文化教育以及心理辅导等多种手段，梁柏台成功构建了一个全方位、多层次的罪犯改造体系。这一体系不仅关注罪犯的外部行为矫正，更重视其内在思想的转变与升华，从而实现了从"治标"到"治本"的飞跃。梁柏台的这一创举，不仅在当时取得了显著的成效，更为后世的监狱治理提供了宝贵的经验借鉴，成为现代监狱治理的典范。

二、对新中国监狱劳动改造政策的奠基性贡献：奠定基石，引领变革

梁柏台在革命根据地时期所实践的劳动感化制度，不仅为苏区的法制建设注入了新的活力，更为新中国成立后监狱工作的改革与发展奠定了坚实的基础。1951年，随着《关于组织全国犯人劳动改造问题的决议》的颁布，新中国监狱劳动改造政策正式确立。这一政策的出台，标志着我国监狱工作进入了一个新的发展阶段。它深刻体现了梁柏台感化思想的核心精神，即通过劳动实践促进罪犯的思想改造与行为矫正。这一政策的实施，不仅有效缓解了监狱的经济压力，更为罪犯提供了一个通过劳动实现自我救赎、重获新生的平台。在劳动中，罪犯们不仅学会了生存技能，更在劳动中体会到了劳动的价值与尊严，从而激发了他们改过自新、重新做人的决心与信心。因此，可以说梁柏台的感化思想为新中国监狱劳动改造政策的制定与实施提供了重要的思想资源与理论

支撑，引领了我国监狱工作的变革与发展。

三、为新中国监狱工作实践提供宝贵经验：传承历史智慧，推动创新发展

《中华人民共和国监狱法》第三条所确立的惩罚与改造相结合、教育与劳动相结合的原则，是对社会主义监狱制度根本目的的高度概括，也是对梁柏台感化思想在新时代背景下的一次深刻阐释与弘扬。这一原则不仅体现了我国监狱工作的人道主义精神与法治理念，更强调了教育改造在监狱工作中的核心地位。在梁柏台看来，教育感化是监狱工作的主要任务，而劳动则是实现这一任务的重要手段。这一理念在新中国监狱制度的初创时期即被奉为圭臬，成为指导监狱工作实践的重要原则。随着监狱工作实践的深入发展，"改造第一、生产第二"的方针逐步确立并深入人心。这一方针的提出，不仅进一步强调了改造工作的重要性，更将劳动生产置于了一个更加合理、更加科学的地位。在这一方针的指导下，我国监狱工作不断创新发展，形成了一套独具特色的改造模式与管理体系。这一模式与体系不仅体现了梁柏台感化思想的历史智慧与现实意义，更为我国监狱工作的未来发展提供了有力的支撑与保障。

第七章　梁柏台与中央苏区廉政工作

习近平总书记强调,"我们党从成立之日起就高度重视权力监督问题。在中央苏区、延安时期,我们党探索了一套对苏维埃政府、边区政府和革命根据地人民政权组织及其工作人员的监督办法"[①]。中华苏维埃共和国临时中央政府的成立,不仅标志着我们党在人民政权建设上的重要探索和尝试,更开启了中国共产党治国理政的辉煌预演。这一历史性的举措,不仅为后来的革命斗争和政权建设积累了宝贵的经验,也为中国共产党的政治发展道路奠定了坚实的基础。

中华苏维埃共和国临时中央政府成立3个月后,开展了一次大规模的反腐运动,这次惩戒贪腐肃清贪污运动,历时两年多,耗时长、行动彻底。梁柏台是这次廉政运动的主要参与者。梁柏台在中华苏维埃共和国临时中央政府担任过司法人民委员部副部长、司法人民委员,同时在内务部担任副部长及代理部长,并在检察系统中担任临时最高法院法庭委员和临时检察长。[②]他致力于财政制度的统一与完善,推动行政监察制度的建立健全,并在查处干部贪污腐化行为上展现了坚定的决心和有效的行动。他主持办理了谢步升案[③]和熊仙璧

---

① 习近平:《新的起点上深化国家监察体制改革》,《求是》2019年第5期。
② 金式中:《论梁柏台对中共法制建设的贡献》,《辽宁行政学院学报》2006年第6期。
③ 1932年5月9日下午3时,司法部代部长梁柏台担任审判长的临时最高法庭公开审理谢步升腐败案,并作出终审判决。法庭否决了谢步升的上诉,维持原判,并判处其枪决,命令在三小时内执行,没收其所有个人财产。这一判决标志着中华苏维埃共和国成立后的首次反腐肃贪行动的开启,具有深远意义。

案①。他在案件的调查、起诉、审判以及罪犯的改造等多个领域作出了历史贡献，这也成为其廉政思想的主要来源。

第一节 梁柏台廉政思想的理论来源

一、中华传统法律思想的积淀

梁柏台的廉政思想体系深植于中华历史文化的肥沃土壤之中，其法制思想的多重面向皆显著受到中国传统法律思想的影响，从而形成了独树一帜的理论架构。梁柏台，生于晚清时期，其家族深厚的文化底蕴与父亲的国子监太学生身份，为其提供了深厚的传统思想基础。在父亲潜移默化的教育下，梁柏台自幼便深刻吸收了"积极入世"和"兼济天下"的社会责任观与家国情怀，这些价值观念深刻影响了他的价值观，并对他日后献身国家、服务人民的生涯规划产生了深远影响。

梁柏台接受了中国传统文化的系统教育，自幼在乡塾启蒙，后赴双溪学堂、龙山初等小学堂等中式学堂深造。这些学堂秉承了传统私塾的教育理念，以儒家思想为基石，强调家国情怀的培育。即便在知新高小和浙江一师接受新式教育期间，道德教育和家国责任感依然是教育内容的重中之重。这些经历使得梁柏台的思想与表达均深深烙下了传统文化的印记，其著作和书信亦展现了深厚的传统文化底蕴。

梁柏台勤奋好学，广泛涉猎古代典籍。他通过研读中华历史文化，汲取了丰富的智慧与启示，并将之转化为立法、司法和法制宣传工作的指导原则。在我国数千年的文明积淀中，廉洁文化始终占据着举足轻重的地位。儒家思

---

① 1934年3月，梁柏台作为检察长，起诉了于都县苏维埃政府主席熊仙璧及其同伙的贪污、挪用公款等犯罪行为。熊仙璧伙同县委书记、军事部长等人以权谋私，贩卖食盐、谷子，偷税牟利。梁柏台调集所有相关材料进行核实，并在法庭上详细列举了熊仙璧的八大罪状，证据确凿。熊仙璧对罪行供认不讳，最终被判监禁1年，期满后剥夺公民权1年，所得财产没收。刘仕祥等5人被判死刑。梁柏台执法严明，震慑了腐败分子，为党的反腐败斗争作出了重要贡献。

第七章 梁柏台与中央苏区廉政工作

想尤其强调慎独与修己,视其为治理社会与国家的基石。《论语》中云:"政者,正也。子帅以正,孰敢不正?"强调官员必须首先端正自身,以身作则,方能使百姓随之步入正道。《周礼》则进一步提出了"六廉"的思想,明确指出了廉洁是为官者所必须具备的首要品质。在《管子·牧民》中,更是将礼义廉耻誉为国家的四大支柱,其中"廉"作为古代道德准则之一,不仅是治理国家的关键要素,更直接关系到国家的兴衰存亡。孔子主张"为政以德""仁者爱人",孟子提出"民为贵,社稷次之,君为轻"的思想,这些传统文化对梁柏台的廉政思想产生了深远影响。

二、马克思列宁主义基本理论的深刻影响

在苏联的留学与工作经历中,梁柏台深入研读了马克思列宁主义的基本理论。马克思恩格斯提出了"社会公仆"思想,强调无产阶级政权机关及其工作人员应作为人民利益的代表,树立公仆意识,全心全意为人民服务,并应防范代表和官员因追求私利而蜕变;①马克思恩格斯强调了权力监督思想的重要性,其中涉及对巴黎公社公职人员普选产生和选民罢免权的认可,以及政务公开和党内监督等多个方面。他们认为,这些机制能有效防止腐败问题,确保公职人员为人民服务,并接受人民群众的广泛监督。②

列宁在领导俄国社会主义革命和建设过程中,针对党内腐败问题提出了全面且深入的廉政建设思想理论,他强调"政治上有教养的人是不会贪污受贿的"③,主张以马克思主义教育全党,加强党性修养,提高政治觉悟,并注重党员干部和人民群众的法制教育,以预防腐败。在监督体系方面,他构建了以党和国家监察机构、群众监督和舆论监督为主体的多元化监督网络,旨在有效防止腐败现象。④同时,列宁还注重监察工作队伍的建设,强调法律、行政、审计等多方面的监督。他提出党内民主是党的生命,主张用党内工人民主制代替高度集中的组织和工作方法,并强调统一法制、加快立法进程,以法律手段

---

① 《马克思恩格斯选集》(第3卷),人民出版社2012年版,第54、139、141页。
② 《马克思恩格斯选集》(第3卷),人民出版社2012年版,第109页。
③ 《列宁选集》(第4卷),人民出版社2012年版,第588页。
④ 《列宁全集》(第43卷),人民出版社2017年版,第136、381页。

严惩腐败分子。

梁柏台的廉政思想是在深入研究和理解马列主义廉政建设理论的基础上，结合中国具体革命实践而形成的独特理论体系。他深刻认识到，中国共产党作为马克思主义政党，必须以马克思主义为指导，坚守党的初心和使命，坚定不移地推进廉政建设。在吸收马克思恩格斯列宁关于廉政建设的基本思想的同时，梁柏台也深入分析了中国社会的实际情况，特别是中央苏区的特殊环境，将马列主义廉政理论与中国革命的具体实践相结合。他认识到，在中国这样一个经济文化相对落后的国家，廉政建设不仅需要依靠思想教育来增强党员干部的廉洁自律意识，还需要建立健全的监督机制和法律体系来确保权力的规范运行。因此，梁柏台廉政思想在强调党性修养、政治觉悟和法制教育的同时，也注重构建多元化的监督网络，加强党内民主和法制建设，从而为中国革命的顺利进行提供了有力的廉政保障。

第二节　梁柏台廉政思想的内涵及实践

一、依靠人民力量，筑牢廉政基石

群众路线是中国共产党在革命、建设、改革时期不断取得胜利的法宝，是党的生命线和根本工作路线。梁柏台在反腐败斗争实践中认识到，脱离群众是腐败现象滋生的重要原因。因此，他高度重视人民群众的力量，具体表现为：

（一）广泛实施民主选举

民主选举是苏维埃民主政治的重要组成部分。通过《中华苏维埃共和国宪法大纲》，工农兵及一切劳苦大众被赋予了选举权和被选举权这一基本的政治权利。为了激发群众的参与热情，苏维埃进行了广泛的宣传动员，使群众认识到选举苏维埃代表是他们实现国家事务管理的重要权利。

从1931年11月至1933年10月，在党的领导下，中央苏区先后进行了三次大规模的民主选举。通过选举，群众选出代表组成各级代表大会，并在此基础上选举产生苏维埃政府公职人员。选举过程中，群众的积极性得到了充分调动，尤其是在1933年下半年"二苏大"代表的选举中，平均到会的选民达到了80%以上，一些先进地区的选民到会率甚至超过了90%。

这种广泛的民主选举不仅有效清除了苏维埃政权机关中的腐败分子，同时也选拔出了真正有能力且真心实意为群众谋利益的公职人员，确保了苏维埃政府的高效廉洁。

（二）建立群众监督的多元机制

苏维埃政权，根植于工农群众之中，其权力基础自然源自人民。因此，在苏维埃共和国，民众拥有对各级党政机关及其工作人员实施群众监督的正当权利。为实现有效的群众监督，苏区采取了多样化的渠道和方式。

首先，设立了控告局这一专门机构，负责承办群众检举揭发事宜。控告局作为工农检察部的下设组织，接受其直接领导，由一名局长和若干名调查员组成，其运作遵循程序正当的原则。群众可以通过投递控告材料的方式，由控告局接收后进行立案调查，并最终将调查结果移交给工农监察部，由其决定处理。

其次，构建了工农通讯员队伍。1933年，为加强对国家机关及公职人员的监督，中央工农检察部发布了《工农通讯员的任务》，要求工农通讯员收集和报告各级苏维埃及其所属机关在工作、生活和职权上出现的各种问题。这些通讯员作为不脱产的群众监督员，因其分布的广泛性，构成了一张严密的廉政建设监督网络。

再次，采取了突击队和轻骑队两种形式的群众监督。突击队是在工农检察部指导下由人民群众组成的，其特点在于成员不脱产、工作时间及人员不固定，能够迅速而有效地进行突击检查。而轻骑队则在团组织的领导下，以公开的活动方式开展检查和突袭工作。

除上述方式外，还设立了群众法庭作为群众监督的司法途径。群众法庭不同于其他监督方式，它是一道司法审判程序，主要针对不涉及犯罪的行为案件进行裁决和处置，如开除相关涉事人员，并通过媒体公开其官僚腐化的罪证。若发现相关机关及人员有犯罪行为，群众法庭则负责将相关材料移交给司法机关，启动诉讼程序。

（三）发动人民群众，调查核实证据

梁柏台在办理熊仙璧案的过程中，作为临时检察长，他调来所有关于于都县的案件材料，并深入到群众中，依靠群众路线主动地去调查案件、核实证据，去发现、提出问题，积极地揭露、证实、指控熊仙璧的罪行，做到了借众人之力，有效惩治腐败，打击犯罪。

为推动群众检举，中央政府副主席、中央工农检察人民委员项英在《红色中华》报上发表《反对浪费、严惩贪污》的文章，指出"这个时候谁要是浪费一文钱，都是罪恶，若是随意浪费，那实际是破坏革命战争。至于贪污公款，简直是反革命"。号召工农群众振奋起来，帮助政府来反对各种浪费，把官僚腐化分子驱逐出苏维埃。1934年年初，中央工农检察部下达《怎样检举贪污浪费》的指示，同年4月又发出《继续开展检举运动》的训令，指出"检举运动是广大群众斗争的行动，要采取一切方法来鼓励和吸收群众意见"。5月，中共中央监察委员会书记、中央工农检察人民委员会委员董必武在《斗争》第61期发表《把检举运动更广大地开展起来》的署名文章，总结检举运动中的成绩经验与不足，指出"用铁扫帚扫去那些堆积掩蔽在各个机关中的秽物，不让一个阶级异己分子、嫌疑分子及不可靠的分子，存留在任何机关内"。通过发动群众进行检举，许多官僚腐化贪污案件被揭露出来。仅中央机关，检举涉及的单位就有中央总务厅、招待所、财政部、劳动部、邮政局、互济总会等16个部门，查出贪污款项共计大洋2053元6角6分、棉花270斤、金戒指4个。① 这些贪污分子中，送法庭审判29人，被开除工作3人，建议撤职和调动工作的7人，受严重警告2人，警告4人；包括会计科科长与科员10人，管理科科长与科员8人，总务处处长3人，司务长4人，采办科科长与科员8人，财政处处长3人，总务厅厅长1人，局长3人，所长1人，厂长2人。②

（四）司法审判高度关注民意，加强交流沟通

梁柏台办理的谢步升、熊仙璧案，在中央苏区影响很大，人民群众高度

---

① 《苏区的审计工作（二）》，《审计与理财》2006年第10期。

② 《中央工农检察委员会公布关于中央一级反贪污斗争的总结》，《红色中华》第167期，1934年3月27日。

关注。梁柏台重视吸收人民群众的意见，经常性地走访人民群众，通过走访人民群众了解谢步升、熊仙璧的情况，把人民群众的意见建议作为办案的重要参考，极大提高了办案的公信力。

（五）通过巡回审判，加强廉政教育

1932年，中央临时政府出台了《中华苏维埃共和国裁判部暂行组织及裁判条例》，这是梁柏台亲自参与组织制定的。条例规定，各级裁判部可以用巡回法庭的形式组织审判，让法官"到出事地点或群众聚集的地方去审判案件，使广大的群众来参加旁听审判，借某种案件以教育群众"①，把法庭搬到事故现场，到出事现场去审判，这种教育效果更加明显，这条规定的目的就是增强对出事地点周边群众的教育。

他也同时要求司法机关，要注重对群众的法律教育，在巡回法庭审判案件过程中，审判前和审判后都要出通告、布告，让群众了解案件的内容，让群众听取审判的过程，向群众做好审判和法条的解释工作。由于当初农民文化程度不高，法治意识不强，这种巡回法庭让老百姓了解了什么是法律，什么是公平，对增强人民群众对政府权威的认同非常有效。这对当时的革命队伍来说，也是一次非常好的廉政教育。巡回审判既在党员干部中起到了警示教育的作用，又让人民群众看到了中国共产党对反腐败的坚定决心和严肃态度。

群众监督的具体案例

1934年5月，胜利县裁判部原副检察员邓贤煌、原赖村区裁判部长黄伦纪及原胜利县裁判部副部长赖尊柳，在执行镇压反革命分子的任务中，表现出了消极与动摇的态度，甚至庇护了反革命分子宋士明。这一行为遭到了当地群众的强烈不满与检举。随后，江西省裁判部对此事进行了详尽的调查与核实，并特别设立了巡回法庭，广泛吸纳了来自全县各区、赖村区各乡的代表以及赖村乡全体群众的参与，共计约一千二百人，共同见证了此次审判过程。

---

① 《司法人民委员部一年来工作》，《红色中华》第39期，1932年11月7日。

在广大群众的监督下，邓贤煌、黄伦纪、赖尊柳及宋士明等四名涉案人员均承认了自身的违法行为。法庭依据相关法律条文，作出了如下判决：邓贤煌与宋士明因罪行严重，被判处就地枪决；黄伦纪则被判处两年半有期徒刑，并剥夺政治权利一年；赖尊柳获刑两年，同样剥夺政治权利一年。

判决结果宣布后，现场群众反响热烈，纷纷欢呼雀跃，随后有序整队，高呼口号返回各自乡镇。此次事件后，胜利县积极采取行动，提拔了一批立场坚定、忠诚于工农事业的干部，以全面彻底地改造并加强裁判部的工作，确保今后类似情况不再发生。①

1934年5月21日，中央工农检察委员会正式发布了针对西江县所开展的检举运动成果报告。该运动基于广泛群众检举，首要行动是在县苏维埃主席团内撤销了宋运山与林焕仪的职务，并随即召集县一级机关全体工作人员大会，对宋云山进行批判斗争，随后将其押送至砂星、高坡、梅坑、黄安等区域，组织群众大会进行公开审判。

经过此番对西江县区乡苏维埃机关中大批反革命分子的肃清与整顿，积极分子被吸纳进苏维埃组织，进一步强化了苏维埃的力量。在埠区的三个乡，代表得到了重新选举，苏维埃的组织结构得到了完善，其工作也随之发生了初步且显著的积极转变。②

二、加强制度反腐，构筑廉政屏障

中国共产党对于苏区腐败问题一直保持着高度的警觉，并坚定不移地与之展开斗争。梁柏台在苏区廉政建设中，参与制定反腐败法律文件、推动反腐败专职机关的设立以及倡导依靠群众推进廉政建设等方面发挥了重要的作用，为构筑廉政屏障提供了坚实的制度基础。

在组织法上，为监督苏维埃政策法令的执行、遏制贪污浪费现象，依据

---

① 《从斗争中彻底改造胜利县裁判部》，《红色中华》第192期，1934年5月23日。
② 《西江检举运动初步检阅》，《红色中华》第187期，1934年5月21日。

苏维埃宪法大纲设立了工农检察机关——工农检察部。梁柏台参与起草了《工农检察部组织条例》，并于1931年11月颁布，明确规定了工农检察部的组织系统、各级工农检察机关的任务、工作方式等。[1]根据这一条例，又制定了《突击队的组织和工作》《工农检察部控告局的组织纲要》等重要的组织法令。而突击队的职责，就是"公开的突然去检查某苏维埃机关，或国家机关和合作社，以揭露该机关或企业等贪污浪费及一切官僚腐化的现象"，"控告局设局长一人调查员若干人，其工作是接受工农劳苦群众对苏维埃机关的控告书"。[2]各级工农检察部及突击队、控告局的成立，形成了从中央到地方统一的检察系统，强化了对苏维埃各级政权及干部的监督。[3]

在实体法上，1932年7月，经人民委员会审议并通过的《土地税征收细则》中，首次明确规定："一旦发现有贪污行为，将依法严惩。"然而，当时尚未制定专门针对反腐败的法律法规。[4]1933年12月15日，中央执行委员会以第二十六号训令下发了梁柏台参与制定的《关于惩治贪污浪费行为》第26号训令，规定"贪污公款500元以上者处以死刑；贪污公款300元以上500元以下者，处以2年以上5年以下监禁；贪污公款100元以上300元以下者，处以半年以上2年以下监禁；贪污公款100元以下者，处以半年以下的强迫劳动"[5]。这是中国共产党历史上第一个惩治贪污浪费的法律文件，设立了从轻到重的阶梯式惩治手段，兼具行政法和刑法的双重性质[6]。《关于惩治贪污浪费行为》对贪污罪、挪用公款罪、玩忽职守罪的构成要件予以明确规定，科学设置刑罚，统一了苏区的法律适用。

在程序法上，1932年6月9日，中华苏维埃共和国中央执行委员会发布执

---

[1] 薛永毅：《何叔衡与中央苏区依法治理的实践》，《人民法院报》2019年11月29日。
[2] 《工农检察部控告局的组织纲要》，《红色中华》第32期，1932年9月6日。
[3] 薛永毅：《何叔衡与中央苏区依法治理的实践》，《人民法院报》2019年11月29日。
[4] 金鸿浩：《论中央苏区时期苏维埃政权的法治反腐》，《中共中央党校（国家行政学院）学报》2023年第5期。
[5] 《关于惩治贪污浪费行为》，《红色中华》第140期，1934年1月4日。
[6] 金鸿浩：《论中央苏区时期苏维埃政权的法治反腐》，《中共中央党校（国家行政学院）学报》2023年第5期。

字第4号命令,公布《裁判部的暂行组织及裁判条例》,这是在法院未成立前,组织临时司法机关和处理诉讼事宜的第一部国家裁判法,规定了法庭的组织架构以及审判程序的各个环节。其内容涵盖了陪审制度的确立、审案与判决流程的规范、审判回避的原则、案件材料与证据的及时归档要求,以及被告上诉权利的保障等多个方面。1931年12月13日,中央执行委员会非常会议正式颁布了《处理反革命案件和建立司法机关的暂行程序》的训令,其中明确指出:"在处理反革命案件时,必须坚决废除肉刑,转而采用搜集确实证据及各种有效方法以确保案件审理的公正性和准确性。"①

中央苏区通过发布一系列制度规定推进廉政建设,且大多采用了"训令、命令、条例"等战时形式。如组织体系类的工农检察部组织条例、中央党务委员会相关决议等；监督检查类包括关于惩治贪污浪费行为、执行工作检查等训令或命令；廉政教育类则有关于党内教育计划、要求政府工作人员加紧学习等命令；其他"轻骑队、突击队、控告局"的组织及工作制度均为简短的"纲要"形式；开展"检举运动""节省运动"则为训令或指示信形式。这些有机地联结形成了相对完整的制度体系,为廉政建设提供了政治保障。

三、完善司法程序,捍卫公正廉洁司法体系

梁柏台回国主持中央苏区法律工作前,根据地并没有统一的司法机关,而是各根据地结合自身实际情况建立了一些审判机构,也就不可能有统一、规范的法律程序。正是由于这一原因,中央苏区在反腐败工作,特别是案件的调查、审判过程中,当时很多办案人员不懂法律,不了解证据、审判等司法原则和相关规定,经常出现刑讯逼供等行为,严重违背了程序公正,造成一批冤假错案。他当时尖锐地指出,中央政府成立前的肃反工作存在大量问题,没有把肃反对象按照统治阶级和被统治阶级、首要和附和进行分类,处置也没有按照轻重进行划分,工作较为混乱、不公平。工作人员不专业,只会使用较为粗暴的肉刑,没有自己的侦查,只信犯人的口供,甚至逼打成招,口供代替了证据

---

① 肖居孝:《中央苏区司法工作文献资料选编》,中国发展出版社2015年版,第31页。

和侦查材料，肃反工作中就出现了一些屈打成招的案件。①

梁柏台非常注重在司法工作中确定司法程序，他的工作要求就是司法程序要和司法机关同时建立。②他到司法部后，马上制定了《处理反革命案件和司法机关的暂行程序》，对处理反革命案件如何进行侦查、如何预审和如何提出诉讼都做了明确的流程规定，对审判员的职权也做出了规定。随后他又制定了《裁判部的暂行组织裁判条例》，对裁判部如何进行组织裁判进行了规定；制定了《中华苏维埃共和国司法程序》，对整个司法工作的程序写进了章程，司法工作有法可依，对审判制度和司法程序作出了规定，特别是对侦查权、逮捕权、预审权、审批权作出规定，建立了四级两审终审、公开审判和巡回法庭制度、审判合议庭制度、人民陪审员制度、辩护制度、回避制度、上诉制度、死刑复核制度等刑事诉讼的主要制度③，初步建立起了中央苏区的刑事诉讼体系。

江西省苏维埃裁判部第182号判决书曾对贪污犯王承谱作出枪毙的判决。然而，在后续临时最高法庭的审核中，这一判决被认为过于严厉和偏左，即"判处死刑，在司法裁量上显得极为失当"④。因此，临时最高法庭对原判决进行了修正，最终决定将王承谱的刑罚改为监禁一年，以此体现了对司法公正与量刑适度的重视。瑞金县苏维埃裁判部在第20号判决书中判决朱多伸死刑。然而，在复核时，临时最高法庭认为，"根据口供和判决书所列举的事实，不过是贪污徇私及冒称宁、石、瑞三县巡视员等等，是普通刑事案件，并非反革命罪。且朱多伸曾组织游击队，参加过革命，又年已72岁"⑤，因此，临时最高法庭最终决定以贪污罪对朱多伸进行改判，判处其监禁两年。1932年4月，鉴于江西省苏维埃裁判部第1号和第2号判决书中未明确告知被告人享有上诉权的问题，临时最高法庭特地发布了第2号训令，旨在纠正这一疏漏，并明确指

---

① 金式中：《论梁柏台对中共法制建设的贡献》，《辽宁行政学院学报》2006年第6期。
② 中央档案馆编：《中共中央文件选集》，中共中央党校出版社1983年版，第10页。
③ 洪平：《梁柏台红色法治精神的探析与传承》，《中国司法》2021年第10期。
④ 张希坡：《革命根据地法律文献选辑（第2辑）》，中国人民大学出版社2017年版，第1086页。
⑤ 陈始发、郭海峰：《中央苏区法律文献整理现状与应用思考》，《苏区研究》2022年第7期。

出这两案的被告人在判决后的14日内"应享有上诉权"①。此举标志着中央苏区在职务犯罪审判中开始高度重视保障被告人依法行使上诉权，以确保司法程序的公正性和被告人的合法权益。1932年5月5日，瑞金县苏维埃裁判部作出第8号判决，对谢步升判处死刑。在该判决中，明确规定若被告人对判决结果不服，"在判决后的一周内，可以向临时最高法庭提起上诉"。②以上这些案件的处理，都是重视司法程序的重要例证，对建立革命秩序有极大帮助，对纠正乱处罚的问题也起到威慑作用。

另外，梁柏台领导制定和颁布了《革命法庭条例》《革命法庭的工作大纲》，统一制定了案卷整理流程、审判记录的记录格式，对如何发传票、如何写判决书、如何发拘票、如何发搜查票、如何做好预审记录、如何写好工作报告、如何记录搜查记录、如何做好苦工队登记表都作了具体的设定③，建立了有秩序的司法公文体系，建立了一整套较为正常和完善的司法程序和非常民主化的审判制度，极大地压缩了审判员的自由裁量权和寻租空间，对审判员廉洁审判起到了重要作用。④

四、严惩与感化并重，夯实廉洁思想根基

随着苏维埃中央临时政府惩腐肃贪运动的开展，一批腐败罪犯被判刑后入狱。对于这部分特殊而又敏感的犯罪群体，如何进行教育改造，既是反腐倡廉的重要组成部分，也是监狱对罪犯进行教育改造的新课题，是苏维埃中央临时政府必须尽快解决的突出问题。

在《中华苏维埃惩治反革命条例》的规定中，监禁是中华苏维埃共和国的刑罚中主刑的一种，其法定刑期为半年以上和10年以下。梁柏台充分吸收和借鉴苏联的监狱制度，以马克思主义劳动价值观和劳动教育观作为指导，在结合苏区的革命情势，1932年2月19日的中央人民委员会第七次常务会议上，时任司法人民委员会会员的梁柏台提议创办劳动感化院，所谓的劳动感化院，

---

① 《临时最高法庭训令第二号》，《红色中华》第18期，1932年4月20日。
② 《临时最高法庭训令第五号》，《红色中华》第21期，1932年5月26日。
③ 中央档案馆编：《中共中央文件选集》，中共中央党校出版社1983年版，第10页。
④ 中央档案馆编：《中共中央文件选集》，中共中央党校出版社1983年版，第10页。

是指通过对犯人实施教育改造感化，通过参加生产劳动改造犯人，对犯人实行人道主义，采取感化主义，即废除了"司法范围内一切野蛮封建的遗迹"。劳动感化院是工厂也是学校。《劳动感化院暂行章程》具体规定了劳动感化院的任务、设立条件、组织机构以及各项管理制度等内容。劳动感化院内部设有总务、劳动、管理、文化等，具体负责财产经费的管理、原料的购置、产品的出卖、罪犯的劳动及教育等事情。

梁柏台通过用廉政思想和纪律教育贪污犯，能从根本上改造犯人的思想，对今天如何做好监狱工作仍然有一定的借鉴意义。

五、注重宣传教育，助推廉政文化建设

梁柏台深谙报刊媒体在法制宣传与群众教育中的重要作用。在他的积极倡议和推动下，1932年3月2日，《红色中华》报开设了"苏维埃法庭"专栏，并特邀中央执行委员会和中央人民委员会副主席项英撰写了前言《写在前面的几句话》。同时，该专栏还刊登了梁柏台亲自在闽西苏维埃政府临时法庭主审的判决书。此后，几乎每期《红色中华》都包含法制宣传教育的相关内容，如新颁布的法令、判决书以及典型案例的介绍。

梁柏台经常以个人名义或中央司法人民委员部的名义，结合具体案例对法令进行宣传解释，旨在引导人民群众学习法律知识，增强他们的法制意识。这一举措在增强苏区干部群众的法制意识、贯彻执行苏维埃法令方面发挥了重要作用。

《红色中华》在推动党风廉政建设及反腐败斗争方面发挥了显著的先锋作用。自1932年起，该报刊专门设立了"突击队"专栏，集中报道并披露苏区党政机关中的贪污腐化现象，揭示了其危害性。此后，进一步丰富了内容，增设了"红板""黑板"以及"反贪污浪费"等专栏。

"红板"专栏致力于正面宣传，展现那些公正廉明、积极奉献的党员干部及其先进事迹，以此树立廉政典范，鼓舞全党上下共筑清正廉洁的党风政风。

"黑板"专栏则侧重于批评与警示，对消极散漫、懈怠磨工的不作为人员进行点名批评，旨在通过舆论监督促使这些人员及时整改，维护苏区党政机

关的效能与形象。

"反贪污浪费"专栏则在深度剖析贪污腐败案件的同时，公开报道案件的处理结果，旨在通过公开透明的方式警示世人，让腐败无所遁形。此举不仅彰显了苏区政府坚决打击腐败的决心，也有效提升了民众的法制意识和法治思维。

除了《红色中华》，其他中央一级的报刊如《红星》《斗争》《青年实话》等也设立了类似的专栏，如"铁棍""警钟""红板""黑板""烈焰""审判台"等，用于表彰先进事迹、批评不良现象。这些专栏不仅在内容上丰富多彩，而且在批评与表扬的尺度上旗帜鲜明、毫不留情，有效地推动了苏区法制建设和反腐败斗争的深入开展。

第三节 梁柏台参与中央苏区廉政建设的成效

在中央苏区时期，苏维埃政府积极领导群众，以果敢的举措与腐败行为展开斗争，进行了深入的探索与大胆的实践，对少数贪污浪费行为，坚决查处，严惩不贷。据统计，仅在中央机关就严厉查办了贪污分子共42人，有力地打击、惩治了腐败分子，有效地遏制和预防了腐败行为的发生，增强了广大干部的廉政意识。[①]至1934年5月，苏区的贪污浪费现象基本上得到了遏制和肃清。1934年9月11日，苏维埃中央审计委员会对中央各部门在5月至8月期间的经费开支进行了全面而细致的审计。在完成这一重要任务后，委员会发布了一份详尽的审计报告，并在报告中明确指出："我们可以夸耀着：只有苏维埃是空前的真正的廉洁政府。"[②]中央苏区所采取的各项廉政措施，不仅有效地克服了干部队伍中存在的某些腐败现象，保持了苏维埃政府的清正廉洁，并且进一步密切了党群关系，促进了革命事业健康发展。

[①] 钟燕林：《瑞金：中国共产党治国理政的首演》，人民网2020年11月16日，http://dangshi.people.com.cn/n1/2020/1116/c85037-31931828.html。

[②] 中共江西省委党史研究室选编：《中央革命根据地历史资料文库：党的系统》，中央文献出版社2011年版，第92页。

第七章 梁柏台与中央苏区廉政工作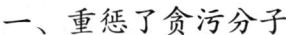

一、重惩了贪污分子

1933年，时任福建军区特务营副政委黄裕湖，因私吞从打击土豪劣绅中获得的物资，被福建军区军事裁判所依法判处6个月的苦工的处罚。①这一事件标志着苏维埃政府首次运用法律手段对贪污行为进行严厉打击。此后，苏维埃政府对于贪腐分子采取了坚决不手软的态度，实施了严格的法律制裁。中央苏区各县区的贪污分子均受到了法律的公正审判和处置。一系列重大的贪污案件，如以左祥云为首的反动贪污巨案、中央互济总会财务部部长谢开松的贪污案件，以及于都机关人员挪用公款从事商业活动的案件等，均受到了中央苏区法律的严厉惩处。从1932年春至1934年春，共查处200余起贪污腐败案件，全苏大会工程处主任左祥云等10余名腐化分子被判处死刑。②这一系列的法律行动彰显了苏维埃政府对于贪污腐败行为的零容忍态度，有效地维护了中央苏区的政治清明和法治秩序。

二、促进了苏区干部作风的大转变

在中央苏区，军政干部们展现出了卓越的廉洁自律品质，为支援战争和革命事业，"节省每一个铜板"。1934年3月，《红色中华》发出"为四个月节省八十万元而斗争"的号召，陈云、邓颖超等23名干部率先致信《红色中华》表示："一、每天节省二两米，使前方红军战士吃饱打仗，二、今年公家不要发给我们热天的衣服，把这些衣服给新战士穿。"③当时的苏维埃临时中央政府的十个工作部门，各挤在一间十几平方米的小房间办公；除少量技术人员外，广大干部没有薪饷；一双草鞋、一顶雨笠，就是苏区干部的"行头"。④苏区干部还长期坚持"干部参加劳动制度"，大量的、经常性的劳动

---

① 《盗用公款的贪污分子》，《红色中华》第59期，1933年3月9日。
② 龚齐珍：《中央苏区时期党的反腐败斗争》，中国共产党新闻网2023年05月19日，http://cpc.people.com.cn/n1/2023/0519/c443712-32689806.html。
③ 万振凡：《苏区干部好作风与党员干部作风建设》，《光明日报》2017年5月4日。
④ 中国井冈山干部学院院务委员会：《大力弘扬苏区干部好作风》，《光明日报》2011年10月4日。

205

使苏区干部深深地扎根于群众之中。①

这些苏区干部展现出的卓越作风，在苏区群众心中塑造了党的崇高形象，极大地提升了党的威望和凝聚力。他们淡泊名利，将全部心血倾注于为人民服务和革命事业之中，这一无私的精神让苏区群众深刻感受到共产党的干部是公正无私、廉洁自律、值得信赖和亲近的典范。

三、增强了群众支持与参与

随着严惩贪腐行动的展开，红军深受群众欢迎，民众以空前的热情积极参军，使得中央苏区扩大红军的运动取得了显著成就。在兴国和公略新区等地，出现了许多鼓励家中儿子和丈夫加入红军，共同争取革命胜利的感人场景。②民众不仅自发地节衣缩食，将节省下的粮食、食用油及食盐等物资捐赠予红军，以资军需，更展现出高度的组织性与自觉性，纷纷设立兵站机构，旨在配合红军之军事行动，承担给养运输及伤员救治与安置之重任。此外，为有效应对敌情，中央苏区下辖各县乡苏维埃政权亦成立了专门的情报侦察队伍——侦探队，负责敌情之搜集与分析工作，以确保苏区安全及红军作战之顺利进行。③由于妇女儿童天生具有隐蔽性的优势，他们在侦察敌情方面发挥了至关重要的作用。他们巧妙地搜集情报，确保红军能够迅速、准确地掌握各方动态，为红军的作战提供了有力支持，为战斗的胜利奠定了坚实基础。

梁柏台把马克思主义基本原理同中国革命的具体实践结合，促进了中华苏维埃法律体系的诞生，对苏维埃政权正规化建设和有效运行起到了重要的推动作用。梁柏台廉政思想的渊源是多元的，既体现了他个人的某些特征，同时又体现出中国近代法学发展的必然趋势。梁柏台廉政思想的核心在于坚持法律面前人人平等，严惩腐败，维护苏维埃政权的纯洁性和公正性。梁柏台廉政思想及其实践是中华苏维埃共和国临时中央政府廉政建设的重要组成部分，不仅体现了苏维埃政权的性质和宗旨，也为当前的廉政建设提供了宝贵的经验和启示。

---

① 万振凡：《苏区干部好作风与党员干部作风建设》，《光明日报》2017年5月04日。
② 《劳动妇女送郎当红军》《鼓励儿子去当红军》，《红色中华》第76期，1933年5月5日。
③ 参见《斗争》第60期，1934年5月19日。

第八章　梁柏台与中央苏区法制教育工作

梁柏台在苏区法制宣传教育方面作出了重大贡献。他致力于苏维埃法制的宣传与普及，亲自参与起草并推动实施了《中华苏维埃共和国宪法大纲》《中华苏维埃共和国婚姻条例》等一系列重要法律文件，确保这些法律在苏区得到广泛传播和深入理解。为了加强司法人才队伍建设，他通过司法干部训练班、实习工作、学习制度建立等多种方式，积极培养了一批具备专业素养的司法人才，为苏区法制建设提供了坚实的人才支撑。同时，梁柏台注重司法程序的完善，推动公开审判制度，使审判工作有法可依，有章可循，进一步提升了苏区司法工作的专业水平。此外，他还倡导并推动了劳动感化院的创办，通过感化教育和劳动改造相结合的方式，为罪犯提供了改过自新的机会，丰富了苏区法制宣传教育的内容。在法律实施保障、监督以及普法选举宣传等方面，梁柏台也做出了大量努力，确保了法律在苏区的有效实施和深入民心。这些举措不仅奠定了革命早期正常司法程序和民主化审判制度的基础，也对苏区的法制宣传教育产生了深远的影响。

第一节　梁柏台法制教育思想形成的客观条件

一、区域环境：革命根据地建设形成规模

自1927年大革命失败，在八七会议后，中国共产党确立了土地革命和武装起义的革命路线，并在毛泽东等人的领导下创建井冈山革命根据地。经过3年多的土地革命斗争，中国共产党建立了赣南、闽西、湘鄂赣、鄂豫皖等十几

块农村革命根据地，构建了革命政权体系。[①]在此期间，红一方面军连续三次成功抵御了"围剿"，鄂豫皖、湘鄂西、湘鄂赣等根据地也得以扩大至较大规模，赣南、闽西形成连片成团趋势，"发展成为拥有21个县城和300万人口的中央革命根据地"。中共中央决定以赣南闽西根据地为依托，建立苏维埃中央政府。1931年2月，中央政治局召开会议，决定由毛泽东担任中华苏维埃共和国临时中央政府主席，并报告共产国际，得到批准。农村革命根据地的发展壮大为建立革命政权，开展经济社会及法制建设提供了基础和条件，为梁柏台法制教育思想的形成塑造了良好的区域环境。

二、资源条件：中央苏区司法建设的实践

1931年春，中国共产党正在筹备召开中华苏维埃全国第一次代表大会，成立苏维埃政府。1931年3月，已经在苏联学习工作10年的梁柏台向共产国际申请回国工作，并向中央苏区写了求职信，恰逢筹备召开苏维埃代表大会，起草宪法、土地法、婚姻法等法规，迫切需要做过司法实际工作的人才。梁柏台在苏联工作多年，既参与革命工作，又在苏联省级法院参与过审判工作。"毛泽东得知此事，立即找到与梁柏台相识的任弼时磋商，商议的结果是梁柏台各方面的条件都适合苏区司法工作，于是，中央立即回信答复他的求职"。1931年5月，梁柏台秘密回国，9月抵达中央苏区。梁柏台以宪法草案撰稿人选入宪法起草委员会。梁柏台参与起草《中华苏维埃共和国宪法大纲》《中华苏维埃共和国婚姻条例》和《苏维埃政府组织法》等法令，自1931年9月到1934年10月红军长征3年的时间里，梁柏台和何叔衡等人一起创立苏维埃司法机关和司法制度，历任苏维埃临时政府司法人民委员部副部长、内务部副部长和代理部长、临时最高法院法庭委员临时检察长、司法人民委员等职，是中央苏区实际上的检察长、司法部长，全程参与了中央苏区的法制建设及实践，为其法制教育思想的形成提供了丰富的资源。

[①] 陈荣华、何友良：《中央苏区史略》，上海社会科学院出版社1992年版，第112页。

第二节　梁柏台法制教育思想的主要内容

一、宣传普及苏维埃法制

在中华苏维埃共和国时期，一系列法律法令得以颁布，其涵盖领域广泛且体系化显著。为筑牢工农群众在人民民主政体中的权益保障，苏维埃政府不仅致力于法律体系的持续优化，还通过出版法律文件的形式，积极推行法制教育与宣传，旨在巩固民主政权的群众基础。《中华苏维埃共和国劳动法》《中华苏维埃共和国土地法》及《婚姻条例》等核心法规，鉴于其直接触及民众核心利益，具备高度的实用性，遂被独立编纂出版；同时，《二苏大会文献》与《苏维埃教育法规》等则整合为法律汇编，以更系统的形式面世。

这些法律文献深刻渗透于中央苏区民众的日常之中，它们不仅是民众根本利益的集中体现，更在社会层面引发了广泛共鸣与深切关注。通过法律文献的广泛流通，民众的法律意识得以显著提升，长期以来受封建桎梏束缚的思想逐渐获得解放。民众开始学会运用苏维埃的法律武器，积极捍卫自身权益，实现了从法律受体的被动状态向主动维权角色的深刻转变。这一过程标志着民众在法制框架下，自我意识的觉醒与权益争取能力的提升。

20世纪20、30年代，司法体制沿袭传统旧制，"大部分县份司法和行政混淆，体制之有待健全毋须多言"。苏维埃红色政权建立后，司法干部缺少工作经验，干部群众普遍缺乏法律知识和法制观念。梁柏台就提出，不仅普通的农民工人对此并不清楚，甚至连一些低层级的官员也未必能完全领会其含义所在。因此，梁柏台非常重视法制的宣传和普及，他要求司法机关"不仅在公众场合或者书面文件中阐述有关法规的内容及其意义，而且还通过各类活动或是演讲的方式让广大人民群众更加深入地认识到相关的规定的重要性从而避免犯错的行为发生的可能性增加"。中央苏区深刻认识到利用社会教育对推进法制宣传教育工作的重要性。鉴于"广大工农群众识字少、文化素质较低、无法阅读领会苏维埃法律文献"的实际情况，党和苏维埃政府特别强调："每一种宣传品，都必须有时间性地方性和充分的鼓动力量，各种宣传品应该站在自己的立场上，来解释一切问题，从各方面来动员群众；每张宣言、每张传单，都要能够在广大劳苦群众的心坎中，燃烧起革命的热情和造成极度的兴奋。"①

在强化工农群众法治意识及教育普及的进程中，党和苏维埃政权于中央苏区积极构建并深化了社会教育体系。法治宣教工作者巧妙地整合了诸如识字班、夜校、列宁室等多元化社会教育载体，针对工农群众实施精准引导与教育。此举不仅显著加速了赣南、闽西山区的文盲削减步伐，还通过诸如读报学习等实践活动，促使工农群众对苏区法律体系的理解与运用能力得到逐步提升，从而圆满达成了法治宣传教育的核心目标。②

梁柏台参与制定了公开审判制度，规定案件审理过程中，主审都应主动征询陪审的观点和建议，"旁听群众有权在这个阶段表达他们对于这个案件的看法。辩护人也可利用这一机会来进行辩护"，然后主审与陪审一起商议决定最终判决结果。为达到普法教育的目的，梁柏台要求各层级的裁判所在开始任何一场审理之前，都要充分考虑大众的声音，并在公共场所公布审判的时间和地点，以此吸引更多的群众观摩，一旦审判结束，不仅要大量发布公告信息，同时也要尽可能多地打印出判决书，达到以案释法、教育民众、警示震慑的作用。此外，梁柏台还充分利用报刊、演讲、歌谣、戏剧等各种方式来宣传法制，教育干部群众。当时，中央苏区专门创作了很多普及婚姻法、土地法、劳动法等法律的歌谣和法治宣传教育戏剧。

张闻天同志在《斗争》上发表文章时指出，苏维埃司法机关带有更多的教育群众的任务，他强调："之所以把反革命分子送去法庭审判，是因为这样才能使群众清楚了解反革命的阴谋，教育群众如何同反革命做斗争，以提高群众拥护苏维埃政权的热忱。"③

1932年2月9日，闽西苏维埃政府裁判部依法对刘端生、张耕陶等反革命案件进行了公开、公正的审判，吸引了每日四五百名民众参与旁听，彰显了司

---

① 汪木兰、邓家琪:《苏区文艺运动资料》，上海文艺出版社1985年版，第247页。
② 王小元、孙佳星、卢宣伊:《中央苏区法制宣传教育的措施、成效及当代启示》，《江西理工大学学报》2022年第6期。
③ 《无情的去对付我们的阶级敌人》，《斗争》第49期，1934年3月2日。

第八章　梁柏台与中央苏区法制教育工作

法透明与民众参与的原则。①在宣判之际，汀州地区的工农群众团体自发组织请愿活动，强烈呼吁政府采取坚决措施，严惩反革命罪行，闽西裁判部在充分尊重并吸纳群众意见的基础上，严格遵循中央政策导向，通过细致甄别涉案人员的阶级属性及在犯罪活动中的角色定位，精准区分了首要分子与附和者，确保了量刑的精准性与合理性。最终，依据相关法律法规及案件具体情况，裁判部对刘端生、张耕陶等首要分子作出了执行枪决的判决，有力震慑了反革命势力，维护了苏区的社会稳定与法制权威。《红色中华》对此案评论如下："这次审判是有很大的意义的，这些反革命分子在法庭上，在广大的群众面前，都招认了自己的反革命阴谋，而且说在事实上已做了许多破坏苏维埃和红军的工作，群众听了这次审判，对于这些反革命组织必有更进一步的认识更引起了工农群众对于彻底肃清这些反革命组织的决心，可以说这次公开的审判，是对于苏维埃的肃反工作有很大的帮助的。"②

梁柏台指出，除了一般工农群众，苏维埃政府的部分干部对于各种条例和法令都不是很明了，不知不觉中有违反苏维埃法令的事情，应当向广大工农群众作普遍的宣传解释工作，增强群众的法律意识，减少犯罪行为。为了扩大苏维埃司法审判在广大群众中的影响力，他要求各级司法机关：

"注意法律教育，其方法是指导各级裁判部做以下的工作：

（甲）多组织巡回法庭到出事地点去审判案件。

（乙）审判案件的前后，多出通告、布告等，以吸收群众来参加审判和明了案件的内容。

（丙）在各种会议上或文字上，向群众做关于司法方面的各种法令的解释工作。"③

在苏维埃政权的核心领导与中央高层的积极倡导下，《红色中华》特别设立了"苏维埃法庭"专栏，该专栏保持高频次更新，几乎每期均刊载与法制建设紧密相关的内容，涵盖中央执行委员会新近颁布的法令法规、临时最高法

---

① 李凤凤：《〈红色中华〉法制专栏设置及影响探析》，《赣南师范大学学报》2018年第1期。

② 《闽西政府开法庭审判反革命派经过》，《红色中华》第10期，1932年2月17日。

③ 瑞金县人民法院：《中华苏维埃共和国审判资料选编》，人民出版社1991年版，243页。

庭以及地方各级裁判机构作出的司法判决、批复等重要法律文书，全方位展现了苏区法制体系的不断完善与发展。

同时，中央司法人民委员部充分利用《红色中华》等媒介平台，频繁发布法律解释与宣传材料，旨在深化苏区干部与民众对法律的理解与认同，进而强化其法制观念与法律意识。此举不仅促进了法律知识的普及，也有效扩大了审判工作的社会影响力，为苏区法治环境的营造奠定了坚实的群众基础。据统计，《红色中华》刊登的各类政府公文共473项，其中决议命令类47则，法律条文类35则，几乎囊括了中华苏维埃共和国时期的各类重要法律法规[①]，构建了中央苏区法制宣传阵地，对中央苏区的干部群众进行法制宣传教育。

二、注重劳动感化教育犯人

梁柏台借鉴在苏联的工作做法，为苏维埃政府引进了劳改劳教工作。他借鉴苏联的做法经验，参考苏联的相关法律，很快起草了《劳动感化院暂行章程（草案）》。暂行章程规定：劳动感化院是一个隶属于审判部的辅助单位，旨在监管所有触犯苏维埃法令的人员并对之施加影响或对其行为做出纠正。组织被判处长期监禁犯人参加生产劳动，教育改造和感化犯人，这是苏维埃法制建设的一项重大改革和创新。劳动感化院中设有劳动工厂，让犯人在生产劳动中得到改造，生产了许多供苏区使用的产品，收入除支付建设费用外，还有结余，成为苏区政府的一项收入。经劳动感化院教育和感化，许多犯人思想发生了巨大转变，成效显著。在释放后，绝大多数都能遵守法律法规，成为遵纪守法的好公民。值得一提的是，部分释放后的犯人，积极投身苏维埃政府的工作，为社会的和谐稳定作出了贡献，取得了良好的司法教育成效。设立劳动感化院，对犯人实行人道主义感化教育改造，开创了新型监狱工作，毛泽东赞扬这是"历史上的绝大的改革"，"是有他的历史意义的"。

---

① 李凤凤：《〈红色中华〉法制专栏设置及影响探析》，《赣南师范大学学报》2018年第1期。

三、理论和实习结合培训司法干部

苏维埃政府成立之初，面对司法工作人员严重不足的现状，梁柏台毅然肩负起培养合格司法干部的重任。他开创性地设立了司法工作训练班，并亲自执教，内容聚焦于刑事、政治、军事犯类的准确辨识以及农村司法实践的策略与方法。凭借其丰富的实践经验，梁柏台授课生动详实，确保学员们能够深入掌握法律精髓。

培训结束后，这些经过精心培育的学员被分配到各级裁判部，他们将所学知识应用于实际司法工作中，有效保障了各项法令的顺利执行。与此同时，梁柏台并未止步于理论培训，而是进一步引入了抽调实习（跟班学习）制度，通过轮岗实训、上级干部的"传帮带"等方式，实现了理论与实践的深度融合，加速了司法干部的专业成长。

在构建司法队伍方面，梁柏台同样展现出了远见卓识。他构建了司法工作人员委任机制，积极吸纳青年才俊，为司法体系注入新鲜活力；同时，对不符合岗位要求的人员进行甄别调整，确保了司法队伍的纯洁性与高效性。这一举措不仅为司法体系奠定了坚实的人才基础，更为新中国的法制建设注入了强劲动力。

此外，梁柏台还精心策划了系列高效策略以强化司法队伍建设及能力建设。他依据《司法人民委员部五个月工作计划（1933年8—12月）》，设立了速成培训班、专项训练班及军事裁判所人员培训班，实现了司法干部培训的多层次、全覆盖。他倡导实践学习模式，鼓励县级裁判部人员赴省级部门实习，并通过工作与学习并行的策略，全面提升了司法干部的综合素养。

尤为值得一提的是，梁柏台高度重视青年司法人才的培养与选拔，通过系统教学与"动态指导"机制，为司法体系培养了一大批专业型、复合型人才。同时，他倡导的瑞金模范县项目更是树立了司法工作的典范，为司法部人员提供了宝贵的实训基地。

综上所述，梁柏台所推行的一系列司法干部培训与实践项目，不仅解决了司法工作人员匮乏的燃眉之急，更为司法体系的长期健康发展奠定了坚实基础。这些项目的实施不仅提升了司法队伍的整体素质，更为新中国的法制建设、党的建设、国家治理及军队管理等方面注入了强大动力，成为推动新中国各项事业蓬勃发展的核心力量。

四、法制宣传教育与司法公正并进

在苏区法制建设的进程中，梁柏台深刻认识到，只有通过广泛的法制宣传教育，才能让司法公正的理念深入人心，成为社会的共识。1932年5月26日，临时最高法庭针对瑞金县苏裁判部第20号判决作出的法字第十七号重要批示，正是在梁柏台等司法工作者的不懈努力下，成为司法审慎与正义彰显的典范。该批示明确否定了对朱多伸处以极刑的原判，将其刑罚由死刑减为监禁二年。这一判决，不仅精准界定了犯罪属性，将其从"反革命犯罪"降为"普通刑事犯罪"，更体现了法庭在裁决中的细致考量与区别对待。鉴于朱多伸的历史革命贡献及其高龄，法庭展现了宽宥与人文关怀，这一举动在苏区乃至更广泛的社会层面引起了强烈反响，彰显了司法的人性温度。

此批示深刻体现了中央苏区司法实践中坚持的注意"区分阶级成分""区分首要与附和"以及"矜老怜幼"的原则。梁柏台作为司法领域的领航者，对此类问题尤为重视。他不仅在司法实践中身体力行这些原则，还积极倡导将其融入法制宣传教育中，使苏区干部群众都能深刻理解并自觉遵守。他力主司法活动必须严格遵循中央执行委员会第六号训令精神，强调阶级分析的重要性，要求准确界定犯罪角色，杜绝酷刑，审慎对待口供，强化预审证据之效力。

在梁柏台的引领下，苏区的法制宣传教育活动更加深入人心。他通过生动的案例讲解、深入浅出的法律解释，让苏区干部群众认识到法律不仅是惩治犯罪的工具，更是保护人民权益、维护社会公正的坚实盾牌。同时，针对非敌我矛盾的问题，司法机关在梁柏台的指导下采取了更加灵活与人性化的应对策略。以中央政府办公厅厅长刘开案为例，梁柏台主张以教育替代处罚，认为其非敌性质不应遭受严厉处分。最终，通过公众场合的批评教育，既纠正了个别官员的官僚作风，又强化了干部群众的法治观念。

梁柏台在苏区的法制宣传教育与司法实践活动中，不仅树立了司法公正的典范，更为后世的法治建设提供了宝贵的经验与启示。他用自己的行动诠释了法制宣传教育与司法公正并进的深刻内涵，为苏区的社会稳定与和谐发展奠定了坚实的基础。

第三节　法制宣传教育的成效

中央苏区时期的法制宣传教育紧密伴随着土地革命战争的硝烟与烽火，深刻响应了革命斗争的紧迫局势与苏区社会全面建设的内在需求。中国共产党人立足中央苏区的具体国情民情，以马克思主义理论为坚实灯塔，创造性地探索出一套贴近群众、生动有趣的法制宣传模式。这些模式不仅成功地将反帝反封建的革命理论框架与行动指南根植于民众心田，还极大地提升了民众对党的理论路线、政策导向的认知水平与理解深度。

更为重要的是，这一系列法制宣传教育的实施，在战略高度上构筑了一道坚实的思想防线，有效抵御并挫败了敌对势力企图通过文化渗透实施的"围剿"攻势。这不仅体现了法制宣传教育在革命斗争中的战略价值，更彰显了其在推动苏区社会法治化进程、巩固革命根据地、促进社会发展中的深远影响与重大意义。通过法制宣传教育的广泛深入，苏区民众的法律意识与革命觉悟得到了显著提升，为革命事业的最终胜利奠定了坚实的群众基础与法治保障。

一、增强了苏区军民法制意识

在苏维埃革命战争的严峻背景下，苏区军民承受着军事重压与经济封锁的双重挑战，同时封建残余势力亦对革命事业形成严重羁绊。① 为应对此复杂局势，中央苏区法制宣传教育工作紧密契合革命核心任务，精心策划并实施了一系列高效能的举措。中国共产党在立法与司法实践中，始终坚守人本立场，积极倡导并实践群众广泛参与的原则，这一理念在《中华苏维埃共和国土地法》的立法精神中得到了深刻体现。尤为突出的是，该法首条条款即确立了土

---

① 王小元、孙佳星、卢宣伊：《中央苏区法制宣传教育的措施、成效及当代启示》，《江西理工大学学报》2022年第6期。

地分配之平等原则，不分性别，此举不仅是对男女平等法律原则的具体落实，更是对传统性别偏见的深刻批判与颠覆。对于涉及农民集体权益之事务，中央苏区采取民主决策机制，尊重农民主体意愿，通过会议形式进行表决，此举不仅强化了土地法的民主根基，也体现了对农民主体地位的充分尊重。

此外，苏区还系统而深入地推进了苏维埃组织法、选举法、劳动法、婚姻法等一系列法律制度的普及工作，这些努力不仅为苏区新型社会关系的构建提供了坚实的法制支撑，也极大地推动了民众法律观念与现代意识的觉醒与重塑。

法制宣传教育的持续深化，使得苏区军民的法制意识得到了显著提升，他们对法律制度的认同度与接受度显著增强，法制观念深入人心，成为推动苏区革命事业稳步前行的重要法治力量。这一变化不仅彰显了法制宣传教育的显著成效，也为苏区社会的法治化进程奠定了坚实的基础。

二、巩固了苏维埃政权

在苏维埃政权初创之际，面对中央苏区尚未成型、法律文献匮乏且法制建设不成体系的挑战，中国共产党勇敢地踏上了局部执政的探索之路。随着中央苏区的逐渐稳固，为了更有效地推进革命斗争、维护政权稳定，法制化建设被提上了重要议程。

《中华苏维埃宪法大纲》的颁布，标志着中央苏区法制建设迈出了关键一步，它不仅为政权提供了根本的法律基础，还引领了一系列涉及经济、民生等领域的具体法律法令的制定与实施。这些法律法令内容广泛而深入，不仅保障了苏区军民的合法权益，还激发了他们参与革命、建设新生活的热情。

为了更好地让苏区军民了解苏维埃法律，理解政权性质和革命目标，苏维埃政府采取了多种措施，将复杂的法律条文以通俗易懂的方式向群众普及。通过广泛的宣传和教育，苏区军民的法律意识得到了显著提升，他们对苏维埃政权的认同感和归属感也极大增强。

这一系列举措不仅巩固了苏维埃新生政权，还为苏区各项事业的发展奠定了坚实的法制基础。随着法律体系的不断完善和法制观念的深入人心，中央苏区的革命事业焕发出了勃勃生机，为推动中国革命的胜利进程作出了重要贡献。

第八章 梁柏台与中央苏区法制教育工作

三、维护了社会稳定

中央苏区构建了以法律文本为基石的法制宣传教育体系,依托学校与社会教育的双重路径,深度融入民众日常,广泛传播法治理念。于学校教育维度,法制教育者精心整合教学资源,尤其是法律课程,向学生系统性灌输苏维埃法治理念,为其法律素质的培养奠定基石。同时,在社会教育领域,为提升民众文化水准及法律知识普及率,中央苏区全力推进扫盲行动,创设了高效的社会教育框架,确保法治观念深植民心,成为民众生活的常态构成。

在司法实践中,苏维埃政权高度重视公开审判与巡回审判等制度的落实,以增强民众对司法程序的知悉权与监督权。巡回审判作为公开审判的补充形式,灵活运作于刑事、民事案件审理之中,其流动性特质使法庭能直达案件现场或人口集中地带,实现就地裁判。典型案例如1932年处理瑞金白露乡与合龙乡水利争议时,通过联合县裁判部设立巡回法庭,组织涉事方调解会议,不仅妥善解决了纷争,还直观展现了法治的实践效果,激发了社会各界的广泛关注,有效发挥了巡回法庭在法治宣传教育中的正面效能。

这一系列法制宣传与教育措施,不仅引导苏区民众逐步挣脱旧有法制观念的桎梏,还显著促进了他们对苏维埃新法制的接纳与认同,进而有效减少了社会不稳定因素,为中央苏区的和谐稳定构筑了坚实的法治支撑。

四、壮大了法律工作者队伍

中央苏区在法制宣传教育领域,秉持贴近民众、深入浅出的原则,运用精练的语言及多样化的艺术传播媒介,对繁复的法律条文进行通俗化诠释,实现了法律知识的广泛普及与深入渗透。具体而言,通过报刊、标语、布告等文字传播媒介,结合政治宣讲、军事动员及化装演讲等口头交流方式,并辅以歌谣传唱、戏剧演绎、漫画描绘等文艺创作手法,构建了多维度的宣传网络,显著增强了法律知识的普及效果和吸引力,在苏区军民间激起了广泛而深远的共鸣。

鉴于干部教育对于法制建设的重要性,党和苏维埃政府尤为注重干部队伍的法制培训,创造性地设立了"支部流动训练班"与"短期训练班"等灵活高效的培训机制，旨在培育一支既精通法制宣传又具备实践能力的专业干部队伍。此类培训不仅聚焦于技术学校对法律专业技能的深化教学，还融入了旨在全面增强干部法制意识与综合素质的专项培训项目，共同肩负起推动法制宣传教育的重任。

培训过程中，尤为强调对干部专业素养的提升与法制观念的根植，要求干部群体不仅须深刻理解并熟练掌握苏区法律法规，更须在实践中身体力行，成为法律精神的传播者与践行者。同时，持续推动法制宣传教育活动的常态化与制度化，形成了教育与实践并重的双重驱动模式。这一策略不仅有效促进了苏区军民法制应用能力的提升，还极大地扩充了法制宣传教育的专业力量，为中央苏区法制事业的蓬勃发展奠定了坚实的人才基石。

五、激发了民众的革命热情

在中央革命根据地，苏维埃政权为全面激发民众的革命热情并促进其广泛投身于革命斗争，精妙地整合了报刊、歌谣、标语等多元化传播手段，凭借这些媒介的广泛覆盖力，深刻触及苏区社会的各个层面，有效传递了抗日救亡理念及党的大政方针，显著增强了群众动员效果。

1934年，《优待红军家属条例》由中华苏维埃共和国人民委员会正式颁布执行，随之在全国范围内掀起了一场声势浩大的"优红"运动，此举深刻加固了民众对共产党及苏维埃政权的认同与支持。彼时，"打倒帝国主义，拥护苏维埃及共产党"的口号深入人心，成为社会各界的普遍共识，即便是文化水平有限的工农大众，亦能清晰辨析国民党与共产党、国民政府与苏维埃、红军与白军之间的根本差异，这充分展示了法制宣传教育工作的深刻影响与成效。

尤为显著的是，在扩大红军（简称"扩红"）运动中，中央苏区革命根据地的法制宣传教育工作扮演了核心推动角色。该运动在极短时间内，即50天内，便超额完成了原定的三个月内增兵五万的目标，实际招募新红军达62269名，超额完成12269名，这一成就不仅是对法制宣传教育成效的有力证明，也极大地激发了苏区军民的法律意识与革命热情，促使他们更加积极地投身于根

第八章　梁柏台与中央苏区法制教育工作

据地的革命斗争，为革命事业注入了前所未有的动力与生机。①

第四节　梁柏台法制教育思想的独特之处及当代启示

一、坚持以马列主义为指导

马克思明确指出："批判的武器当然不能代替武器的批判，物质力量只能用物质力量来摧毁；但是理论一经掌握群众，也会变成物质力量。"②在这里，他强调了理论与实践、思想与物质之间的辩证关系。马克思主义，作为一种深刻的意识形态，其力量之源在于它能够被人民群众所理解和掌握，进而转化为推动社会变革的物质力量。

中国共产党始终高度重视马克思主义在宣传工作中的指导地位，这一立场坚定不移。马克思还指出："人们自己创造自己的历史。"③这一观点深刻揭示了人民群众在历史进程中的主体地位和决定性作用。它告诉我们，历史的发展不是由少数英雄人物所决定的，而是由广大人民群众的实践活动所推动的。

梁柏台的法制教育思想，根植于马克思主义的核心——群众观点，这一观点作为马克思主义唯物史观的重要组成部分，是对西方资产阶级"英雄史观"的深刻批判与超越，它确立了人民群众作为历史主体和变革动力的崇高地位。④中国共产党作为马克思主义政党，始终不渝地坚持这一观点，视人民群众为历史的创造者和社会进步的源泉。

在中央苏区局部执政的历史实践中，法制宣传教育工作鲜明地体现了马克思主义以人为本的核心理念，将这一理论精髓融入苏区革命斗争的方方面

---

① 《扩红总数突破六万余名!!!》，《红色中华》第211期，1934年7月7日。
② 《马克思恩格斯选集》（第1卷），人民出版社2012年版，第669页。
③ 《马克思恩格斯选集》（第1卷），人民出版社2012年版，第669页。
④ 王小元、孙佳星、卢宣伊：《中央苏区法制宣传教育的措施、成效及当代启示》，《江西理工大学学报》2022年第6期。

面，极大地增强了苏区军民对苏维埃政权的情感认同与制度信赖，同时也树立了党和政府在群众中的崇高威信。这一过程不仅彰显了法律在维护工农群众根本利益方面的积极作用，也是马克思主义法制思想在中国革命实践中的生动展现。

梁柏台，作为深受马克思列宁主义及苏联社会主义建设经验影响的法制教育家，其法制教育思想深深烙印着马克思主义的印记。他参与制定的《中华苏维埃共和国宪法大纲》，明确将保护劳工农民权益、抑制资产阶级扩张、引领群众走向社会主义作为政权宗旨，深刻体现了无产阶级的立场与追求。梁柏台所倡导的劳动教化、审判教育等法制教育理念，均是对马克思主义基本原理的创造性运用与发展，彰显了其法制教育思想的理论深度与实践价值。

步入新时代，全面依法治国战略的深入实施，要求我们更加紧密地结合中国特色社会主义法治体系的实际，坚持党的领导核心地位不动摇。在此过程中，我们应积极汲取中央苏区法制宣传教育的历史智慧，以马克思主义为理论基石，强化立法、执法、法律监督等环节的群众参与，确保法律制定与实施充分反映人民意志、维护人民利益。通过加强法制宣传教育，提升法律法规的群众知晓度与接受度，进而增强其执行效能与社会影响力，为法治中国建设注入新的动力与活力。

二、围绕革命建设需要

在《司法人民委员部一年工作》的报告里，梁柏台强调，司法机构必须把满足革命战争的需求作为主要任务来完成。当革命战争正在快速发展时，所有的工作应该围绕着它展开，所有的活动都需要服务于这一目标。面对司法裁决过程中出现的用法律观念取代阶级斗争的问题，梁柏台进行了严厉批评，并提出，如果我们不能理解苏维埃法庭是一个用于阶级斗争的工具、一种打击敌人的手段，就会陷入过于依赖法律的境地，无法灵活运用法律，也不能意识到法律的发展会随着革命需求的变化而发展，只要有助于推动革命的都可以被视为合法，任何有利于革命进程的都不应受法律手续妨碍。在梁柏台的司法实践中，正处于农村革命根据地建设时期，外有国民党的反动围剿和残酷镇压，内有工农政权巩固的需要，法制建设始终服从于革命战争和政权建设，需要将司法重点投入到镇压反革命，维护革命秩序等工作中。在毛泽东向第二届全国苏维埃大会提交的工作报告中，他对苏维埃政府在司法领域取得的成绩予以极高的肯定，称赞苏维埃法庭一方面"在苏维埃领土之内起了它镇压反革命活动的伟大作用"。苏维埃法制工作的建立和完善，对于巩固苏维埃工农政权起到了重要的保障作用。

当前中国正处于实现中华民族伟大复兴的宏伟征程中，恰逢世界格局的百年未有之大变局加速展开，面对改革发展稳定的繁重任务与对外开放的持续深化，我们更需充分发挥法治在巩固根基、稳定预期、促进长远发展方面的不可替代的作用。在不同历史阶段，党始终根据社会现实与人民期盼，灵活调整法治宣传教育的策略，以凝聚人心、共筑梦想。

在审视梁柏台法制教育在中央苏区时期的实践时，其显著特征在于紧密围绕革命与建设的双重需求展开。这一时期，法制宣传教育不仅聚焦于土地革命与阶级斗争的紧迫任务，通过法律书籍的编纂与发行等多元化策略，深刻增进了民众对党及苏维埃政权的理解与信赖，为革命斗争的深入发展注入了不竭的精神动力，成效卓著。

面向当代中国，正踏上现代化建设的新征程，法治的地位愈发凸显，它不仅是党领导人民治国理政的稳固基石，也是法治宣传教育工作必须坚守的核心阵地。在此情境下，我国的法治宣传教育工作应当积极汲取中央苏区时期梁柏台法制教育的宝贵经验，紧密契合党在新时代赋予的核心使命，以习近平法治思想为指引，坚定不移地强化党的领导，全面推进依法治国方略。

新时代背景下，党和政府需勇于开拓创新，探索法治宣传教育的多元化路径，紧密贴合中国特色社会主义法治建设的实践土壤，深入挖掘并阐释马克思主义法治理论的时代价值，确保法治宣传教育工作能够紧密贴合群众需求，充分反映人民意志，成为连接党心民意的桥梁。

此外，还应将依法治国理念深深植根于法治宣传教育的每一个环节，通过设计富有创意的教育活动、展示生动的实践案例，有效提升公民的法治素养与法治观念，营造出一个全社会共同尊崇法律、学习法律、恪守法律、善用法律的良好风尚，为全面建设社会主义现代化国家提供坚实的法治屏障，确保法治成为推动国家进步、保障人民福祉的强大力量。

三、服务人民群众

梁柏台作为一位深谙苏联法律精髓并兼具中国实践智慧的马克思主义法学家，其法制教育思想犹如一盏明灯，照亮了中央苏区乃至中国法治建设的前行之路。尤为重要的是，他的思想精髓深深植根于服务人民群众的理念之中，展现出一种独特而深刻的法律人文关怀。

梁柏台深知，法律的力量源自人民，也终将服务于人民。因此，在他的法制教育思想体系中，服务人民群众被赋予了至高无上的地位。他不仅仅是一位法律的制定者，更是一位法律的传播者和实践者，他致力于将复杂的法律条文转化为人民群众能够理解和接受的生动语言，让法律的光芒普照到每一个需要它的角落。

在梁柏台的法制教育实践中，他创造性地运用了多种方法，使法律知识与人民群众的生活紧密相连。他深入基层，与群众面对面交流，倾听他们的声音，了解他们的需求，将法律知识融入群众的日常生活中去。他通过设立巡回法庭、举办法律讲座、编写法律读本等形式多样的活动，让人民群众在参与中学习法律，在体验中感受法律的力量。

尤为值得一提的是，梁柏台在《中华苏维埃共和国宪法大纲》等法律文件的起草过程中，始终将人民群众的利益放在首位。他通过设立劳工法规、推行八小时工作制、保障婚姻自主权等一系列措施，切实维护了劳动者、农民及女性等弱势群体的权益，使苏维埃法律成为人民群众真正的保护伞。[1]这些举措不仅体现了梁柏台对人民群众深沉的关爱之情，也彰显了他作为一位法律人的责任与担当。

在新时代的背景下，梁柏台的法制教育思想依然具有深远的指导意义。我们应当继续秉承他服务人民群众的理念，将法治宣传教育工作与人民群众的实际需求紧密结合起来。我们要不断创新法治宣传方式和方法，运用现代科技手段提高法治宣传的覆盖面和影响力；我们要加强法治教育师资队伍建设，培

---

[1] 李凤凤、刘魁：《从中央苏区的立法及司法实践看梁柏台的法治思想》，《赣南师范学院学报》2015年第2期。

养一支既懂法律又懂群众工作的专业队伍；我们还要注重法治文化的培育和传播，让法治观念深入人心、融入血脉。

总之，梁柏台的法制教育思想为我们提供了宝贵的精神财富和实践经验。我们应当铭记他的贡献与教诲，将服务人民群众作为法治宣传教育工作的出发点和落脚点，不断推动中国法治建设向前发展。

结　语

习近平总书记在中国共产党第二十次全国代表大会的报告中指出，"中国式现代化，是中国共产党领导的社会主义现代化"①，"中国共产党是一个马克思主义政党，它以马克思主义作为自己的指导思想和理论基础"②。中国共产党建立的苏维埃共和国临时中央政府的国家体制，坚持了马克思列宁主义的根本指导，体现了马克思列宁主义的人民民主思想，马克思列宁主义的人民民主思想也由此成为中国共产党领导苏维埃时期现代国家建构及法制建设的根本指导思想。马克思列宁主义的人民民主思想在苏维埃俄国的实践，不仅给当时的先进中国人展示了一幅完全不同于旧中国政治现实的新图景，而且还提供了一个在逻辑上很有说服力的政治理论框架。③

作为苏维埃第一次大会的主席团宪法起草委员会成员和第二届中央政府执行委员会委员，并作为《中华苏维埃共和国宪法大纲》的主要起草者之一、执笔者和主要修改者，梁柏台把马克思列宁主义国家和法的基本原理与中央革命根据地的具体实际相结合，借鉴苏联社会主义法制建设经验，为革命法制建设和红色文化奠基作出了彪炳史册的贡献。④

---

① 习近平：《高举中国特色社会主义伟大旗帜　为全面建设社会主义现代化国家而团结奋斗：在中国共产党第二十次全国代表大会上的报告》，《求是》2022年第21期。

② 曲青山：《马克思主义与中国共产党》，共产党员网2016年7月13日，https://news.12371.cn/2016/07/03/ARTI1467518221548736.shtml。

③ 张师伟、孙亚亚：《中国共产党在中央苏区时期法制建设的民主特质及立法精神》，《西华师范大学学报（哲学社会科学版）》2024年第2期。

④ 张文显：《从红色法治文化谱系领略梁柏台的历史贡献》，微信公众号"浙江大学国家制度研究院"2024年6月3日，https://mp.weixin.qq.com/s/86PhgLPSmSyN71egAn0mXw。

结 语

梁柏台成长于中华民族最为危急的时代,面对国家的困境,他展现出了高度的敏锐性和深刻的洞察力,毅然决然地投身于救国救民的历史洪流之中。作为知识分子的一员,他积极响应革命浪潮,以其独特的视角和坚定的行动推动了革命进程。通过对梁柏台现存资料的深入剖析,尤其是其日记内容,我们可以清晰地看到他对社会时局的深切关注与对国家命运的深切忧虑。

"在知新小学读书期间,梁柏台对当时社会的黑暗和政府的腐败已渐感不满。他的作文《论女学不兴之弊》和《革命说》等就反映了他当时思想上的革新萌芽。"[1]梁柏台在16岁时,已"所思者皆国事",挥笔写下《丈夫誓许国说》,立誓要做一个"以身付诸国,竭力以担国事,以保国家,不以私而忘公"的"许国大丈夫"。

进入浙江省立第一师范学校后,梁柏台在先进思想的影响下,进一步拓宽了视野,深化了对国际国内局势的理解,并毅然加入社会主义青年团,成为我国最早的团员之一。对于声势浩大的"五四运动",梁柏台更是直接参与其中,声援北京的学生运动,组织演讲宣传列强对中国的欺诈,同时倡导抵制日货,劝用国货。经过"五四运动"的洗礼,梁柏台的思想与行动更加成熟,从此更加坚定地走上了革命道路。

梁柏台的思想发展经历了两次重要转变:一是从私塾双溪学堂到知新小学,他的思想从传统的封建思想转变为资产阶级思想,主张民主共和、男女平等;二是从浙江省立第一师范学校到莫斯科东方大学时期,这次转变是根本性的,他由资产阶级的民主共和思想转变为马克思主义者,并成为一名中国共产党党员,为其此后在革命事业中的成就奠定了思想基础。[2]

梁柏台特别强调了司法语言的通俗性和司法手续的简便性,目的是让民众能够更容易地接近和理解司法系统。司法为民的核心理念及其具体实践,紧密关联于群众路线的传统,这一传统不仅是新民主主义革命取得胜利的重要法宝,也在梁柏台的法律思想中得到了充分体现。他通过法律手段来保障民生和

---

[1] 《梁柏台烈士生平事迹》,《绍兴师专学报(社会科学版)》1982年第1期。

[2] 李凤风、刘魁:《从中央苏区的立法及司法实践看梁柏台的法治思想》,《赣南师范学院学报》2015年第2期。

维护群众权益，针对当时社会政治生活中以及民众生活中所面临的重大问题，他制定了相应的法律法规和法令来加以解决，这充分体现了人民当家作主的平等思想和民主的诉讼原则。例如，在民主选举苏维埃代表的问题上，以及在改善妇女儿童生活等方面，他都提出了具体的要求。此外，他还特别以司法部的名义发出命令，要求裁判部"组织劳动法庭，专门解决资本家、工头、老板破坏劳动法及集体合同和劳动合同等案件，以保障工人享受劳动法所规定的一切利益"①。

1932年，梁柏台主持制定了《中华苏维埃共和国裁判部暂行组织及裁判条例》，其中明确规定各级裁判部可以组织巡回法庭，直接前往出事地点进行审判。这一做法不仅体现了党的群众路线在司法领域的深入贯彻，也是我们应当继续坚持和发扬的革命传统之一。梁柏台所强调的公开审判、走群众路线、鼓励群众参与司法活动的思想，是一种极具创新性和生命力的法律思想，数十年的历史实践已经充分证明了其宝贵价值。②

梁柏台不仅具有强烈的正义感和为国为民的抱负，还展现出中国传统儒家知识分子以天下为己任的情怀。在法治实践中，他强调公平原则，注重法治执行者的思想道德素质与理想抱负，体现了德治与法治的有机结合。这种精神品质在他参与苏区建设与法治实践的过程中得到了充分体现，也为苏区精神乃至中国共产党人精神谱系的丰富与发展作出了贡献。

此外，"梁柏台不仅具有很高的个人素质，同时也具有精深的专业素质。"他在苏联的学习与实践经历，使他掌握了丰富的法律专业知识，这些专业知识在他归国后参与根据地法治建设时得到了充分应用。他注重将国外学习与国内实际相结合，避免教条主义与本本主义的错误，为我国法治建设提供了宝贵的经验。

在党的建设体系中，政治建设占据着核心地位，而其根基则深深扎根于革命传统与红色基因的赓续之中。"社会主义法治文化根植于党领导人民在革

---

① 倪集华：《走近梁柏台》，浙江检察网2011年6月15日，https://www.zjjcy.gov.cn/art/2011/6/15/art_183_10883.html。

② 李宜霞、杨昂：《梁柏台与中华苏维埃共和国司法制度之建设》，《中共中央党校学报》2004年第3期。

命、建设、改革中创造的革命文化和社会主义先进文化，植根于中国特色社会主义伟大实践。要注重发掘、研究、保护共和国红色法治文化，传承红色法治基因。"①作为领导党和执政党，中国共产党必须高度重视法治建设，视其为维护国家稳定与秩序的基石。

"法治是国家治理体系和治理能力的重要依托。只有全面依法治国才能有效保障国家治理体系的系统性、规范性、协调性，才能最大限度凝聚社会共识。在统筹推进伟大斗争、伟大工程、伟大事业、伟大梦想的实践中，在全面建设社会主义现代化国家新征程上，我们要更加重视法治、厉行法治，更好发挥法治固根本、稳预期、利长远的重要作用，坚持依法应对重大挑战、抵御重大风险、克服重大阻力、解决重大矛盾。"②梁柏台同志的生平事迹为我们提供了宝贵的学习范例，特别是他如何巧妙处理革命斗争、法治建设以及根据地稳定之间的复杂关系。这一历史镜像，对于当前我们深入探讨诸如"党与法的关系""党规与国法的边界"等议题，具有深刻的启示意义。它不仅加深了我们对国家本质、人民民主专政深刻内涵的理解，更促使我们从党的性质、宗旨的高度重新审视这些问题，确保理论与实践的统一。

梁柏台在其短暂而光辉的革命岁月里，展现出了言行一致、忠诚不渝的高尚品质，他始终坚守人民公仆的本色，无私奉献，勇于担当，严于律己。其日记中的"必克己自重，成为规正之人"不仅是个人修养的座右铭，更是他一生实践的生动写照。他最终用生命兑现了"为苏维埃流尽最后一滴血"的庄严承诺，这种精神力量跨越时空，激励着后人。

因此，学习梁柏台的事迹，对于当代社会而言，其价值远不止于他对根据地法治建设的具体贡献。更重要的是，我们应当通过他的经历，更加深刻地认识到作为革命者所应具备的理想信念、精神风貌，以及个人选择与时代脉搏相契合时所产生的巨大推动力。这不仅是对历史的缅怀，更是对未来发展方向的深刻洞察与坚定信念的树立。

---

① 《2023年3月13日习近平总书记在十四届全国人大一次会议闭幕会讲话》，中国人大网2023年3月13日，http://www.npc.gov.cn/c2/kgfb/202303/t20230313_424429.html。
② 《习近平在中央全面依法治国工作会议上的重要讲话》，中国政府网2020年11月17日，https://www.gov.cn/xinwen/2020-11/17/content_5562085.htm。

综上所述，梁柏台革命信仰的形成及其对司法理念的奠基性贡献，不仅体现在他个人的成长历程中，更在中国革命与法治建设的实践中留下了深刻的印记。他的精神品质与专业素养，为我们今天推进全面依法治国提供了有益的启示与借鉴。

参考文献

1. 著作

[1]《马克思恩格斯全集》第19、22、31卷，人民出版社1962年版。

[2]《马克思恩格斯选集》第1—4卷，人民出版社1972年版。

[3]《列宁全集》第20—33卷，人民出版社1958—1960年版。

[4]《列宁选集》第1—4卷，人民出版社1972年版。

[5]《斯大林全集》第1—13集，人民出版社1953—1956年版。

[6]《斯大林选集》（上下），人民出版社1979年版。

[7]《斯大林文集》（1934—1952），人民出版社1985年版。

[8]《马克思恩格斯列宁斯大林论政治和政治制度》（上下），群众出版社1984年版。

[9]《毛泽东选集》第1—4卷，人民出版社1991年版。

[10]《毛泽东农村调查文集》，人民出版社1982年版。

[11]《周恩来选集》（上卷），人民出版社1980年版。

[12]《周恩来选集》（下卷），人民出版社1984年版。

[13]《刘少奇选集》（上卷），人民出版社1981年版。

[14]《刘少奇选集》（下卷），人民出版社1985年版。

[15]《邓小平文选》（1975—1982），人民出版社1983年版。

[16] 中共中央党史研究室：《中国共产党历史》第一卷，中共党史出版社2002年版。

[17] 中共浙江省委党史研究室：《中共浙江历史》第一卷，中共党史出版社2002年版。

[18] 中央档案馆：《中共中央文件选编》第1—10册，中共中央党校出版社1989—

1992年版。

[19] 韩延龙、常兆儒：《中国新民主主义革命时期法制文献选编》第1—4卷，中国社会科学出版社1981年版。

[20] 《红色中华》第1—240期。

[21] 凌步机、舒龙：《中华苏维埃共和国纪事》，江苏人民出版社1998年版。

[22] 余伯流、凌步机：《中央苏区史》，江西人民出版社2001年版。

[23] 彭光华、杨木生、宁群：《中央苏区法制建设》，中央文献出版社、世界图书出版公司2009年版。

[24] 彭诗光：《中央苏区反腐肃贪实录》，中央检察出版社2009年版。

[25] 朱钦胜：《中央苏区反腐倡廉史》，中国社会科学出版社2009年版。

[26] 曾维才、曾维东：《中华苏维埃共和国审判史》，人民法院出版社2004年版。

[27] 林海：《中央苏区检察史》，中国检察出版社2001年版。

[28] 孙谦：《人民检察制度的历史变迁》，中国检察出版社2009年版。

[29] 谢一彪：《中国苏维埃宪政研究》，中央文献出版社2002年版。

[30] 陈立明、刘维章、克昌：《江西苏区纪事》，江西人民出版社1993年版。

[31] 中共一大会址纪念馆：《红旗飘飘(31)》(社会主义青年团诞生七十周年专辑)，中国青年出版社1990年版。

[32] 中共江西省委党史征委会、中共江西省委党史研究室：《江西党史资料(第二辑)》(中共中央分局资料专辑)，内部发行，1987年。

[33] 金冲及：《毛泽东年谱(1893—1949)》，中央文献出版社1996年版。

[34] 中共中央文献研究室：《毛泽东传》(1893—1949)，中央文献出版社1996年版。

[35] 王观泉：《一个人和一个时代：瞿秋白传》，天津人民出版社1989年版。

[36] 王辅一：《项英传》(修订本)，中共党史出版社2009年版。

[37] 陈刚：《梁柏台》，当代中国出版社1994年版。

[38] 陈刚：《走近周月林》，中国文联出版社2007年版。

[39] 中共新昌县委党史研究室、新昌县档案局(馆)：《梁柏台遗墨》，内部出版，2007年。

[40] 中共新昌县委党史研究室新昌县档案馆珍藏梁柏台史料(资料性质，非单

独出版物）。

[41] 中共新昌县委党史研究室：《新昌党史资料》（内部资料）。

[42] 张光博：《宪法论》，吉林人民出版社1984年版。

[43] 张庆福主编：《中国宪法概论》，河北教育出版社1988年版。

[44] 卓帆：《中华苏维埃法制史》，江西高校出版社1992年版。

[45] 杨木生：《中央苏区法制建设》，中共党史出版社2000年版。

[46] 张希坡、韩延龙主编：《中国革命法制史》（上下），中国社会科学出版社1987年版。

[47] 张希坡主编：《革命根据地法制史》，法律出版社1994年版。

[48] 张希坡主编：《中国法制通史·新民主主义政权》第10卷，法律出版社1999年版。

[49] 蓝全普：《解放区法规概要》，群众出版社1982年版。

[50] 蓝全普：《七十年法律要览》，法律出版社1997年版。

[51] 潘念之主编：《中国近代法律思想史》（上），上海社会科学院出版社1992年版。

[52] 潘念之主编：《中国近代法律思想史》（下），上海社会科学院出版社1993年版。

[53] 王永祥：《中国现代宪政运动史》，人民出版社1996年版。

[54] 王永祥、杨世钊主编：《中国现代监察制度史论》，福建人民出版社1998年版。

[55] 蒋碧昆编著：《中国近代宪政宪法史略》，法律出版社1988年版。

[56] 戴向青、余伯流、夏道汉、陈衍森主编：《中央革命根据地史稿》，上海人民出版社1986年版。

[57] 马齐彬、黄少群、刘文军主编：《中央革命根据地史》，人民出版社1986年版。

[58] 孔永松、林天乙、戴金生主编：《中央革命根据地史要》，江西人民出版社1985年版。

[59] 舒龙、凌步机主编：《中华苏维埃共和国史》，江苏人民出版社1999年版。

[60] 严平主编：《中华苏维埃共和国行政管理的理论与实践》，中共党史出版社

1991年版。

[61] 何友良：《中国苏维埃区域社会变动史》，当代中国出版社1996年版。

[62] 凌步机、舒龙主编：《中华苏维埃共和国纪事》，江苏人民出版社1998年版。

[63] 谭克绳、欧阳植梁主编：《鄂豫皖革命根据地斗争史简编》，解放军出版社1987年版。

[64] 《湘鄂西革命根据地史》，湖南人民出版社1988年版。

[65] 段瑞华、杨雪聘、何玉长：《苏区思想发展历程》，江西高校出版社1990年版。

[66] 凌步机：《中央苏区党的建设》，中共党史出版社1991年版。

[67] 中共江西省委党史研究室、中共江西省赣州地委党史工作办公室、江西省赣州地区中共党史学会编：《中央苏区政权建设研究》，江西人民出版社1991年版。

[68] 曾维才：《中央苏区审判工作研究》，江西高校出版社1999年版。

[69] 吕良：《中央革命根据地教育史》，教育科学出版社1989年版。

[70] 中共中央党校党史教研室选编：《中共党史参考资料》第1—8册，人民出版社1980年版。

[71] 中央档案馆：《中国共产党第二至第六次全国代表大会文件汇编》，人民出版社1981年版。

[72] 中共中央书记处：《六大以前——党的历史材料》，人民出版社1980年版。

[73] 《中共中央政治报告选辑》，中共中央党校出版社1981年版。

[74] 中共中央办公厅编：《中国共产党第八次全国代表大会文献》，人民出版社1957年版。

[75] 韩延龙、常兆儒：《中国新民主主义革命时期根据地法制文献选编》，第1—4卷，中国社会科学出版社1981年版。

[76] 厦门大学法律系、福建省档案馆：《中华苏维埃共和国法律文件选编》，江西人民出版社1984年版。

[77] 江西省档案馆、中共江西省委党校党史教研室：《中央革命根据地史料选编》（上中下），江西人民出版社1982年版。

[78] 《革命根据地经济史料选编》（上），江西人民出版社1986年版。

[79] 江西省档案馆：《湘赣革命根据地史料选编》（上下），江西人民出版社。

[80] 《湘鄂赣革命根据地文献资料》第1辑，人民出版社1985年版。

[81] 《湘鄂赣革命根据地文献资料》第2辑，人民出版社1986年版。

[82] 《闽浙赣革命根据地史料选编》（上下），江西人民出版社1987年版。

[83] 瑞金县人民法院：《中华苏维埃共和国审判资料选编》，人民法院出版社1991年版。

[84] 中共中央马克思恩格斯列宁斯大林著作编译局译：《苏联共产党代表大会、代表会议和中央全会决议汇编》（第1—5分册），人民出版社1964年版。

[85] 中共中央党史研究室第一研究部译：《共产国际、联（共）布与中国革命档案资料丛书第1卷——联共（布）、共产国际与中国国民革命运动（1920—1925）》，北京图书馆出版社1997年版。

[86] 中共中央党史研究室第一研究部编：《共产国际、联（共）布与中国革命档案资料丛书第2卷——联共（布）、共产国际与中国革命文献资料选辑（1917—1925）》，北京图书馆出版社1997年版。

[87] 中共中央党史研究室第一研究部：《共产国际、联（共）布与中国革命档案资料丛书第3、4卷——联共（布）、共产国际与中国国民革命运动（1926—1927）》（上下），北京图书馆出版社1998年版。

[88] 中共中央党史研究室第一研究部编：《共产国际、联（共）布与中国革命档案资料丛书第5、6卷——联共（布）、共产国际与中国革命文献资料选辑（1926—1927）》（上下），北京图书馆出版社1998年版。

[89] 中国社会科学院近代史研究所翻译室编译：《共产国际有关中国革命的文献资料》（1919—1928）第1辑，中国社会科学出版社1981年版。

2.期刊报纸

[1] 戴韶华：《梁柏台红色司法理念及其现实意义》，《中国监狱学刊》2024年第2期。

[2] 于志文：《梁柏台早期爱国主义思想研究——基于梁柏台日记、作文和书信的分析》，《绍兴文理学院学报》2023年第10期。

[3] 侯欣一：《梁柏台：人民司法的开拓者》，《中国法律评论》2023年第5期。

［4］张垚、汤夏越敏：《梁柏台"宽严相济" 红色法律思想的实践表达》，《江西警察学院学报》2023 年第 1 期。

［5］严小平：《梁柏台：苏区红色法律专家》，《铁军》2022 年第 11 期。

［6］赵连城：《梁柏台：此身已许苏维埃》，《文史天地》2022 年第 3 期。

［7］殷导忠、高亭：《梁柏台劳动感化思想研究》，《中国监狱学刊》2022年第2期。

［8］洪平：《梁柏台红色法治精神的探析与传承》，《中国司法》2021年第10期。

［9］马卫国：《第一位红色司法部长梁柏台》，《犯罪与改造研究》2021年第8期。

［10］翁跃强：《"寻找"梁柏台》，《中国检察官》2021年第13期。

［11］任俊华、胡丹丹、李祺嵩：《重读〈梁柏台〉：不忘共产党人的初心与使命》，《新阅读》2021年第5期。

［12］许舜达：《梁柏台：中华苏维埃第一部红色宪法起草者》，《福建党史月刊》2018年第10期。

［13］何立波：《红色宪法起草人梁柏台》，《检察风云》2018年第8期。

［14］李凤凤、刘魁：《从中央苏区的立法及司法实践看梁柏台的法制思想》，《赣南师范学院学报》2015年第2期。

［15］梁樟标：《梁柏台遗墨》，《浙江档案》2008年第1期。

［16］金式中：《论梁柏台对中共法制建设的贡献》，《辽宁行政学院学报》2006年第6期。

［17］李宜霞、杨昂：《梁柏台与中华苏维埃共和国司法制度之建设》，《中共中央党校学报》2004年第3期。

［18］朱顺佐：《简论梁柏台对苏区司法建设的贡献》，《绍兴师专学报（社会科学版）》1985年第4期。

［19］《梁柏台烈士生平事迹》，《绍兴师专学报（社会科学版）》1982年第1期。

［20］《梁柏台档案》，《浙江档案》2014年第6期。

［21］《〈梁柏台作文日记〉介绍》，《浙江档案》2004年第12期。

［22］籍明明、韩昕玥：《中央苏区合作社法制建设历史经验研究》，《江西理工大学学报》2024年第4期。

［23］库德华、刘珂：《中央苏区时期中国共产党制度管党治党的实践探索与演进

脉络》，《西安文理学院学报（社会科学版）》2024年第3期。

[24] 鲁涛、刘长林：《改革开放以来湘鄂赣苏区研究回顾与反思》，《云梦学刊》2024年第4期。

[25] 何瑞铧、朱灵通、郑小荣：《论红色审计法制的特点及其对当代的启示》，《会计之友》2024年第13期。

[26] 熊良明、温朝晖、宗亚男：《苏区检察优良传统对检察工作现代化的启示》，《中国检察官》2024年第7期。

[27] 陈珍玉、杨琛、袁兰：《中央苏区廉政文化建设的实践与启示》，《世纪桥》2024年第3期。

[28] 巫锡文、阳振乐、马晓敏：《习近平法治思想红色基因的传承与发展——以中央苏区法制建设为例》，《古田干部学院学报》2023年第4期。

[29] 李凤凤、吴艳艳：《传统与现代的调和：中央苏区婚姻法规的制定推行及调整》，《品位·经典》2023年第22期。

[30] 周晓伟：《传承苏区法制精神助力当代法治建设——第三届"苏区法制研究论坛"侧记》，《公民与法（综合版）》2023年第11期。

[31] 《第三届"苏区法制研究论坛"成功举办》，《公民与法（综合版）》2023年第11期。

[32] 刘芃：《闽西苏区立法的民主性研究——以"闽西第一次工农兵代表大会立法"为中心的分析》，《江西理工大学学报》2023年第5期。

[33] 钟晟、胡菊星：《中央苏区时期党的制度建设的历史考察及启示》，《党史博采》2023年第20期。

[34] 张师伟、孙亚亚：《中国共产党在中央苏区时期法制建设的民主特质及立法精神》，《西华师范大学学报（哲学社会科学版）》2024年第2期。

[35] 康琪、康愷：《土地革命时期中华苏维埃代表大会制度的人民立场和中国特质》，《太原理工大学学报（社会科学版）》2023年第3期。

[36] 陈华平：《国家治理视阈下中央苏区治国理政的实践文本、特色经验与道路启示》，《江西理工大学学报》2023年第2期。

[37] 陈洪生：《闽浙赣苏区的社会治理实践及其特色探析》，《上饶师范学院学报》2023年第2期。

[38] 黄立、谢应林、朱良：《司法行政视角下的中央苏区红色法制建设》，《中国法治》2023年第3期。

[39] 王旭宽：《中央苏区群众监督实践及其启示》，《中国井冈山干部学院学报》2023年第1期。

[40] 王小元、孙佳星、卢宣伊：《中央苏区法制宣传教育的措施、成效及当代启示》，《江西理工大学学报》2022年第6期。

[41] 施新州：《中央苏区法制建设的政治基础与法理逻辑论析》，《中国延安干部学院学报》2022年第4期。

[42] 朱西周、张蒙：《鄂豫皖苏区乡村治理的实践探索及启示》，《中共郑州市委党校学报》2022年第6期。

[43] 周石其、周小红：《〈中华苏维埃共和国宪法大纲〉的核心内容及当代启示》，《红色文化学刊》2022年第4期。

[44] 刘须群：《对中央苏区时期政治保卫工作的再认识》，《江西警察学院学报》2022年第6期。

[45] 龙鸿祥、孙丰鸣、张群：《中华苏维埃共和国临时中央政府报刊体制新探》，《新闻爱好者》2022年第11期。

[46] 张一：《我国20世纪30年代时期婚姻法制的当代价值》，《秦智》2022年第11期。

[47] 阿力木·沙塔尔、党玉勤：《新民主主义革命时期中国共产党领导民族团结法制建设的历史考察》，《克拉玛依学刊》2022年第5期。

[48] 侯欣一：《在游击和正规法制之间寻找生存空间：根据地政权法制实践的新思考》，《政治与法律》2022年第8期。

[49] 韩伟：《苏区司法案例研究的史源、方法与价值意蕴》，《苏区研究》2022年第4期。

[50] 陈始发、郭海峰：《中央苏区法律文献整理现状与应用思考》，《苏区研究》2022年第4期。

[51] 张露：《党在中央苏区时期的民生思想与实践》，《唯实》2022年第7期。

[52] 陈会林：《红色革命逻辑与苏区婚姻立法对婚约制的规避》，《法学家》2022年第4期。

[53] 夏新华、徐小芳：《土地革命时期湖南苏维埃县法制初探》，《江西理工大学学报》2022年第3期。

[54] 徐雯聪：《何叔衡政法思想与事功探析》，《潍坊学院学报》2022年第3期。

[55] 宋宗君：《鄂豫皖苏区人权法律保障实践及现代启示》，《党史博采》2022年第8期。

[56] 张晋藩、陈景良、王健、赵晓耕：《学习贯彻党的十九届六中全会精神笔谈》，《荆楚法学》2022年第2期。

[57] 王小元、于洁茜：《中央苏区强化反腐败法制监督及启示研究》，《党史文苑》2022年第2期。

[58] 周悦、杨正军、黄金峰：《中央苏区文化建设研究进展及述评》，《老区建设》2022年第1期。

[59] 熊世莉：《中央苏区法制建设的历史实践及其当代启示》，《中共南昌市委党校学报》2021年第6期。

[60] 徐鹤喃、闵钐、韩啸：《中央苏区检察——监察的制度演进——与苏俄实践比较》，《人民检察》2021年增刊1期。

[61] 李顺禹：《闽西苏区实行社会革命和社会改造的探索实践》，《古田干部学院学报》2021年第3期。

[62] 郑继汤：《闽西苏区立法实践》，《苏区研究》2021年第4期。

[63] 刘佩芝：《闽浙赣苏区党内政治生活的特色及时代启示》，《广西社会科学》2021年第2期。

[64] 韩伟：《七十年来革命根据地刑事法制研究述论》，《苏区研究》2021年第1期。

[65] 邢亮：《闽西苏区法制建设的历史地位》，《海峡法学》2020年第4期。

[66] 陈玮：《中央苏区卫生法制建设的实践及成就分析》，《法制与社会》2020年第20期。

[67] 姬明华：《改革开放以来中央苏区反腐倡廉学术史研究》，《党史研究与教学》2020年第3期。

[68] 郑继汤：《中央苏区司法制度与司法实践学术史研究》，《党史研究与教学》2020年第2期。

［69］刘爱生：《中国共产党的初心使命在中央苏区法制建设中的实践》，《中国井冈山干部学院学报》2020年第2期。

［70］曹京燕、雷远卓：《中央苏区廉政建设的历史经验及启示》，《人民论坛》2020年第8期。

［71］张瑞：《鄂豫皖苏区工农监察制度建设述论》，《苏区研究》2020年第1期。

［72］刘国云：《闽浙赣苏区与中央苏区的比较研究》，《江西科技师范大学学报》2019年第4期。

［73］童小娟：《中央苏区司法体系研究》，《世纪桥》2019年第4期。

［74］王晓波：《中央苏区司法制度建设的历史审视》，《绥化学院学报》2018年第12期。

［75］路子靖：《苏区妇女婚姻权利的政治力学——政府、男性与女性的角色解析》，《苏区研究》2018年第5期。

［76］陈始发、李妍婷：《中央苏区法制宣传教育研究》，《中国高校社会科学》2018年第5期。

［77］李凤凤：《〈红色中华〉法制专栏设置及影响探析》，《赣南师范大学学报》2018年第1期。

［78］蔡国辉、吴太斌、钟沛芳：《苏区法治精神研究》，《党史博采（理论）》2016年第20期。

［79］谢志民：《中央苏区法制建设的历史地位与当代启示》，《法制与社会》2016年第12期。

［80］杨木生：《中央苏区法制建设简介——简介中央苏区的司法机关和根本大法》，《赣南师范学院学报》1986年第2期。

［81］刘国钰：《中央苏区时期的法制宣传教育》，《重庆社会科学》2013年第8期。

［82］卢致福、赖俭发：《论中央苏区法制精神的思想内涵及时代传承》，《中外企业家》2013年第23期。

［83］沈玮玮、韩伟：《中央苏区法制建设研究综论》，《中国井冈山干部学院学报》2012年第4期。

［84］蔡天新：《苏区时期中国共产党执政实践研究》，《中国矿业大学学报（社会

科学版）》2012年第2期。

[85] 苗体君：《何叔衡对中央苏区法制事业的探索与贡献》，《湖南第一师范学院学报》2012年第2期。

[86] 张友南、孙伟：《中央苏区时期劳动法问题研究》，《江西社会科学》2011年第3期。

[87] 赵明：《列宁法制思想原则及对中央苏区立法的指导作用》，《理论与改革》2009年第4期。

[88] 曹敏华：《试论中央苏区军事法的渊源与体系》，《党史研究与教学》2002年第6期。

[89] 曹敏华：《论中央苏区军事法制建设及其历史作用》，《中共福建省委党校学报》2002年第11期。

[90] 《法制建设开拓者梁柏台》，《今日浙江》2001年第16期。

[91] 杨目生：《苏区法制的几个基本问题》，《赣南师范学院学报》1987年第2期。

[92] 吴广：《论苏区法制建设的基本原则》，《厦门大学学报（哲学社会科学版）》1986年第4期。

[93] 薛永毅：《梁柏台与中央苏区时期的劳动感化院》，《人民法院报》2021年11月5日第5版。

[94] 黄慕泽：《梁柏台：开创红色司法多个"第一"》，《人民法院报》2021年7月1日。

[95] 陈东升、彭巍：《首届天姥法治论坛——"梁柏台与法治精神"研讨会在浙江举行》，《法治日报》2021年6月23日第9版。

[96] 《梁柏台》，《人民日报》2006年1月21日第2版。

[97] 《梁柏台烈士》，《浙江日报》2011年8月3日第3版。

[98] 马付才：《闽浙赣革命根据地法制建设是如何沁润人心的》，《民主与法制时报》2024年7月11日。

[99] 荆锐：《传承苏区法制精神助力当代法治建设》，《河南法制报》2023年12月1日第6版。

[100] 黄文生、邱铃：《全力护航赣南苏区高质量发展》，《赣南日报》2023年11月

10日第6版。

[101] 张晓明：《苏维埃政权的改造与苏区法制的变革》，《人民法院报》2021年12月10日第5版。

[102] 徐英荣：《孕育于中央苏区的人民司法红色基因》，《人民法院报》2019年9月20日第5版。

3.学位论文

[1] 吴雨浓：《革命根据地劳动法制研究》，硕士学位论文，黑龙江大学，2024年。

[2] 蒋婕：《中央苏区时期从严治党的经验研究》，硕士学位论文，广西师范大学，2023年。

[3] 李江涛：《中央苏区苏维埃法律体系构建研究》，硕士学位论文，东北电力大学，2023年。

[4] 吴俊：《〈红色中华〉关于中央苏区廉政建设报道研究》，硕士学位论文，安徽师范大学，2023年。

[5] 詹美娜：《中央苏区时期审判制度研究》，硕士学位论文，江西理工大学，2023年。

[6] 邓莉：《中央苏区妇女权益法制保障研究》，硕士学位论文，江西理工大学，2023年。

[7] 奉安宁：《中央苏区时期党的干部廉政教育研究》，硕士学位论文，江西师范大学，2022年。

[8] 侯燕枝：《〈红色中华〉中央苏区廉政建设报道研究（1931—1934）》，硕士学位论文，大连理工大学，2022年。

[9] 张馨文：《中央苏区审判制度研究》，硕士学位论文，广西师范大学，2021年。

[10] 冯载烨：《中央苏区检察制度研究》，硕士学位论文，江西理工大学，2021年。

[11] 李杨：《中央苏区法制建设研究》，硕士学位论文，华东交通大学，2020年。

[12] 包涵：《中央苏区监察制度研究》，硕士学位论文，江西师范大学，2020年。

[13] 段敏：《中央苏区土地法制研究（1927—1934）》，硕士学位论文，中南财经政法大学，2019年。

[14] 李胜男：《中央苏区廉政巡视研究》，硕士学位论文，江西理工大学，2019年。

［15］韩伟:《中央苏区出版业研究》,硕士学位论文,湖南师范大学,2018年。

［16］李昊:《中央苏区监察制度建设的历史考察及当代启示》,硕士学位论文,江西理工大学,2017年。

［17］张宗娜:《苏区劳动立法研究》,硕士学位论文,郑州大学,2016年。

［18］黎湛:《中央苏区工农检察工作研究》,硕士学位论文,湖南科技大学,2016年。

［19］宋来榜:《革命根据地法制建设特点研究》,硕士学位论文,黑龙江大学,2016年。

［20］钟长洲:《中央苏区巡视制度研究》,硕士学位论文,赣南师范学院,2015年。

［21］周鹏宇:《谢觉哉法律思想研究》,硕士学位论文,吉林大学,2014年。

［22］解璇:《中央苏区干部监督工作研究》,硕士学位论文,江西师范大学,2013年。

［23］陈富基:《中央苏区反腐倡廉建设及其历史启示研究》,硕士学位论文,西南交通大学,2013年。

［24］赵海涛:《中央苏区司法群众化研究》,硕士学位论文,南昌大学,2012年。

［25］杨帅:《苏区司法体系述论》,硕士学位论文,山东师范大学,2011年。

［26］李佳婕:《中央苏区宪政立法研究》,硕士学位论文,南昌大学,2010年。

［27］李峰松:《中共苏区政权劳动立法研究》,硕士学位论文,河南大学,2007年。